人的
礼仪课
北大

段建林◎著

外文出版社
FOREIGN LANGUAGES PRESS

图书在版编目（CIP）数据

北大人的礼仪课／段建林　著．－－北京：外文出版社，2013
（北大人智慧书系）
ISBN 978-7-119-08439-8

Ⅰ．①北… Ⅱ．①段… Ⅲ．①礼仪－通俗读物 Ⅳ.
①C912.26-49

中国版本图书馆 CIP 数据核字（2013）第 177482 号

出版策划：金略达文化
责任编辑：杨春燕　杨丽丽
内文设计：刘敬伟
装帧设计：周　飞
印刷监制：冯　浩

北大人的礼仪课

段建林　著

© 2013 外文出版社有限责任公司
出版发行：外文出版社有限责任公司
出 版 人：徐　步
总 编 辑：徐　步
地　　址：中国北京西城区百万庄大街24号　　邮政编码：100037
网　　址：http://www.flp.com.cn　　电子信箱：flp@cipg.org.cn
电　　话：（010）68320579（总编室）　（010）52100403（发行部）
　　　　　　（010）68327750（版权部）　（010）68996190（编辑部）
印　　制：三河市鑫利来印装有限公司
开　　本：787mm×1092mm　1/16　　字　　数：260千字
印　　张：20
版　　次：2013年9月第1版　　2013年9月第1版第1次印刷
书　　号：ISBN 978-7-119-08439-8
定　　价：39.80元

| PREFACE | 总 序

作为一个北大人，我在职场打拼多年。从普通职员到企业高管，期间，我不断与各种人打交道，参与过多场谈判，出席过各种商务活动，被人领导过，也领导过别人。多年职场历练让我深谙行走社会的秘诀，对如何给人留下美好印象，如何建立良好关系，如何加深交往层次，如何通过友好的交往达到互助互利，更是体会颇深。有两方面我认为是一切关系好与坏的决定性因素——礼仪修养与社交学问。可以说，这两方面对于奋斗中的我们有至关重要的影响。

我曾因为一次小小的失仪错过一个大订单，也目睹过有人因为失仪错失晋升机会，更听说过有人因为缺乏礼仪教养而耽误终身大事。可见礼仪对于社会人的重要性。

我在积极提升专业技能，充分发挥专业能力的同时，也深感社交能力对人的影响。不懂得社交的学问，即使你可凭借才华获得立足之地，也难在事业上有更进一步的发展和提升。社交的能力实在是一件华丽的外衣，你只有穿上它，才可以在人群中大放异彩。

基于此，我将"礼仪修养"和"社交学问"这两方面的智慧分别集结出版，定名为《北大人的礼仪课》和《北大人的社交课》。这两本书特点明显，它们摆脱了冗长而乏味的理论说教，语言通俗精练，内容丰富全面，是两本实用且易学的社会生活手册。

希望我多年的经验和认识会对即将入世的年轻人、已经入世的青年人或久经世事却缺乏礼仪知识和社交经验的奋斗者有所帮助。

段建林

2013年6月

　　"做人先学礼，不学礼则无以立"，这句话对一个不谙世事的年轻人来说或许没什么感触，但若对一个久经世事的社会人来说必然深有体会。行走社会，礼仪文明有十分重要的作用，不注意礼仪文明，一定会经常出糗或碰壁，轻则会被人耻笑，重则有可能引起矛盾和争斗，更重要的是，它可能影响个人的事业发展和终身大事。

　　有些人可能会说，我很有礼貌啊，这就可以了吧？要知道，礼仪不单单是指礼貌，礼仪是人类为维系社会正常生活而要求人们共同遵守的最起码的道德规范，是人们在长期共同生活和相互交往中逐渐形成，并且以风俗、习惯和传统等方式固定下来的准则。具体表现为礼貌、礼节、仪表、仪式等。对一个人来说，礼仪是一个人的思想道德水平、文化修养、交际能力的外在表现，对一个社会来说，礼仪是一个国家社会文明程度、道德风尚和生活习惯的反映。当前，重视、开展礼仪教育已成为道德实践的一个重要内容。

　　爱默生说："美好的行为比美好的外表更有力量；美好的行为比形象和外貌更能带给人快乐。这是一种精美的人生艺术。"是的，谈吐文雅、举止大方、彬彬有礼、良好的自我形象是构建人生大厦的基石。一个不懂礼仪文明的人，是很难受人欢迎，很难有所成就的，所以，我们务必要重视起礼仪的作用，时时注意自己的礼仪文明，以提升个人素质。

本书从严谨实用的角度出发，全面、系统地归纳阐释了100多个人们必须懂得的礼仪常识，内容涉及仪表、语言、职场、商务、家庭、服务、涉外等诸多领域，包括了个人形象、言语谈吐、举手投足、待人接物等行为礼仪在不同场合下的具体应用，希望读者朋友们能够通过此书学会礼仪，按照礼仪规范约束自己，以此与人建立起相互尊重、彼此信任、真诚友好的关系，并进一步帮助你事业有所发展。

| CONTENTS | **目 录**

第三章 一言兴邦，一言丧邦

——语言表达中的礼仪 / 055

第四章 小小动作，无限风采
——社交活动中的礼仪 / 081

第五章 有"礼"畅行职场，无"礼"处处碰壁
——职场办公中的礼仪 / 113

第六章 合理合"礼"，活动顺利
——商务活动中的礼仪 / 139

第七章 服务讲礼仪，企业增效益
——服务行业中的礼仪 / 197

/ 第十章 **家中有"礼"，充满乐趣**
　　——家庭生活中的礼仪 / 283

第一章

人之有礼，犹鱼之有水

——为人处世中的礼仪

"相鼠有皮，人而无仪！人而无仪，不死何为？"当今社会，礼仪不仅是社会文明的重要标志，更成为人们处世待人的准则。遵守礼仪，交际应酬就会得心应手，生活也会变得更加和谐、顺畅。因此大凡在事业上有所成就的人，都是极其自信而又善于把礼仪展现给他人的人。

‖ 每一个人都青睐讲礼仪的人

礼貌待人是我们中华民族的优良传统。中国曾有"君子不失足于人，不失色于人，不失口于人"的古训，意思是说：有道德的人待人应该彬彬有礼，态度不能粗暴傲慢，更不能出言不逊。随着社会经济的不断发展，社会中的人际关系更是错综复杂，因此在社会中为人处世就变成了一个深邃而又敏感的话题。万事礼为先，因为每一个人都青睐讲礼仪的人，所以在人际交往中，礼仪的作用就显得十分重要。

《诗经》上说："谦谦君子，赐我百朋。"只有懂得礼仪的人才能获得更多的朋友。礼多人不怪，人们都将一个人是否彬彬有礼作为其社会地位和受教育程度的检验标准。很多时候，一件事情的成功往往取决于你对对方的尊重。多礼能够体现一个人的素质修养。礼也是人为的，并不是与生俱来的，必须要用心去领会、去学习，逐渐养成一种习惯，它会帮助你顺利地打开人际交往局面。

只有诚恳者，才能显出毕恭毕敬。只有做到恭敬，才是真正讲礼貌。礼貌待人体现的是对一个人的尊重和友善。每个人都希望别人对自己有礼貌。同样道理，我们也应当对别人有礼貌。礼貌是一个人素质高低的表现，也是尊重人、尊重自己的表现。没有人会对你的礼貌表示反感，只会对你的无礼表示厌烦。但是礼貌必须诚恳，不诚恳的多礼者，往往会令人生厌。人际交往中，与人见面握手，得体的寒暄几句会让人感到很亲切。相反，如果寒暄时虚情假意，废话、空话连篇，极力向别人讨好，就会显得无聊至极。

礼仪是连接友谊的"纽带"。一个人的诚恳与善良往往是通过礼仪来显现出来的。所以说，毕恭毕敬的态度，得体的礼仪是赢得别人信赖的条件之一。礼貌是礼仪的基本体现，而并不只是一种外在的表现形式，它是沟通人们之间友好感情的一道桥梁。如果人们能自觉地做到礼貌待人，不仅能使人与人之间的关系更加纯洁和美好，还可以避免和减少某些不必要的个人冲突，使社会生活朝着更加和谐的方向发展。

小贴士

礼貌名言

人类追求的无非是快乐，因此有礼貌的人较之有用处的人更能得到别人的欢迎，一个真挚朋友的能力、真诚和善意，往往不易抵消他的严肃与坚实的表示所产生的不安。

——英国哲学家 洛克

生活中最重要的是礼貌，它比最高的智慧，比一切学识都重要。

——俄国哲学家 赫尔岑

人之有礼，犹鱼之有水矣。

——晋代医学家 葛洪

理与情比怒和怨更有力量

美国总统威尔逊曾经说过："假如你握紧两只拳头来找我，我想我可以告诉你，我会把拳头握得更紧；但假如你找我来说：'让我们坐下好好商量，假如我们之间的意见有不同之处，看看原因出在哪里，主要的症结在什么地方？'我们会觉得彼此的意见相离不是十分远。我们的意见不同之处少，相同之处多，并且只要彼此有诚意、耐性和愿望去接近，我们相处并不是十分难的。"人们都希望获得尊重，如果站在别人面前，一番强词夺理的争论，一些放荡不羁、趾高气扬的行为举止，会远远不及一番谨慎细致的考虑和措辞有理、文质彬彬的劝导有用。

李明宇是一位建筑师，他嫌自己的房租太高了，因此想降低一些，但他知道，他的房东是个很难沟通的老顽固。经过再三地考虑，他写了一封信给房东，告诉房东他的租约将终止，到期后会搬出公寓。其实出于内心他并不愿意搬走，只是嫌房租太贵了。他想让房东给他减免一些房租。但他知道减免房租是不容易实现的，因为其他的房客都已经尝试过很多次了，结果都以失败告终。那些房客也曾经多次劝导他，房东是一个特别顽固的人，可是他还是对房东抱有一线希望。出人意料的是，房东看过他的信后，没过多久便主动找他谈话。

刚开始时，李明宇并没有直接谈到房租问题，只是说他特别喜欢这所公寓。他一方面表示非常喜欢这房子的管理方式，一方面表示他因目前经济紧张，无法承担房子的费用，因此不能在这所房子里继续居住。紧接着，李明宇就将自己所遇到的许多困扰告诉给了房东。有的房客以言语威胁房东，还有的房客写信侮辱和恐吓房东。房东对李明宇说："像你这样懂理的、不挑剔的房客，对我来说，真是太难得了。"于是房东就主动地给李明宇降低了一些租金。

由此可见，李明宇之所以胜利，全凭这种友好、赞赏的方法。他对待棘手的问题，并没有像其他房客一样无理对待，而是采用理智、慎重、彬彬有礼的方式处理，向房东诉说了自己的难处，希望能得到房东的谅解。房东也正是为他的"理"所动，最终同意了他的请求。假如李明宇也用别的房客的方法要求房东减少租金，结局肯定也会失败。

有一段关于风和太阳的神话。风和太阳总争执着谁的力量最大，风说：我可以证明我的力量是巨大的。你看，地上正走着一位身披大衣的年轻人，我能比你更快速地使他将大衣脱掉。于是，太阳躲进乌云里，风使出他的所有威力狂吹，但是风吹得越大，那个青年就将他的大衣裹得越紧。

最后等到风筋疲力尽之时才停了下来，太阳从云彩里钻了出来，对那位年轻人投去和气的微笑。不久那位年轻人便用手将他前额的汗水拭去，并轻轻脱掉身上的大衣。太阳对风亲切地说："仁慈和友善总要比愤怒和暴力更为有力。"

这个有趣的寓言，给我们的处世带来了深刻的启示。与人交往，恶意的争辩只能使问题更加的复杂化，你那种挑战的口气、充满敌意的态度，并不能够使别人轻易赞同你的意见。反之对别人晓之以理，动之以情，别人也会从内心萌生出恻隐之情，从而同意你的请求。因此，我们要想获得别人的尊重，就要首先学会尊重别人。尊重别人的最佳方法，就是用"礼貌"叩开他人的心扉，让他感受到你的诚意和真心，这样他才能心悦诚服地与你交往。

小贴士

古代礼仪小故事

相传，一天杨时、游酢来到嵩阳书院拜见程颐，但是正遇上程老先生闭目养神。杨时便劝告游酢不要惊醒老师，于是两人静立门口，等老师醒来。一会儿，天飘起鹅毛大雪，越下越急，杨时和游酢却还立在雪中，游酢实在冻的受不了，几次想叫醒程颐，都被杨时阻拦住了。直到程颐一觉醒来，才赫然发现门外的两个雪人！从此，程颐深受感动，更加尽心尽力教杨时，杨时不负众望，终于学到了老师的全部学问。之后，杨时回到南方传播程氏理学，且形成独家学派，世称"龟山先生"。这个故事，就叫"程门立雪"，在宋代读书人中流传很广。后来人们常用"程门立雪"的成语表示求学者尊敬师长和求学心诚意坚。

‖ 禁忌莫言，逆鳞莫触

常言讲得好："人要脸，树要皮，麻雀依靠三道眉。"触人隐痛，是待人处世的大忌。我们在与人打交道共事时，不去揭别人的短，才是为人处世应有的礼仪。中国有"逆鳞"一说。逆鳞就是龙喉下直径一尺的部位上长的鳞，龙的身上只有这一处的鳞是倒长的。其他部位任你如何抚摸或敲打都没有关系，只有这一片"逆鳞"无论是谁触摸到，都会被激怒的龙杀掉。人也是如此，无论一个人的出身、地位、权势、风度多么傲人，也都有别人不能言及、不能冒犯的角落，无论如何也靠近不得。

伤疤不能随便揭，无意揭人伤疤，会使人感觉到更加痛苦。触人痛处，就会触犯待人处世的潜规则，将朋友得罪，最终自己也会深受其害。恰当地回避他人忌讳的东西，可以使双方的交往更为融洽。

据说朱元璋做了皇帝后，有个从前的小伙伴来到皇宫找他，想让朱元璋给他封个官或者赏赐点什么。为了让朱元璋勾起儿时的回忆，这个人跪在朱元璋面前说道："万岁，还记得吗?小时候，咱们都替别人放牛。有一天，我们在芦花荡里，把偷来的豆子放在瓦罐里煮着，还没等煮熟，大家就抢着吃，结果罐子破了，豆子撒了一地，汤都泼在地上。你只顾从地上抢豆子吃，却不小心连红草叶子也塞进嘴里。叶子哽在喉咙，你吓哭了，还是我出的主意，叫你用青菜叶子放在手上一起吞下去，才把红草叶子吞下肚里的……"当着文武百官的面，朱元璋再也坐不住了，大喝一声："哪里来的疯子，打出去!"

结果，那个人被赶了出去。另一个当年的小伙伴听说这件事之后，也来面见朱元璋："万岁，还记得我吗?当年微臣随驾扫荡庐州府，打破罐州城，汤元帅在逃，拿住豆将军，红孩儿当关，多亏菜将军。"这番话说的句句属实却又不失体面，朱元璋龙颜大悦，想起了当年自己和小伙伴们同甘共苦，当即给此人封了个御林军总管。

从这个故事中我们可以得到这样一个启发：所谓的"逆鳞"就是我们通常所说的"痛处"，也就是一个人的自卑感、错误及缺点。不管是人格多高尚、多伟大的人，身上都有"逆鳞"存在。在面对人际关系的时候，我们必须事先研究一番，找到对方"逆鳞"位置，只要我们恰当地避过这个地方就不会招惹灾祸了。

任何一个人都是可敌可友的，而多一些朋友总比四面树敌要好。把潜在的对手转化为自己的朋友，这才是最好的办法。打人不打脸，骂人不揭短。言论自由的现代社会，人们一样也有忌讳心理，有自己与人交往所不能提及的"禁区"。

<hr>

小贴士

用鼻音和尖音与别人说话有失礼节

人在通过说话的方式进行人际交往时，最要不得的是两种表达的声音：鼻音和尖音。用鼻音和尖音说话，在交往中具有破坏性的效果。用鼻音说话，尤其是初次与人交谈时，往往会给人一种无精打采的厌烦之感。而用尖音给人的感觉是不愉快的。因为尖音刺耳，使人神经紧张，容易破坏谈话的气氛。纠正鼻音必须努力消除心理紧张，拥有一个良好的心态和愉快的心情，心情愉快了，思想也就放松了，说话时的语调也就随之变得柔软了。这样你就不会因为你的声音而打断你与他人进行良好沟通的可能性。你的人际交往也就会变得轻松而愉快。

▍礼仪修养从小事做起

言行举止上的细节是检验一个人是否懂得礼仪的具体表现。优秀的人大多是注意细节的人。做事拘小节，不抱怨人生，努力进取，人生的路才能越走越宽。有时候，一个很小的动作或礼貌习惯都有可能影响到办事的结果。所以，在办事的过程中一定要注意小节，礼貌待人，才能不因小失大。行为礼貌是必需的，它是你办事成功与否的前提之一。

王鹏是一个软件公司推销员，他与中关村一家电脑公司业务往来比较多，其他方面比较好，可就是有一个开关门不太礼貌的毛病。一天，他由于业务原因，多次进出此公司，终于引起了对方忍无可忍的批评。

"你小子，怎么办事呀?有意见提嘛!你怎么开关门那么用力，我怎么说你才能记住呢?难道非骂你一次才行吗?小王，以后一定要注意!"

王鹏自认为公司与对方关系非常好，也自认为与对方公司的职员关系不一般，因而注意不够，忽略了开门关门这类看似简单却十分重要的礼仪。结果给人一种不讲礼貌、粗暴的印象，严重的会得到对方的直言不讳的批评。所以，即使对方是自己的老主顾，也要多加注意。因为往往就是自己与对方比较熟悉，常常忽视了这些问题，从而不再约束自己，放松了对自己的要求，容易造成与上述例子类似的情况。

不拘小节的人往往被人看做是不懂礼仪的人，这个道理许多人都很清楚，也会时常注意自己的言行，可当自己做起来时却并不一定那么完美、轻松。这是一个习惯问题。所以我们必须从平时的一点一滴做起，加强修养，同时更重要的是小心谨慎地来培养好的习惯。

有的人时常或不小心"嘭"的一声把门推开或关上，发出大的响声，给人的印象不是开门或关门而是在撞门，这是极不礼貌的。所以开关门用力要轻些，用力过猛，便会使房门碰撞墙壁发出大的声响。但也不能用力过小，半天开不开，而给人一种畏畏缩缩、鬼鬼祟祟的不良印象。

同时人的坐姿也是十分重要的。为了给对方一个良好的印象，表现出自己的修养，一般宜端正姿势，静静地坐下，以等待对方的接待为好。位子也是值得注意的细节问题。切忌不可坐在主位上，而应坐在侧面的位子上。因为自己是来办事的，最好坐在靠近房门的位置，可也不能离主位太远。座位与主位的远近，要由自己与主人的亲疏关系来确定。

小贴士

不拘小节不是小事

有些人在个人行为举止上不拘小节，把日常生活中不文明的举止行为当做小事，而不加注意和重视。其实，文明举止恰恰是从一些小事情做起的。如在公交车上主动为老、弱、病、残、孕妇让座，这看起来是一件小事，却反映了你的文化素养和文明程度。文明的举止往往能给人留下深刻的印象，使人乐意与你接近；而粗俗的举止便会使人疏而远之，必将影响你的社交活动的展开。要做到举止文明，首先要克服行为举止是小节问题的模糊思想，要从小处着眼，从小事做起，从我做起；其次要注意文明举止的养成和积累。只有这样，才能成为一个品格高尚的人。

‖ 学会赞美他人

"人告之以过则喜"，这是《论语》中的一句话。但现在的人际交往中并不提倡这种做法，因为很少人有子路、孔子等大圣人的这种雅量，一般情况下，普通人都不可能做到这一点。大家常说"良药苦口利于病，忠言逆耳利于行"，但真正能听得进逆耳忠言的人却并不多。所以说话时应当灵活，不妨适当说些赞美的话。

赞美是一门学问，巧妙赞美别人，不仅会赢得对方的尊重，还会提高你在别人心目中的地位。只要是优点、是长处，对别人没有害处，你就可以毫无顾忌地表示你的赞美之情。因为它代表欣赏一个人的某个特点，并肯定这个特点。当然，赞美别人对自己也会有所帮助。因为，你若想让对方接受你的观点或想法，就必须先让对方能够静心倾听你的想法。如果对方连听都没有听进去，更谈不上接受不接受。而要对方倾听，就不可使对方产生反感。此时赞美的话就会发挥最好的效用，赞美别人的同时，也吸引了对方的注意力，对方才有时间静心倾听你的想法。

韩非子曾经说过一句话，大意是：要适当地赞美别人的优点和长处，这是正确处理人与人之间的关系的一条重要而实用的法则。任何人都乐意听好话，听别人赞美自己的长处和优点，而不愿意听别人直说自己的短处和缺点。虽然赞美的妙用到处可见，但若是用错了，就会令人处境尴尬。

有个公司的部门主管在抓好公司业务的同时，结合自己的工作实践撰写了一本书稿，他这样称赞总经理："你在企业工作真是一个错误的选择，如果你专门研究经营管理，我相信你一定会成为商务管理的专家，会有更加突出的成果问世。"

总经理看了部门主管的这一段文字，十分不悦地说："你的意思是说我根本不适合做公司的总经理，只有另谋他职了。"看见总经理产生了误解，本来想对总经理赞美一番的部门经理紧张得直冒冷汗。正当万般尴尬之时，一位秘书走过来替部门主管打了个圆场，她说道："部门主管的意思是说您是个多才多艺的人，不仅本职工作抓得好，其他方面也非常出色。"总经理听后，脸色一下子缓和了下来，这才化解了主管的危机。

由此可见，赞美也需要把握火候，掌握分寸，这样才能成为一个受欢迎的人。同样是赞美一个人，称赞一件事，不同的表达方法取得的效果会大相径庭。因此，若想巧妙地赞美别人，要注意以下几个方面：碰到自我意识强、警觉性高的人，可以投其所好适当赞美，但要让对方觉得你是由衷称赞他，称赞时眼睛要注视对方，流露出一种专心倾听对方讲话的表情，让对方意识到自己的重要，这样能达到一种无声胜有声的效果。另外，赞美也要有所见地，赞美对方的容貌，不如赞美对方的能力和品质。赞美的话要选准时机，适可而止，不宜过多，当对方对你的赞美显示出不耐烦的样子时，你就要适可而止。若别人刚介绍你与对方相识，这时你就应该巧妙地称赞一下对方的名字，这样对方才会更容易记住你。

适当地赞美别人，说说赞美话也是处世之道。赞美是博得人心的好方法，它不是拍马屁，也不是奉承。只要话说到点子上，就能深入人心，在与他人打交道、共事时就会变得轻而易举。

━━━━◆◈◈━ 小贴士 ━◈◈◆━━━━

成人之美

　　成人之美是我们处世待人所应该崇尚的准则，成就的是别人的方便，美好的是我们自己的心灵。人们关注"成人之美"，往往都在自己的利益与别人的利益发生冲突的时候。这时候，有些人喜欢夺人之美。当然，正常的竞争是无可厚非的。可是，总有一些人使用不光彩的手段。他们乐此不疲地在暗地里掠夺别人的劳动成果，即使这种果实对他们并无好处，他们也要争相掠夺，因为让别人拿走，对他们来说是一件太痛苦的事情。不懂得成人之美的人，别人是不会对你投去敬慕目光的，你也就无法赢得别人的尊重。

第二章

你的形象，价值百万
——仪容仪表中的礼仪

个人礼仪包括仪容、表情、举止、服饰等方面的礼节规范。在社交过程中，每个人的仪表都会引起交往对象的特别关注，是评价一个人的重要因素。因此，学习礼仪，运用礼仪，将有益于人们更规范地设计个人形象，更充分地展示个人的良好教育与优雅的风度。

‖ 外在美与内在美要和谐统一

　　每个人都是通过外在形象来展示自己的特点的，一个人的眼神、说话的方式就是最基本的信息，并通过衣着、声音和举止表现出其基本特征。一般在初次见面的几分钟内就能初步判断一个人的素质、背景和能力。所以一个良好的形象会令你在任何场合中神采奕奕、信心非凡，会让别人更愿意接近你，使你更快得到周围的人的认可。

　　一般来说个人的仪容、举止、表情、服装、佩饰等要素会促使他人对自己的第一印象的构成，这是良好的个人形象中外在美的具体表现。人的外在美能给本人以极大的心理满足和心理享受，又能使他人赏心悦目，是人自身美的凝聚和显现。有的人天生体格健美匀称、五官端正秀丽，这些人幸运地拥有自然美，但无论一个人的先天条件如何，都可以通过化妆、服饰、外形设计等方式使自己拥有容貌的美丽，也可以通过形体的锻炼使自己拥有更完美的体态，天生丽质这种幸运并不是每个人都能够有的，而美好的个人形象却是每个人都可以去追求和创造的。因此，每个人都可以通过一定的形式把自己的美丽更加充分地展现出来。

　　但是外在美不能完全决定人们对你的印象好坏。小丽是某通讯公司的客户服务员，精通化妆，对服饰搭配也很有心得体会，同事都说她是时尚的指南针，走在大街上回头率很高，但小丽在公司并不受同事欢迎。作为客户服务员，小丽还经常被客户投诉，客户的反映是最怕看见小丽的脸，无论对新客户还是老客户，小丽总是面无表情，以一张冷冰冰的脸示人，客户问急了，小丽还不时冒出几句粗话。现在，小丽正面临着失去工作的危险。

小丽的外在仪表不能说不美，但为什么客户却反映最怕看见她的脸呢?可见个人形象的塑造不仅仅是外在的仪表，更重要的还是要具有深刻的内涵。

仪表美是内在美与外在美的和谐统一。内在美是美的升华，是美的极致，是人的内在精神世界的美，是人的思想、品德、情操、性格等心理文化素质的具体体现。一个人如果没有内在美作为基础，那么，再好的先天条件、再精心的打扮，也只能是一种肤浅的装饰，缺少丰富而深刻内涵的美，不可能产生魅力。因此，一个人的外在美是其内在美的一种自然展现，良好的个性修养、渊博的知识、高尚的道德情操才是外在美的真正源泉，由此而产生的美才可以给人留下深刻的印象，打下深刻的烙印。所以内在美比外在美具有无可比拟的深度与广度。

小贴士

个人气质的内在修炼

1. 品德高尚。心地善良，有同情心，在别人困难之时懂得伸出援助之手，不贪图私利，更不损人利己。做人要有度量，对别人的过错能够容忍，待人不能刻薄。

2. 富有情趣。面对人生要幽默风趣，而不能擅自搞恶作剧，喜好高雅文明、健康向上，充分享受生活的情趣。

3. 勤奋好学。刻苦好学，用知识武装自己的头脑，充实自己的人生。

4. 身体健康。拥有强壮结实的体魄，就拥有了成功的资本。没人愿意同一个丧失希望、没有前途的人合作。所以，一个人需要多做体育运动，促进身体健康。

得体的着装彰显气质、完善形象

服饰作为一种礼仪，从外表上，能反映一个人的社会地位、文化修养和审美情趣等多种信息，也能表现一个人的内在情感及其对生活的态度。正如莎士比亚所说："服饰往往可以表现人格。"得体的服饰穿戴对于美化人的仪表、改善人的气质、完善人的形象有着极为重要的作用。

服饰搭配的原则

1. 色彩的搭配

一般来说，色彩搭配可以根据色彩明暗度的不同来搭配，把同一颜色按深浅不同进行搭配，造成一种和谐的美感。但应注意深浅颜色的衔接不能太生硬，要尽量过渡得自然。用互相排斥的对比色来搭配时，要注意在明暗度、鲜艳度上加以区别，以便对比鲜明而不刺眼。色彩搭配大多是就服装自身而言的，此外还要和配件、季节、年龄、场合等协调。

2. 与自身条件的搭配

如果个子过于高大或高且瘦，就要选择线条流畅的服装，但不宜用垂直线条，也不宜搭配高卷的发型或高帽子、紧身的衣服，否则会显得更高瘦，避免使用黑色、暗色等，要用明色或对比色的腰带切开。而矮个子，则用垂直线条增加身高，避免使用水平线条，否则将会使你显得更矮。选择合体的服装，避免大或粗笨、宽松悬垂的款式；选用单色组合，最好选择从鞋、袜到裤或裙为同一颜色。避免使用对比色的腰带和衣裤来分割身体的高度。

3. 与所处环境的搭配

服饰与活动场合是否协调，直接影响人的内在形象，影响交往的效果。一般来说，娱乐、休闲、运动对服装的选择最为宽松，只要简单、整洁、舒适即可。工作场所的着装要整齐、严肃，一般都要按规定穿着。社交活动对服装的限制最为严格。

4. 穿出自己的个性

服装能体现内在气质，因而应注意个性原则，要穿出自己的特色来，这样才能在交往中给人留下深刻、美好的印象。但要避免着奇装异服或衣冠不整。奇装异服或衣冠不整所表现出的标新立异不会收到突出个性的效果，在社交中也不会给人留下好的印象。如果这样穿戴打扮去求职，除了极个别的职业以外，结果可以肯定是失败的。

5. 与时节的搭配

服饰的穿戴还要注意时节的变化。春秋季节适合穿中浅色调的服饰；冬季服饰色调以偏深色为宜；夏装可以选择丝棉织物，色调以淡雅为宜。

男士着装礼仪

1. 穿西装的礼仪

长度：西装的长度包括衣长和袖长。上衣的长度宜于垂下手臂时与虎口平行，衣袖应以垂下手臂时，袖口在手腕上1～2厘米为宜。肥度以穿一件羊毛衫感到松紧适中为宜。下衣的长度以裤角接触脚背为妥。

衬衣：正式场合穿西服套装，内应穿单色衬衣，最好是白色衬衣。衬衫的领子大小要合适，领头要挺括、洁净，扣子要系好，领口的扣子不系领带时应解开。袖扣则无论如何都要扣好，不可把西装和衬衫的袖子卷起来。衬衫的下摆要塞在裤子里，袖长应稍长于西装袖，衣领应稍高于西装领，以显示出穿着的层次，同时，可防止西装的磨损和脏污。

领带：领带是西装的重要装饰品，对西装的美观起着至关重要的作用。选择领带首先是长度、宽度要适中。适当的长度以打好领带时，其尖端正好垂到皮带扣处为宜，所以每个人需要的领带长度完全由自己的身高决定。选择领带要注意其花色与服装、衬衫搭配得当。领带宽度应该与西装翻领的宽度相协调。穿上一件鸡心领羊毛衫时，领带应放在羊毛衫内。起固定领带作用的领带夹一般夹在衬衫的从上往下数第四粒纽扣为宜。西装上衣扣上扣子以后，领带夹应当是看不见的。

领子：对于领子的选择，长脸形宜选用短驳头，圆脸型、方脸型宜选用长驳头西装。领子应紧贴衬衣领，并低于衬衣领，衬衣白领露出的部分与袖口露出的部分的长度应相等。

扣子：穿着西装，扣子的扣法也很讲究。穿双排扣西服，不管在什么场合下，一般都应将扣子全部扣上；单排扣西服，一粒扣西装可扣也可不扣，两粒扣西装扣上边一粒，三粒扣西装扣中间的一粒。

口袋：上衣两侧的两个衣袋不可装东西，只作装饰用，不然会使衣服变形。西装上衣胸部的衣袋可以装折叠好的花式手帕，其他东西不宜装入。物品可以装在上衣内侧衣袋里，左胸内侧衣袋一般装票夹和笔，右胸内侧衣袋一般装名片、香烟和打火机。为以求臀围合适、裤型美观，裤袋也和上衣袋一样不可装物。

鞋和袜子：穿西装也要注意鞋袜的搭配。穿西装一定要穿皮鞋，最好是黑色皮鞋，而不能穿布鞋或旅游鞋。如果是米色、咖啡色调的西装配深褐色皮鞋也可以，但是浅色皮鞋只适宜配浅色西装，而不能配深色西装。同时，穿皮鞋还应注意鞋面的干净光亮，不要蒙满灰尘。袜子一般应穿与裤子、鞋类颜色相同或较深颜色的袜子。在正式、半正式的场合，男性宜穿中长筒的袜子，这样可以避免坐下谈话时露出皮肤或较重的腿毛。

2.休闲装的着装礼仪

休闲装多在一般的场合穿着。在工作之余，穿夹克衫、运动服等休闲系列都是可以的，虽然职业便装可以随便些，但仍反映了个人形象和职业素质。因此，不要过分地追求式样或过于随便。应考虑不同的场合、年龄与身份。可以穿长裤配衬衫、有领带的棉T恤衫或毛衣，可以穿平底鞋和无扣便鞋。

女士着装礼仪

女士着装的样式很多，在正式场合女士穿着的裙子至少应长及膝，普通的长裙适用于一切场合，性感服装绝对不能穿。比较正式的场合应穿西服套裙。超短裙、无袖式或背带连衣裙只适用于居家或度假，如果穿到交际场合是失礼的。领边、肩头和袖口等处也要注意，不使内衣外现。穿裙子一定要穿长丝袜，袜口切忌露在裙摆之下。

女性的职业便装包括衬衫裙子、套裙或合体的长裙、衬衫配夹克等。一般情况下，除了参加体育运动外，不要穿运动鞋或凉鞋，应穿平底鞋。

出席社交活动，着装选择的范围比较大，可以根据自身的特点和喜好以及社交活动的要求选择合适的服装。

───※ 小贴士 ※───

肥胖者穿衣小窍门

肥胖者本来身材就臃肿，再配上一件不合体的衣服就更加显胖了。因此肥胖者在衣服的选择搭配上就显得尤为重要。

一般在花色选择上应选用竖条纹、中等大小花型、颜色较深的衣服，可以给人一种轮廓模糊的朦胧感觉。

许多肥胖的人不喜欢穿颜色明亮的衣服，其实大可不必这样，将较明亮的颜色放于上身，会使人不注意您体态较差的下半身。

夹克类的上衣大小要合身，特别是袖圈部分，长度最好在臀部以下，加上长而窄的衣领，可以掩盖形体的不足。

肥胖者服装的样式采用垂直分割法，把胸围、腰围、臀围分割为几部分，利用装饰缝使人产生挺拔秀丽之感。

肥胖者不要穿过于贴身的毛织服装，夹克切忌紧束于腰间。不宜戴对比颜色太鲜明的配件，如腰带、鞋等。同时，应避免选择打褶的或过短的裙子。总之，肥胖者选衣服尽管很难，但只要稍动点儿脑筋，多留意些服饰搭配的技巧，定会穿上满意的服装。

‖ 对仪容进行必要的修饰和整理

"内正其心，外正其容"。个人礼仪的首要要求就是仪容美，它是仪表问题的重中之重。在人际交往中，一个人的仪容不仅会引起交往对象的特别关注，还会影响到交往对象对自己的整体评价。因此，我们必须时刻不忘对自己的仪容进行必要的修饰和整理。这既是对他人的尊重，也是对自己的尊重。

1960年9月，肯尼迪和尼克松在电视上举行他们竞选总统的第一次辩论。当时，大多数评论员预料，尼克松素以经验丰富的"电视演员"著称，一定可以击败比他缺乏电视演讲经验的肯尼迪。但事实并非如此。原因是肯尼迪事先进行了练习和彩排，还专门跑到海滩晒太阳，养精蓄锐。结果他在屏幕上满面红光，精神焕发，挥洒自如。而尼克松除了没有听从电视导演的规劝和十分疲劳之外，更失策的是面部化妆用了深色的粉，因而在屏幕上显得精神疲惫，声嘶力竭。竞选结果出人意料，肯尼迪胜出。肯尼迪的仪容仪表起了非常大的作用，可见，仪容仪表的作用是不容忽视的。

保持面部的清洁干净

脸部：要做到仪容整洁干净，就要注意细节的修饰和长年累月的坚持不懈。若一个人脸上常有灰尘、污垢，难免会让人感觉又脏又懒。因此，除了早晚洗脸之外，只要有必要，就应随时随地抽出一点时间洗脸净面。值得注意的是要对各个不同的部位进行修饰，这样才能达到最佳的效果。

眼睛：眼屎给人的印象很不雅，应及时将其清除。如果觉得自己的眉毛不雅观，可以进行必要的修饰，但不要剃去所有的眉毛。另外，戴眼镜不仅要美观、舒适，而且还应随时对其进行清洗，保持镜面的干净。

耳朵：耳垢虽然不易看到，但却不要忘记对其清除，在洗澡、洗脸时，不要忘了顺便清洗一下耳朵。必要时，还须清除耳孔之中不洁的分泌物，但不要在他人面前这么做。有些人，特别是上了年纪的人，耳毛长的较快，甚至还会长出耳孔之外。因此在必要之时，应对其进行修剪。

鼻子：在人际交往中，偶尔有一两根鼻毛露出，是很会破坏他人对自己的印象的，因此，应当注意经常检查和修剪鼻毛，但当众拔鼻毛是很不雅的行为。除此之外，还应保持鼻腔清洁，不要让异物堵塞鼻孔，或是让鼻涕任意流淌。不要随处吸鼻子，更不要在他人面前挖鼻孔。

嘴及其他部位：修饰上的基本要求就是要牙齿洁白，口腔无味。要做到这一点，就要坚持每天饭后漱口，以除去异物、异味。还要经常采用爽口液、牙签、洗牙等方式方法保护牙齿。在重要应酬之前应忌食葱、蒜、臭豆腐之类气味刺鼻的东西。在交际场合，男士若无特殊宗教信仰或民族习惯，最好不要留长须，应经常注意定时剃须，使自己容光焕发，充满活力。女士若因内分泌失调而长出类似胡须的汗毛，则应及时治疗，并予以清除。

保持发型的清爽、美观

头发是构成仪容的重要内容。美观的发型能给人一种整洁、庄重的感觉。根据自身的条件修饰头发，选择合适的发型，可以扬长避短，增加人体的整体美。

保持头发的整洁是首要的问题，所以应当自觉地做好日常护理。如果弄得自己蓬头垢面，满头油味，发屑随处可见，是很损坏个人形象的。因此不论有无交际活动，平日里都要对自己的头发勤于梳洗。

头发从礼仪角度和审美角度看，它仍受到若干因素的制约，不可以一味地只讲自由与个性，而不讲规范。商界对头发的长度大都有明确限制：女士头发不宜长过肩部，必要时应以盘发、束发作为变通；男士不宜留鬓角，发帘最好不要触及衬衫领口。

在社会生活里，人们的身份不同、工作环境不同、职业不同，发型也应有所不同。在工作场合抛头露面的人，发型应当传统、庄重、保守一些；在社交场合频频亮相的人，发型则应当个性、时尚一些。

修饰手臂的礼仪

手臂是人际交往中动作最多的一个部位，其中手是接触其他人、其他物最多的部位，因此出于清洁、卫生的考虑，应当勤于洗手。另外，手指甲应当定期修剪，如果在指甲周围产生死皮，应立即将其修剪掉，不要用手去撕，或用牙去咬。若手上长癣、生疮，应避免与他人接触，否则会令他人产生不快或反感。

因个人生理条件的不同，手臂上的汗毛生长得过浓、过长，会有碍观瞻，最好采取适当的方法进行脱毛。根据现代人着装的具体情况，腋毛是不应该为对方所见的，女士特别要注意这一点。在正式场合，不要穿着会令腋毛外露的服装，而在非正式场合，若想穿着暴露腋窝的服装，则务必先行脱去或剃去腋毛。

修饰腿部的礼仪

在正常情况下，应注意保持腿部的卫生。鞋子、袜子要勤洗勤换，脚趾甲要勤于修剪，除去死指甲，脚指甲不要留有污垢，或是长于脚趾趾尖。在正式场合，不允许男士的着装暴露腿部。女士可以穿长裤、裙子，但不得穿短裤，或是暴露大部分大腿的超短裙。在正式场合，女士的裙长应过膝部以下，不允许光着大腿不穿袜子，尤其不允许将光着的大腿暴露于裙子之外。

✦✦✦ 小贴士 ✦✦✦

职业女性发型的选择

短直发：要稍微长一点，不要太辣妹了，前面的刘海要小心，切忌蓬乱。

长直发：注意保持长发的干净和光亮。否则的话，会显得非常邋遢。

短卷发：选用适合你发质的护发产品，保持头发的整洁和服帖。

长卷发：给头发一点蓬松感觉，但要注意，通过将头发分层剪，既便于整齐，又便于收拾。

协调你的发型风格和办公环境。从事不同职业的人，可以有不同的风格。如果你在网站工作的话，年轻些、狂野些的发型就不会受到指责；但如果是在律师事务所或银行的话，你的发型最好就老实点、专业点。

短发给人干练的感觉，不过，长头发收拾好了，也一样有职业化的感觉。只要干净、没有披散在脸上或肩上，一样非常干练。例如，你可以把美丽的长发编起来，再配上雅致的发卡装饰。

放弃那些闪亮的发饰，把那些可爱的亮色的美丽装饰品留给Party吧。选用一些自然色或深色的发饰，而它们的功能也只是在于帮助维持你头发的整洁。发带和工作场所也不太协调，总给人天真和没有经验的感觉。

恰到好处的化妆凸显女性的优点

化妆，是修饰仪容的一种高级方法，它可以使自己的容貌变得更加靓丽。在人际交往中，进行适当的化妆是必要的。恰到好处的化妆，可以更加充分地展示女性容貌上的优点。

女性在化妆时要注意的问题

1. 化妆浓淡要适宜

化妆的浓淡要视时间、场合而定。工作的时间，一般以化淡妆为宜。如果白天也浓妆艳抹，香气四溢，难免给人的印象欠佳。但在夜晚的休闲时间，不论浓汝还是淡抹，都是比较适宜的。化妆的浓淡还应当考虑到场合问题。人们在节假日大多是要化妆的，但是在外出旅游或参加游乐活动时，最好不要化浓妆。

2. 化妆要注意场合

一般情况下，女士不要在公共场所化妆。但有些女士对自己的装饰和形象十分在意。不论是在什么时候，一旦有了空闲，就抓紧时机补妆。殊不知在众目睽睽之下修饰面容是没有教养的行为，是十分失礼的，既有碍于人，也不尊重自己。如真有必要化妆或补妆，一定要到洗手间去或化妆间完成，切莫当众化妆。

3. 不要评论他人的妆容

由于民族、肤色的差异，每个女士的妆容都不尽相同。因此，不要非议他人的妆容，更不要以为自己的妆容才是最好的。对外宾的妆容不要指指点点，也不要同外宾切磋化妆技巧。有的女士强人所难和热情过了头，以打扮别人为一大乐事，主动为人家化妆、改妆或修饰，会让他人感到非常的为难。

4. 不要借用他人的化妆品

女性平时不要去借用他人的化妆品，因为这既不卫生又不礼貌。除非有时可能忘了带化妆盒，却偏偏需要化妆，在这种情况下，在他人自愿为你提供方便的前提下，才可以借用他人的化妆品。

5. 给皮肤做好基础的保养

众所周知，任何化妆品都有一定量的化学物质，这些化学物质对皮肤多少都会有不良的刺激。面部的皮肤是很娇嫩的，任何不科学的外部刺激都会使它受到不同程度的损伤。所以职业女性还应该懂得一些基本皮肤护理知识，给皮肤做好基础保养。

妆容与整体效果的搭配

妆容与服饰的色彩和风格相协调。粉底霜、眼影色、面颊红、口红等颜色是以未化过妆的皮肤颜色为基础添加上去的。在设计面部彩妆时，应该和服装、首饰一起进行整体考虑，才能相得益彰。

妆容要与场合气氛统一。参与不同的活动，出席不同的场合，对女士的妆容有不同的要求。职业女性的工作妆应以淡雅、清新、自然为宜，工作中在脸上涂一层厚厚的粉底，嘴唇鲜红耀眼，让人觉得格格不入。因此，在办公室及商务会谈的场合，不太适合浓妆艳抹。而在宴会中女性不化妆或过于淡妆素裹会让人觉得不能融入环境，会被认为不懂礼貌。另外，随着时间的改变，女性化妆应有相应的变化。白天自然光下，一般女性略施粉黛即可；浓妆，多为参加晚间娱乐活动的女性的装扮。

办公室的化妆礼仪。职业女性在上班前淡淡地化一下妆，不仅给生活增添光彩，而且能使自己更充满活力和信心。当然化妆的效果要与办公室的工作环境相称，给人理智明快的印象。办公室的女性，要求仪容大方得体，衣着打扮、妆容发型，无论色彩还是式样，都不应显得过于活跃，应与性格、修养、气质和工作环境相统一。另外，女士最好不要使用大量浓香型的香水和香粉，把自己搞得香气四溢，这样会让人在电梯和会议室等通风不良的地方感到难受、憋气。

不同脸型的化妆技巧

脸部化妆不仅要突出面部五官最美的部分，使其更加美丽，还要掩盖或矫正有缺陷或不足的部分。

1. 圆形脸

对于圆形脸，胭脂的涂抹可从颧骨起涂至下颌部。上嘴唇可用唇膏涂成浅浅的弓形。可用暗色调粉底，沿额头靠近发际处起向下窄窄地涂抹，至颧骨部下可加宽涂抹的面积，造成脸部亮度自颧骨以下逐步集中于鼻子、嘴唇、下巴附近部位。眉毛可修成自然的弧形，可做少许弯曲。

2. 椭圆形脸

对于椭圆形脸，化妆时宜注意保持其自然形状。胭脂应涂在颊部颧骨的最高处，然后向上向外揉化开去。唇膏应尽量按自然唇形涂抹，眉毛可顺着眼睛的轮廓修成弧形，眉头应以内眼角为齐，眉尾可稍长于外眼角。

3. 方形脸

胭脂的涂抹宜与眼部平行，不要涂在颧骨最突出处。可用暗色调粉底在颧骨最宽处造成阴影。下颚部宜用大面积的暗色调粉底制造阴影，从而改变面部轮廓。唇膏可涂丰满一些，增加柔和感。眉毛宜修得稍宽一些，眉形可稍带弯曲，不宜有角。

4. 长形脸

胭脂的涂抹应注意离鼻子稍远些，从而可以在视觉上拉宽面部。涂抹时，可沿颧骨的最高处与太阳穴下方所构成的曲线部位，向外、向上抹开去。双颊下陷或者额部窄小者，应在双颊和额部涂以浅色调的粉底，造成光影，使之看起来丰满一些。在修正眉毛时应令其成弧形。

5. 倒三角形脸

胭脂的涂抹应在颧骨最突出处，而后向上、向外揉开。可用较深色调的粉底涂在过宽的额头两侧，而用较浅的粉底涂抹在两腮及下巴处，造成掩饰上部、突出下部的效果。宜用稍亮些的唇膏来加强柔和感，唇形宜稍宽厚些。眉毛应顺着眼部轮廓修成自然的眉形，眉尾不可上翘，描时从眉心到眉尾宜由深渐浅。

6. 三角形脸

胭脂的涂抹可由外眼角处起始，向下抹涂，令脸部上半部分稍做拉宽。可用较深色调的粉底在两腮部位涂抹、掩饰。眉毛宜保持自然状态，不可太平直或太弯曲。

━━━━ ⟪ **小贴士** ⟫ ━━━━

参加舞会或文艺比赛的化妆礼仪

化妆最重要的是在于根据自身的职业性质、年龄、场合对化妆技巧进行选择和取舍。在办公室、在舞会、在重要的仪式上的妆容应该是不一样的。但是现在，很多女士常常是以一个妆容示人，这是不可取的。一般的舞会应该采用淡妆。淡妆的特点是自然、大方。当你参加文艺比赛时，为了适应舞台强烈的灯光就必须化浓妆了。化浓妆时一定要慎重，要掌握住深浅、浓淡的程度，不要太夸张了。浓妆与淡妆只是相对而言，如果掌握不好就将破坏比赛效果。化妆前，首先注意舞台灯光亮度，然后确定妆容色调的深浅。一般这样的场合，最好能够邀请专门的化妆师来帮忙，以免妆容欠佳，影响比赛效果，如果没有这样的条件，就应当首先注意灯光亮度。

‖ 微笑是最有价值的面部表情

笑是眼、眉、嘴和颜面动作的集合，是一种令人感觉愉快的面部表情，它是最美好的形象。在千变万化的面部表情中，微笑是最美的，它可以缩短人与人之间的心理距离，为深入沟通与交往创造和谐的氛围。在人们越来越渴望得到他人尊重的今天，微笑成为人际交往中不可缺少的礼节。因此，我们在工作与生活中，若想营造良好的交际氛围，获得良好的人际关系，就要尽量地把真诚友好的微笑奉献给他人。

美国"旅馆大王"希尔顿于1919年把父亲留给他的1.2万美元连同自己挣来的几千元投资出去，开始了他雄心勃勃的旅馆经营生涯。当他的资产从1.5万美元奇迹般地增值到几千万美元的时候，他欣喜自豪地把这一成就告诉母亲，想不到，母亲却淡然地说："依我看，你跟以前根本没有什么两样，事实上你必须把握比5100万美元更值钱的东西：除了对顾客诚实之外，还要想办法使来希尔顿旅馆的人住过了仍流连忘返，你要想出这样的简单、容易、不花本钱而行之久远的办法去吸引顾客。这样你的旅馆才有前途。"母亲的忠告使希尔顿陷入迷惘：究竟什么办法才具备母亲指出的"简单、容易、不花本钱而行之久远"这四大条件呢?于是他逛商店、串旅店，以自己作为一个顾客的亲身感受，得出了准确的答案："微笑服务。"这实实在在地同时具备母亲提出的四大条件。从此，希尔顿实行了微笑服务这一独创的经营策略。每天他对服务员的第一句话是："你对顾客微笑了没有?"他要求每个员工不论如何辛苦，都要对顾客投以微笑，即使在旅店业务受到经济萧条的严重影响的时候，他也经常提醒职工记住："千万不要把自己的冷面孔摆在脸上，无论旅馆本身遭受的困难如何，希尔顿旅馆服务员脸上的微笑永远都是最灿烂，最温暖的。"因此，经济危机后幸存的20%的旅馆中，只有希尔顿旅馆服务员的脸上带着微笑。当经济萧条刚过，希尔顿旅馆就率先进入新的繁荣时期，跨入黄金时代。其中微笑服务是他们的制胜法宝。

微笑的方式

微笑的方法是以额肌收缩，眉位提高，眼轮匝肌放松；两侧颊肌和颧肌收缩，肌肉略隆起；两面侧笑肌收缩，稍微下拉，口轮匝肌放松；嘴角微微上提，嘴唇呈半开半闭状，不露齿为最佳。

微笑的基本做法是不发声、不露齿，肌肉放松，嘴角两端向上略微提起，面含笑意，使人如沐春风。微笑须发自内心。当一个人心情愉快、兴奋或遇到高兴的事情时，都会自然地流露出这种笑容。这是一种内心情感的自然流露。发自内心的微笑既是一个人自信、真诚、友善、愉快的心态的表露，同时又能营造明朗愉快和亲切的交际氛围。而矫揉造作的微笑，给人一种不真诚、不友善的感觉，也会给我们的工作与交往带来阻碍与阴影。

微笑是人们交往中最富有吸引力、最有价值的面部表情，但也要注意区分场合，要笑得得体、笑得适度，这样才能充分表达最美好的感情。与人初次见面，给对方一个亲切的微笑，会拉近双方的心理距离，消除双方的拘束感；与朋友同事见面打招呼，带点微笑，显得和谐、融洽；上级给下级一个微笑，会让人感到平易近人。正式场合的笑容要适度，故意遮饰笑容、抑制笑容不但有损美感，而且有碍身体健康。而放声大笑或无节制的笑同样不雅，无原因的边看别人边哈哈大笑，更为无礼。在各种场合只有恰如其分地运用微笑，才能达到传递情感的目的。

笑容的禁忌

忌冷笑。有讽刺、不满、不以为然的意味，容易让人产生敌意。

忌假笑。违背笑的真实性原则，不但毫无价值还让人厌烦。

忌怪笑。这种笑多含有恐吓、嘲讽之意，让人十分反感。

忌窃笑。多表示洋洋自得、幸灾乐祸或看他人的笑话。

忌狞笑。多表示惊恐、愤怒或吓唬他人。

小贴士

面试中的微笑礼仪

微笑表明自己心底坦荡，善良友好，待人真心实意，而非虚情假意，使人在与其交往中自然放松，不知不觉地缩短了心理距离。面带微笑，表明对自己的能力有充分的信心，以不卑不亢的态度与人交往，使人产生信任感，容易被别人真正地接受。若面露平和欢愉的微笑，说明心理愉快，充实满足，乐观向上，善待人生，这样的人才会有吸引主考官的魅力。主考官会认为你能在工作岗位上保持微笑，说明你热爱本职工作，乐于恪尽职守。由此可见，笑容是所有身体语言中最直接有利的一种。在面试中，只要把握每个机会展露自信而自然的笑容，就会获得更多的成功机会。

‖ 挺拔的站姿是优美仪态的起点

站姿无论是在社交场合，还是在日常交往中，都是一种最基本的举止。站立是静态造型的姿态，是优美仪态的起点，因此，站姿不仅要挺拔，还要优美典雅。站姿的基本要求是"站如松"，基本要领是头平正，双肩平，两眼平视，下颌微收，面带微笑，挺胸，收腹，立腰，双肩放松，双臂自然下垂，双手在背后交叉或体前交叉，双腿直立。

站姿的规范方式

两脚跟靠拢，身体重心主要落于脚掌、脚弓上。脚尖开度为45度至60度，两脚并拢立直，髋部上提。

两肩放松，气下沉，自然呼吸。两手臂放松，自然下垂于体侧，虎口向前，手指自然弯曲。

腹肌、臀大肌微收缩并向上挺，臀、腹部前后相夹，髋部两侧略向中间用力。脊椎、后背挺直，胸略向前上方挺起。

脖颈挺直，头顶上悬。下颌微收，双目平视前方。

站姿的注意事项

（1）站立时，以鼻子为中线的人体应大体成直线，使竖看有直立感；肢体及身段应给人舒展的感觉，使横看有开阔感；从耳至脚踝骨应大体成直线，使侧看有垂直感。

（2）站立交谈时，身体不要倚门、靠墙、靠柱，双手可随说话的内容做一些伴随手势，但动作不能太多、太大，以免显得粗鲁。不要将手插入裤袋或交叉抱在胸前，更不能下意识地做小动作。

（3）站立时不应东倒西歪、两脚间距过大、耸肩驼背、左摇右晃。

不同场合的站姿要求

在升国旗、接受奖品、致悼词等庄严的仪式场合，应采取严格的标准姿态，而且神情要严肃。

主持文艺活动、联欢会时，可以将双腿并拢站立，女士可以站成丁字步，让站姿显得更加优美。

礼仪小姐的站立，一般采取丁字步或立正的姿势。若是双手端物品时，上手臂应靠近身体两侧，但不必夹紧，下颌微收。

侍应人员因站立时间很长，因此双腿可以平分站立，双腿分开不宜超过肩。双手可以交叉或前握垂放于胸前，但要注意收腹。

———— 小贴士 ————

优美站姿的练习方法

单人训练法：背靠墙，脚跟离墙3厘米，臀、肩及头贴着墙，用力吸气、收腹，腹部肌肉有力缩回，使腰背贴墙。每次坚持训练15～20分钟。

双人训练法：两人为一组，背靠背站立，要求两人脚跟、小腿、臀部、双肩、后脑勺都贴紧，每次训练坚持15～20分钟。

要使身体的形态完美，反复练习比什么都有效，贵在坚持。

坐相好坏直接影响你的形象

坐姿往往是人们采用最多的姿态，坐相的好坏直接影响到你在他人心目中的形象。优雅的坐姿传递着自信、友好、热情的信息，同时也显示出高雅庄重的良好风范。

就座时的礼仪

入座时走到座位前，转身后把右脚向后撤半步，轻稳坐下，然后把右脚与左脚并齐，坐在椅上，上体自然挺直，头正，表情自然亲切，目光柔和平视，嘴微闭，两肩平正放松，两臂自然弯曲放在膝上，也可以放在椅子或沙发扶手上，掌心向下，两脚平落地面，起立时右脚先后收半步然后站起。

一般来说，在正式社交场合，要求男性两腿之间可有一拳的距离，女性两腿并拢无空隙。两腿自然弯曲，两脚平落地面，不宜前伸。在日常交往场合，男性可以跷腿，但不可跷得过高或抖动，女性大腿并拢，小腿交叉，但不宜向前伸直。

要想坐姿更加的优美，入座时就要轻柔和缓，就座时不可以扭扭歪歪，两腿过于叉开，不可以高跷起二郎腿，若跷腿时悬空的脚尖应向下。坐下后不要随意挪动椅子、腿脚不停地抖动。女士着裙装入座时，应用手将裙装稍稍拢一下，不要坐下后再站起来整理衣服。在正式场合与人会面时，不可以一开始就靠在椅背上。就座时，一般至少坐满椅子的三分之二，不可坐满椅子，也不要坐在椅子边上过分前倾。

离座时的礼仪

1. 礼貌声明

离开座椅时，身边如果有人在座，应该用语言或动作向对方先示意，随后再站起身来。

2. 注意次序

和别人同时离座，要注意起身的先后次序。要优先尊长，即地位低于对方时，应该稍后离座。地位高于对方时，可以首先离座。双方身份相似时，可以同时起身离座。无论如何，抢先离座都是失态的表现。

3. 动作轻缓

离座时要注意礼仪序列，不要突然起身离座时，惊吓他人，最好要动作轻缓。不要因为不注意而弄出响声或将椅垫、椅罩弄掉在地上。

4. 从左离开

"左出"是一种礼节。不论是从正面、侧面还是背面走向座位，通常都讲究从左侧一方离开自己的座位。

座位高低不同时的坐姿礼仪

正常的座位：两脚尽量向后左方，让大腿和你的上半身成90度以上角度，双膝并拢，再把右脚从左脚外侧伸出，使两脚外侧相靠，这样不但雅致，而且显得文静而优美。

较高座位：上身要正直，但可以跷大腿。其方法是将左腿微向右倾，右大腿放在左大腿上，脚尖朝向地面，不要右脚尖朝天。

较低座位：轻轻坐下，臀部后面距座椅背约2厘米，背部靠座椅靠背。若穿的是高跟鞋，坐在低座位上，膝盖会高出腰部，应当并拢两腿，使膝盖平行靠紧，然后将膝盖偏向对话者，偏的角度应根据座位高低来定，但以大腿和上半身构成直角为标准。

最为常用的坐姿礼仪

1. 正襟危坐

上身与大腿、大腿与小腿、小腿与地面，都应当成直角。双膝双脚完全并拢。这种坐姿是最基本的坐姿，适用于最正规的场合。

2. 大腿叠放

两条腿的大腿部分叠放在一起。叠放之后位于下方的一条腿垂直于地面，脚掌着地。位于上方的另一条腿的小腿则向内收，同时脚尖向下。这种坐姿多适用男士在非正式场合采用。

3. 垂腿开膝

上身与大腿、大腿与小腿都成直角，小腿垂直于地面。双膝分开，但不能超过肩宽。这种坐姿较为正规，多为男士所使用。

4. 双腿叠放

将双腿完全地一上一下交叠在一起，交叠后的两腿之间没有任何缝隙，犹如一条直线。双腿斜放于左或右一侧，斜放后的腿部与地面呈45度角，叠放在上的脚尖垂向地面。这种坐姿适合于身份地位高的人士，或穿短裙子的女士采用。

5. 双脚交叉

双膝先要并拢，然后双脚在踝部交叉。交叉后的双脚可以内收，也可以斜放，但不宜向前方远远直伸出去。这种坐姿适用于各种场合，男女都可选用。

6. 双腿斜放

双膝先并拢，然后双脚向左或向右斜放，力求使斜放后的腿部与地面呈45度角。这种坐姿适用于穿裙子的女士在较低处就座使用。

7. 前伸后屈

大腿并紧之后，向前伸出一条腿，并将另一条腿屈后，两脚脚掌着地，双脚前后要保持在同一条直线上。这种坐姿是适用于女性的一种优美的坐姿。

8. 双脚内收

两大腿首先并拢，双膝略打开，两条小腿分开后向内侧屈回。在一般场合采用，男女都比较适合。

小贴士

女人坐姿的讲究原则

女人坐着的时候，怎样让人看上去是充满了吸引力呢？坐是以臀部做支点，借此减轻脚部对人体的支撑力，坐是日常生活、社交的姿势之一。因此，端庄、优雅、舒适的坐姿对女人很重要。

那么什么样的坐姿可使女性显得稳重端庄、落落大方呢？以下是优美坐姿的要领：

1. 面带笑容，双目平视，嘴唇微闭，微收下颌；

2. 立腰、挺胸，上身自然挺直；

3. 双肩平正放松、双臂自然弯曲放在膝上，亦可放在椅子或沙发扶手上，掌心朝下；

4. 双膝自然并拢，双腿正放或侧放，双脚并拢或交叠；

5. 谈话时，可能有所侧重，此时上身与腿同时转向一侧。

正确的坐姿与正确的站姿一样，关键在于腰。不论怎么坐，腰部始终应该挺直，放松上身，保持端正坐姿。另外，优美坐姿要与场合、环境相适应。

‖ 行走非小事，动作有讲究

古人有言："中国有礼仪之大，故称夏，有服章之美，故称华。"中国，素有礼仪之邦的美誉，中国人遵守礼仪亦是源远流长。在公共场所步行时，需自尊自爱，以礼待人。走路是一项必不可少的举止行为，因此走路不但要遵守交通规则，还有一些基本的礼仪要求应当遵守。

走姿的基本要求

（1）脊背与腰部要伸展放松，脚跟要首先着地，并走出直线。靠道路的右侧行走，遇到同事要主动问好。

（2）走路时上身自然挺拔，双目向前平视，微收下颌。挺胸、收腹、立腰，重心稍向前倾，大臂带动小臂自然前后摆动。

（3）步行时，跨出的步子应是全部脚掌着地，膝和脚腕不可过于僵直，应该富有弹性，膝盖要尽量绷直，双臂应自然轻松摆动，从而使步伐有节奏感。

根据着装的变化掌握不同的步态

（1）穿西装时要注意挺拔，保持后背平直，两脚立直，走路的步伐可

略大些。手臂放松，伸直摆动，不能晃肩，髋部不要左右摇摆。

（2）穿旗袍时要求身体挺拔，下颌微收，走路幅度不要过大，两手臂在体侧摆动不宜过大。

（3）穿长裙时走路要平稳，步幅可稍大些，保持裙摆的摆动与脚步协调。

（4）穿短裙时，行走步幅不宜过大，速度可稍快。

行走的礼仪

在公路上行走时，要自觉地走人行道，不要走行车道，还应自觉让出专用的盲道。无人行道时，应尽量走路边。在道路上行走时，按惯例应自觉走在右侧一方，不可逆行左侧一方。

走路时切不可做一个失礼的莽汉。多人一起步行，尤其是与尊长、异性一起在较为正式的场合步行时，一定要注意位置的具体排列应符合礼仪。多人并排行走时，其规则是：两人时，以右为尊，以内侧为尊；以左为卑，以外侧为卑。并行者多于三人时，以居中者为尊。多人单行行走时，以前为尊，以后为卑。所以，要尽量让尊长者或女性走中间和内侧。

走路时忌多人携手并肩前行，那样会阻碍别人行走，而且还不利于交通安全，当走在狭窄的道路时，很容易被来往的车辆刮到。

在道路上行走时，行动不要太慢，应该保持一定的速度，以免阻挡身后的人。更不要在路上停留、休息或与人长谈。

走路时不要吃零食，这样不仅吃相不雅，也不卫生，而且，还有可能给其他行人造成不便，妨碍他人。不要认为走路吸烟是一种帅气的行为，那样其实会令人望而生厌。

走路时不要随手乱丢废弃物，应将废弃物品投入专用的垃圾箱。

走路时需要清嗓子、吐痰，应在旁边无人时，将痰吐在纸巾里包好，然后投入垃圾箱。不要将其咽下，更不能随地乱吐，也不能直接吐入垃圾箱。

恋人或夫妻一起走路时，不应有勾肩搭背、搂搂抱抱等不雅举止，不能表现得过分亲密。因为这种行为极不自重，而且令旁人鄙视。

街头发生冲突时，切莫围观、起哄，应劝阻。对于陌生的异性，不要频频回首顾盼，更不能尾随其后进行骚扰。

对公共场所的各种设施、物品，要自觉爱护。不要攀折树木、采折花卉，践踏绿地、草坪或在墙壁上信手涂鸦、划痕。

对毫不相干的私人居所，不要贸然上前打扰，不要在别人家的门口、窗口、墙头偷偷观望，窥视他人的隐私。

走路时要遵守交通规则，过马路要走人行道、天桥或地下通道，要看红绿灯或听从交警指挥。不要乱闯红灯，翻越隔离栏，或在马路上随意穿行。

切忌冷面视人。熟人相遇，要问候，要用适当的方式与对方打个招呼。对不相识的人，如正面接触，也应点头友好示意。

有人问路时，应真诚相助，不要不理睬。向他人问路，事先要用尊称，事后要微笑致谢。

遇到老弱病残者，或孕妇、儿童有困难时，应主动上前帮忙，不要歧视，更不要讥讽或呵斥。

通过狭窄的路段时，应请他人先行。在拥挤处不小心碰到别人，要立刻说"对不起"，对方应答以"没关系"。以粗鲁的态度予以回复，是非常不礼貌的行为。

※※※ 小贴士 ※※※

女性优美走姿的禁忌

最忌内八字和外八字；

忌弯腰驼背、歪肩晃膀、头部前伸；

走路时扭腰摆臀，左顾右盼；

忌脚蹭地面，上下颤动；

忌边走路边指指点点，对别人评头论足。

以上这些禁忌动作既有失大雅，又不礼貌。如果想做一个有魅力的女性，就要留意自己的姿态。

手势合乎礼仪，以免惹是生非

手是人的身体上最灵活自如的一个部位，所以手势是举止仪态礼仪之中最丰富、最有表现力的。不同的手势所构成的手势语也不尽相同，千变万化，十分复杂。在不同国家、不同地区、不同民族，由于文化习俗的不同，手势的含义也有很多差别，甚至同一手势表达的含义也不相同。因此，手势的运用只有合乎礼仪，才不至于惹是生非。

几种常用的手势语

前摆式手势语。五指并拢，手掌伸直，自身体一侧由下向上抬起，以肩关节为轴，手臂稍曲，到腰的高度在身前右方摆到距身体15厘米处时停止。若右手拿着东西或扶着门时，这时要向宾客做向右"请"的手势时，可以用这种手势语。

直臂式手势语。手指并拢，掌伸直，屈肘从身前抬起，向应到的方向摆去，摆到肩的高度时停止，肘关节基本伸直。需要给宾客指方向时，可采用这种手势语。

横摆式手势语。五指伸直并拢，手掌自然伸直，手心向上，肘微弯曲，腕低于肘。以肘关节为轴，手从腹前抬起向右摆动至身体右前方，并与身体正面成45度角时停止。同时，脚站成右丁字步。头部和上身微向伸出手的一侧倾斜，另一只手下垂或背在背后，面带微笑。在商界场合中在表示"请"、"请进"时常用这种手势语。

双臂横摆式手势语。当来宾较多时，表示"请"可以动作大一些，这时候可采用双臂横摆式手势语。即两手从腹前抬起，手心向上，同时向身体两侧摆动，摆至身体的侧前方，上身稍前倾，微笑施礼，向大家致意，然后退到一侧。

斜摆式手势语。手先从身体的一侧抬起，到高于腰部后，再向下摆去，使大小臂成一斜线。请客人就座时，手臂摆向座位的地方时，可使用这种手势语。

几种手势的不同解释

掌心向下的招手动作。在我国，向别人招手，并要求他向你走过来，一般为掌心向下，手掌上下轻微晃动；但在美国这是叫狗的动作。

跷起大拇指手势。在我国和一些国家，这一手势一般都表示顺利或夸奖别人。但也有很多例外，在美国和欧洲部分地区，表示要搭车，在德国表示数字"1"，在日本表示"5"，在澳大利亚就表示骂人。与别人谈话时将拇指翘起来反向指向第三者，即以拇指指腹的反面指向除交谈对象外的另一人，是对第三者的嘲讽。

V型手势。这种手势表示"胜利"。在我国过去表示"二"，在英国、新西兰等国家，手心向外的"V"型手势是表示胜利，若手心向内，就变成骂人的手势了。

举手致意。举手致意也叫挥手致意，用来向他人表示问候、致敬、感谢。当你看见熟悉的人，又无暇分身的时候，就举手致意，可以立即消除对方的被冷落感。要掌心向外，面对对方，指尖朝向上方，伸开手掌。

OK手势。拇指、食指相接成环形，其余三指伸直，掌心向外。这种手势在美国表示"了不起、顺利"的意思；在日本、韩国，则表示金钱；在泰国表示"没问题"；在法国表示"零"或"毫无价值"。

--- 小贴士 ---

手势语中的禁忌

掌心向下挥动手臂，勾动食指或除拇指外的其他四指招呼别人，用手指指点他人等。这是非常失敬于人的手势。

在他人面前掏耳朵、搔头皮、抠鼻孔、剜眼屎、剔牙齿、摸脚丫、抓痒痒等手势很不卫生，不仅是不当之举，而且也极为令人反感。

在公共场合，双手小动作过多，或是咬指尖、抬胳膊、折衣角、挠脑袋、抱大腿等手姿，都是不稳重的手姿。

‖ 面部表情变化，传达内心感受

表情在非语言符号中，是最丰富的，也是最具有表现力的。人们通过面部表情的变化，来表达出内心的真实感受，它能生动充分地展现人类的各种情感。因此，在交际中应根据特定场合和需要，恰当地运用表情的礼仪。

眼神的礼仪

眼睛是人类面部的感觉器官之一，最能有效地传递信息和表情达意。社交活动中，眼神运用要符合一定的礼仪规范，不了解它，往往被人视为无礼，给人留下坏的印象。

在与人交谈时，目光应该注视着对方。但应使目光局限于上至对方额头，下至对方衬衣的第二粒纽扣，左右以两肩为准的方框中。如果对对方的讲话感兴趣，就要用友善的目光正视对方的眼区。另外，不能将目光长时间地集中在对方的脸上或身体的某一部位，特别是初次见面或与异性见面。在不太亲密的交往对象之间，长时间地直盯着对方，是一种失礼行为。

自己若想要中断的话，可以有意识将目光稍微转向他处。当对方说了错误的话显得拘谨时，不要马上转移自己的视线，相反，要继续用柔和理解的目光注视对方，否则，被别人误解为嘲笑他。当双方缄默不语时，不要再看着对方，以免加剧尴尬局面；谈得很投入时，不要东张西望，否则别人会误认为你已经不耐烦了。

当你被介绍与人认识时，眼睛要看着对方脸部，但不能将对方上下打量。有求于对方或者等待对方回答时，眼睛略朝下看，以示谦恭和恳请。

上台讲话时，要先用目光环顾四周，以示对到会人的尊重。在社交场合，最忌讳和别人眉来眼去和使用满不在乎的眼神，这是没有礼貌和修养的表现。

进入上级的办公室时，不要把目光落在桌上的文件。走进陌生人的居室，也不要东张西望。和长辈说话时，最好走近他，用尊敬的目光直视对方。

眉毛传递的信息

眉毛与眼睛离得最近它同眼睛一样能传递信息，表露人的真情实感。所以，为了体现良好的形象和修养，在日常交往中，双眉要经常保持自然平直的状态，不要随便皱眉，挑眉梢，改变眉的位置。

（1）双眉平展，表示内心的平和。

（2）眉头紧皱，表示内心的不满、为难、厌烦或者思索、考虑。

（3）眉梢微挑，对眼前的事物表示询问和怀疑。

（4）双眉向上斜立，表示非常的生气、愤怒和仇恨。

（5）眉梢耷拉，代表无奈、遗憾或毫无兴趣。

嘴传递的信息

不同的嘴部动作通常表示不同含意。嘴传情达意的能力仅次于眼睛。在社交活动中，谈话时上下唇应自然开合，尽量少努嘴和撇嘴。站立、静坐或与他人握手时，嘴可以微闭，不要露出牙齿，保持微笑状。

（1）撅嘴，表示轻微的不高兴或不满。

（2）微露牙齿的双唇。表示对对方的友善。

（3）努嘴，表示怂恿或支持、撺掇、嘲讽。

（4）咂嘴，表示赞叹或惋惜。

（5）撇嘴，表示轻蔑或讨厌。

（6）紧闭的双唇，表示严肃认真思考和对待，或者对某人某物不感兴趣。

鼻子传递的信息

皱鼻，多表示好奇或吃惊。

挺鼻，多表示倔强或自大。

摸鼻，多表示亲切或重视。

缩鼻，多表示好奇或吃惊。

抬鼻，多表示歧视或轻视。

下巴传递的信息

收起下巴，表示忍耐。

收缩下巴，表示听从、驯服。

耷拉下巴，表示无精打采、困乏。

突出下巴，表示有敌意，有攻击的可能性。

前伸下巴，表示目中无人，自大。

小贴士

女人微笑的礼仪

笑容，尤其是女人迷人的微笑最让人心动。女人在微笑的时候，一定要表现出温馨、关切的表情，这样能有效地缩短与对方的距离，给对方留下美好的心灵感受，从而形成融洽的交往氛围。

在各种场合、各种情况下，应该学会随机应变，用微笑来容纳每一个人，可以让人觉得你有着高超的修养、待人的至诚。

微笑有一种魔力，它可使强者变得温柔，使困难变易，它是人际交往的润滑剂。

微笑是一门学问，又是一门艺术，学会巧妙地运用它，这样，你在异性的心中就会魅力大增。

一定要记住的是，微笑要发自内心，不要假装。要自然、美好、真诚，切忌虚假造作的微笑。微笑时把对方当成自己最真挚的朋友，这样你会笑得更开心。

‖ 饰品为你的着装锦上添花

近年来，随着生活水平的提高，各类饰品越来越受到人们的青睐。优雅得体的穿着，如果再加上富有个性的饰品，会使你增添无穷的魅力。但若想让首饰在服装搭配上锦上添花，就要注意很多的细节问题。首先，首饰的佩戴应当遵从有关的传统和习惯。其次，在社交场合中不戴首饰也可以，戴就不要佩戴粗制滥造之物，最好不要靠佩戴的首饰去标新立异。如果佩戴，总数不宜超过三件。另外，在一般场合，女士们可以样样首饰都戴一戴，而男士佩戴最多的只有结婚戒指一种。场合越正规，男士戴的首饰就应当越少。

佩戴戒指的礼仪

购买戒指时，须选配与手指形状、肤色相配的戒指。手指多肉者，适合佩戴一些镶有大蝴蝶或宝石之类没有花纹的戒指。手指短小者，佩戴不粗不大的指环最为合适，手指过长者可戴一朵有花纹或两枚重叠形戒指。如果手背的皮肤呈褐色，戴上金戒指有高雅感，显得比较协调；如果手背肤色偏黑，可选暗褐色或黑色宝石戒指。戒指一般戴在左手上，最多不要超过两个，但当代人戴在右手上也可以。但要注意的是，若戴两个戒指要在左手连着戴或左右对称。

佩戴项链的礼仪

项链是戴于颈部的环形首饰，男女均可使用，是佩戴时间长、范围广泛的重要首饰，种类十分繁多。但男士所戴的项链一般不应外露且不应多于一条，但可将一条长项链折成数圈佩戴。戴项链时，要与服装、颈部和肤色相协调。夏天因衣着单薄，佩戴金、银、珠宝项链都很美。浅色的毛衫要佩戴深色或艳一些的宝石类项链；深色的毛衫可配紫晶或红玛瑙项链。项链的粗细，应与脖子的粗细成正比。脖子较粗的人应选择较细的项链，脖子较细的人则应选粗一些的。从长度上区分，项链可分为四种。一是短项链，适合搭配低领上装。二是中长项链，可广泛使用。三是长项链，适合女士用于社交场合。四是特长项链，适合女士在隆重的社交场合佩戴。

佩戴手镯、手链的礼仪

手镯是女性的装饰物，因纤丽精巧，很受现代女性青睐。戴手镯和手链很有讲究。在普通情况下，手链应仅戴一条，并应戴在左手上。在一只手上戴多条手链、双手同时戴手链或手链与手镯同时佩戴，一般是不得体的。在一些地方，所戴手镯、手链的数量、位置，可用以表示婚否。手镯戴在右臂上，表明佩戴者是自由而不受约束的；如果戴在左臂上，表明已经结婚。一般来讲，手链与手镯均不应与手表同戴在一只手上。如果戴手镯、手链和耳环等首饰，一般可以省去项链，或只戴短项链为宜，以免三者在视觉上重复，影响美感。

佩戴耳环的礼仪

耳环也叫耳坠，是女性耳垂的特殊饰物，种类繁多。在一般情况下，它仅为女性所用，并且讲究成对使用，即每只耳朵均佩戴一只。不宜在一只耳朵上同时戴多只耳环。男子也有戴耳环的，但习惯做法是只戴左耳，右耳不戴。

佩戴耳环，首先要依据脸型而定。因为利用人的视觉原理，对比耳环的长度，可以改变脸的轮廓。圆脸型适宜戴有坠耳环。长脸形宜佩带大耳环、贴耳式或短坠耳环。方脸型可选择心型、椭圆形、花形的贴耳式耳环。三角形脸可佩带星点状的贴耳式耳环。另外梳长直发型的女性，适合佩戴长链子形的耳环；梳辫式发型的女性，宜佩戴悬垂式的钻石耳环。佩戴耳环还要与服装的样式、面料、色彩相协调。丝绸、轻缎等轻薄面料，应配以贵重、精致的耳环，但与旅游服、休闲服、运动服搭配时，就可以随便些。

佩戴胸针与胸花的礼仪

胸针可别在胸前，也可别在领口、襟头等位置。胸针式样要注意与脸型协调。长脸形宜佩戴圆形的胸针；圆脸型应配以长方形胸针；如果是方脸型，适宜用圆形胸针。

胸花的佩戴有一定的讲究，应根据服装的色彩、面料、款式来选用。白色衣裙配上天蓝色或翠绿色胸花，形成冷调的协调美；红色衣裙配以黄色、本色胸花，形成暖调的和谐美。

其他应注意的问题

佩戴饰品应与穿着相协调，尽量发挥首饰对服装所起的衬托作用。饰品佩戴还应考虑个人的年龄、肤色、身材、身份等特点。身材矮小者，不宜佩戴过多的首饰，可以用一两样点缀一下。身材肥胖者不要佩戴小巧的首饰。头大者不要戴过多的头饰。颈长者宜佩戴项链，颈短者，只宜戴单串的金属项链，或不戴项链而在胸前佩戴光彩夺目的胸花，将人的注意力转移。

从服装上看，色彩艳丽的服装适合与淡雅的首饰相配，色彩深沉单色的服装适合与一些明亮、款式精巧的首饰搭配。编织类的毛衣可选配用玛瑙、紫晶、虎石等制成的项链；穿真丝衬衫或裙装时，佩戴金项链最佳。另外，年纪大的女士要戴一些贵重的、精致的首饰，年轻女士应选择质地好、色泽好、款式新潮的时装首饰。

从环境协调上看，佩戴首饰得分场合和季节。工作时，尽量少佩戴首饰，可选用样式简朴的胸针、耳环、项链等。外出参加重要社交活动时，可佩戴大型胸针、项链和带坠子的耳环等闪光的饰品。年轻的女士在夏季可戴鲜艳的工艺仿制品，冬季则可戴一些宝石、珍珠、金银饰品。

---◆◈ **小贴士** ◈◆---

婚礼中佩戴胸花的礼仪

基本上，重要正式场合中的司仪、特别来宾、颁奖人，都有资格戴胸花。在婚礼中，新郎、伴郎、招待、司仪及新娘的父亲都需要佩戴胸花。新郎的胸花，通常是新娘捧花中的主花，这是在选择新娘捧花时，也需要列入考虑的要件之一。传统上，新郎将捧花送给新娘，然后新娘自捧花中摘下一朵，别在新郎的胸前。其他来宾的胸花，以简单、小巧为原则。一般一朵花再加上一些搭配的满天星类的小花就够了，不要让胸花变成一束花，胸花的花梗也不可太长。胸花一般都是别在西装外套的左领，不过现在胸花别在右领也不算失礼。如果没有现成的扣眼可放，胸花置于西装领上，花梗垂直向下，对准鞋子的位置别好即可。

‖ 戴手套时要将礼仪考虑在内

手套不仅御寒，而且还是衣服的重要饰件。由于时代的变迁，现在，手套的使用范围小了许多，一般情况下只有穿正式礼服时才会戴。但佩戴是否合乎礼仪规范将决定着装饰效果。如果不懂得戴手套的礼仪，即使所戴手套非常漂亮也无法发挥其修饰作用。因此，戴手套时不得不将礼仪考虑在内。

男士戴手套的礼仪

按照礼仪的规范，握手时男士必须脱下手套。进入室内，男士须脱去手套，一般情况下，男士在室内是不戴手套的，因为，有时需要为女士服务，如果男士戴着手套为女士服务，女士会认为这样的男士对她很不尊敬。在正式场合不戴手套时，手套的正确拿法应该是：把手套左右对齐，手指部分放前，左手轻轻握住中间部分。用哪只手拿手套并没有特殊规定，也有人用右手拿手套，这取决于男士用哪一只手来为女士服务。

女士戴手套的礼仪

手套颜色应与衣服的颜色和款式相一致。穿深色大衣时，适合戴黑色手套，女性穿西服套装或夏令时装时，适合戴薄纱的手套、网眼手套和涤纶手套。在正式的晚宴中，如果选择无袖礼服，应佩戴过肘部的长手套。手套和短袖礼服很不搭配，所以着短袖礼服时，就最好不要戴手套。在与人握手时，女士可以依情况而定，与身份、地位、年龄比自己高的人握手时，应脱掉手套，而与年龄、地位、身份与自己平等或低于自己的人握手时，就不必脱手套。当喝茶、吃东西时，最好提前脱掉手套。

━━═ 小贴士 ═━━

手套与婚戒的搭配礼仪

有些人在戴手套的同时，还戴着手镯、戒指，认为这种装饰十分时尚、流行。其实，这违背了国际礼仪规范。在戴订婚戒指和结婚戒指时应遵守佩戴婚戒的礼仪，先脱下手套，然后再将戒指戴在手指上，这才是正确的佩戴方法。但因有些时候，新娘所选择的是无袖或袖子非常短的婚纱，这种婚纱的手套一般与袖口连接，脱起来非常麻烦。因此，在选择婚纱前，新娘不要仅仅只考虑到婚纱的样式，还要考虑到细节问题。最好选择左手无名指可以伸出来的结婚专用手套。

‖ 恰当使用丝巾和皮包

佩戴丝巾的礼仪

围巾原是围在脖子上用来起保暖或保护衣领的作用的，随着时尚潮流的不断进步，围巾的装饰作用变得越来越突出，其中以丝巾的佩戴最为讲究。丝巾属于围巾的一种，从外观上看，分为长巾、方巾、三角巾和领围。

女士可以根据场合、服装和当天的化妆、发型来选配丝巾的色泽和款式。身高者，适合选择宽大、色彩柔和、花型小的丝巾。体型纤弱者，适合选择花色繁杂艳丽、短小一些的丝巾。若是新潮的服装可以选择样式素雅的丝巾陪衬。丝巾的扎法各种各样，如蝴蝶结，显得婉约典雅；披肩式，体现轻松自然，有动态轻快的感觉。

佩用皮包的礼仪

手提包的颜色要与服装的颜色、季节、场合相协调。女性穿银灰、奶白色的套装，适合佩用白、黄、棕色的提包；穿黑、咖啡色等套装，适合佩用棕、灰色的提包；日常上下班可选用草编、草制或绒布提包。参加舞会或宴会，可以选用颜色鲜艳的羊皮小包或缎面小包；在严肃的社交场合，可以选用颜色较暗、形状较方正的提包。

小贴士

丝巾的选择和佩戴

丝巾是女士的钟爱。确实，不管什么场合，利用飘逸柔媚的丝巾稍作点缀，一下就能让你的穿着更有味道。

挑选丝巾重点是丝巾的颜色、图案、质地和垂坠感。

可以用丝巾调节脸部气息，如红色系可映得面颊红润。但佩带丝巾要注意：如果脸色偏黄，不宜选用深红、绿、蓝、黄色丝巾；脸色偏黑，不宜选用白色、有鲜艳大红图案的丝巾。

‖ 合理佩戴帽子，完善个人形象

帽子是装饰品中的一种，在整体形象中起着画龙点睛的作用。合理地佩戴帽子，不仅可使女人散发出无限魅力，还可将成熟稳重的男人味展现得一览无余。因此，要想使其点睛之效彻底地发挥出来，就要在戴帽子时掌握一些礼仪，完善个人的整体形象。

戴帽子的礼仪

在通常情况下，进入教堂、剧院等公共场合时都应该注意戴帽子的礼仪，如果需要脱掉帽子，该场所应该有存放帽子的地方，取帽子的时候，不要忘记向管理员说声"谢谢"或给些小费，感谢他们的工作。

唱国歌、升降国旗时，男士必须将帽子摘掉以表敬意，但女士不必脱帽。被他人介绍给另一方时，女士同样不必脱帽，男士则必须脱帽致意。与女士、长辈、上级谈话或打招呼时，男士同样需要脱帽。如果向陌生女士道谢、道歉时，可以轻抬帽子表示敬意。当其他人向与你同行的女士打招呼时，也可轻抬帽子表示敬意。向他人问路时，无论得没得到回答都要向对方脱帽行礼，以表谢意。

值得注意的是，戴手套可以不戴帽子，但戴帽子不戴手套就不行了，这在正规场合是失礼的行为。

选择帽子时应注意的问题

1.脸形与帽子

瓜子脸形的人要选择微露头发的帽子，使整体感觉比较均衡。脸型稍长的人，适合选择矮圆形帽子，这样可以使脸形看起来圆一些。圆脸型人适合各种款式不同的帽子。

2. 身高与帽子

身材娇小的女性，不适合戴高帽子或圆冠帽，身材高大的女性，要避免选择帽檐太小的帽子。

3. 服装与帽子的搭配

一个会戴帽子的人，在选择帽子时讲究与服装搭配，无论是款式还是颜色都要与服装协调统一，使服装与帽子达到一致的效果。

4. 季节与帽子的搭配

春、夏以戴草、麻、尼龙等材料制成的帽子为主，这种类型的帽子可起到遮阳的作用；冬天最好选择毛、呢绒、毡等材料制成的帽子，这种类型的帽子除了可以起到保暖的作用外，还具有很强的装饰性。

小贴士

法国人对帽子的趣谈

很久以前，帽子对于法国女人几乎没有什么意义。它很难被纳入日常生活，因为只有在遇到雨雪等坏天气的时候，人们才会使用它，而处于足不出户时代的法国女人更没有使用它的机会了。后来，帽子作为一种充满想象力的作品，逐渐有了适用的场合：在婚礼上，在洗礼上，以及在圣餐中，母亲、姑妈、姨妈、表姐妹们，都戴着她们的遮阳软帽，为这份美丽竞相媲美、暗暗较劲。到了18世纪，法国人甚至把女人戴帽子这种行为称为艳后玛丽·安托万的生活方式，因为她的帽子不计其数，她将其称为"表达感情的小东西"。如今的时装展上，帽子被运用到了极致，观赏性极强。设计师们不仅采用平常的羽毛、雪纺或绢花等材料，更会采用一些高科技的新材料，使帽子变得愈加令人回味。

‖ 香水使用不当，魅力大打折扣

不同的心情、场合要选择不同的香水，不仅可以突出自己的个性，还可以体现出个人的品位、修养，给他人留下良好的第一印象。但如果香水类型选择不好，不但魅力会大打折扣，还可能破坏社交气氛，这是很失礼的行为。因此，注重香水的礼仪是非常重要的。

使用香水的礼仪

在喷洒香水时一定要注意量的多少。香味以淡雅清香为宜，尤其是长时间处于一个固定空间，在办公室上班，如果喷得太多，势必会发出刺鼻的香味，这样很可能弄巧成拙，引起周围人的反感。千万不要在全身各部位都搽上香水，仿佛洗香水浴般，这样，不仅不能为你的魅力加分，反而会令人生厌。因此在使用香水时，要注意香味的时间变化。

在探望病人时，尤其是探望患有呼吸系统疾病的人，更要把握好香水的浓度，千万不要太过刺鼻，否则可能使病人产生不适的感觉。在探望病人之前，只要在耳后根、胸前、手肘、手腕内侧及膝盖关节后面稍微搽些香水就可以了，在这些部位搽香水不会发出刺鼻的香味。

男士使用香水的礼仪

（1）抽烟的男士最好不要用香水，因为混合了烟味的香水，会散发出很怪的味道。

（2）男士不要使用女士的香水，尤其是那种甜甜的香型，最不适合用于男人。

（3）喷香水的男人一定不能光着脚穿凉鞋，否则会如同穿西装的人穿运动鞋一样让人无法习惯。

（4）男士用香水切忌太浓，过浓的香水味道会让他人感到不适。

（5）用香水的男人切忌用太多的发油或香喷喷的发胶、摩丝，否则身上的香水味道和头上的发油味道混在一起，气味会很怪异。

香水使用技巧

喷洒香水的先后顺序。香水应该是首先接触到你身体的一件东西，当你洗完澡后，第一件事就是先喷洒它，然后再穿上衣服。

喷洒香水要因气候而定。若气候湿润时，可以少用一点儿，因香水散发较快，应经常重复使用。气候干燥可稍微多洒一些，这样会慢慢散发且维持长久。

经常更换香水类型。香水不能总用一种，那样会产生嗅觉疲劳，自己都厌倦了自己身上散发出来的味道，就可想而知他人的感受了。经常更换一下香水类型还可以调节心情。

使用香水禁忌

（1）香水和汗混合在一起，容易产生变化的味道，因此头发、腋下等汗多的部位应尽量避免使用。

（2）若将不同的香水混合，会破坏每种香味的个性及调味感。因此不要混合使用香水。

（3）香水通常具有化学成分，若碰到宝石或皮革会使宝石及皮革的颜色产生化学变化。因此香水要避免使用在宝石或皮革上。

（4）香水中含有的麝香成分，对婴儿会产生不良的副作用。因此孕妇应避免使用香水。

◆◆◇◆ 小贴士 ◆◇◆◆

不同类型香水的使用

花香型。它是最能给人以亲切感的香水类型，特点是自然而清爽。它适合于任何人使用，喷洒上这种类型的香水，可以使女性具有强烈的亲和力。

东方香型。它可以散发出香甜、浓烈、令人回味无穷的香味，适用于比较正式的宴会上。

西方香型。具有多种不同香味。这种香水具有复杂而神秘的色彩，典雅成熟并具有知性美的女性适合选用这种类型的香水。

植物香型。这种香水给人以回归自然的清新感受，就连不喜欢香水的人遇到这种香味也会不由自主地爱上它。而且这种香水可以从早到晚，不分时间、地点地使用。

冷成香型。最大的特点是香味复杂，耐人寻味。适合用于参加晚宴，可把女人娇艳、柔美的性格彰显得淋漓尽致。

第三章

一言兴邦，一言丧邦

——语言表达中的礼仪

语言是传达感情的工具，也是沟通思想的桥梁。有的人善于用语言来表达情意，一席话就能使人心情舒畅，有的人则不善于以语言来表达，一讲话就使人误解。因此，要想在人际交往中与他人进行良好的沟通，就应该懂得语言的礼仪。

‖ 促进合作的谈话礼节

谈话是人们交流感情、增进了解的主要手段。在社交活动中，它也是企业开展公共关系的最主要方式。因此，在社交中，要会使用在谈话中的各种礼节，以期达到成功的合作。

在社交场合中，谈话的对象要尽可能得多，尤其要多与客人交谈，争取与每一位客人都谈笑风生，让每个客人都感到你注意到了他，并对他有所了解。这样他就会有受到重视的感觉，从而对你和你所代表的单位产生好感。

在任何一次成功的谈话中，如何选择话题是关键的技巧。在谈话中也时常出现冷场，这时也需要迅速寻找下一个话题。因此，在我们谈话时，要学会随时注意对方的反应，更要给对方机会来阐述他们的观点和要求。而不要一味主观地揣测对方，凭自己的想象做判断和发表意见。这样就会使对方感到在发言权上得到了尊重；反之会使对方反感，甚至丧失了与你合作的兴趣。向对方讲话时，要注意目光保持平视，俯视显得傲慢，仰视显得卑怯，这两种印象都应该避免。另外，谈话时，目光要柔和、安详、沉着、善意。面部表情要尽量保持微笑和轻松。

谈话以让对方听见和听清为准，声音不要过高。也尽量不要使用方言、俗语等不规范的语言，无论你的讲话多么精彩，你的目的是要让对方听懂，这是最主要的目标。交谈的话题要因人而异，要多以与对方相关的事情为话题。切不要话题太专业化或总是以和自己有关的事情为题，这样就会让对方觉得话题枯燥，甚至感到厌倦，并由此而对你产生很不好的印象。要注意营造一个良好的、融洽的谈话气氛。当对方说话时，不要轻易去打断他，这样显得很粗鲁，即使要补充或发表意见，也要等到对方讲完后。

值得注意的是，无论是什么话题，都会有个结论的问题，但由于双方对某个问题有不同的看法，就难免会有不同甚至相悖的结论。遇到这种情况，可以与对方心平气和地摆明自己的观点，这不仅是允许的，而且是必要的，尤其在原则问题上更要寸步不让，但一定要注意风度。

小贴士

交谈中的目光接触

眼睛是心灵的窗户。在西方文化中，目光接触象征着诚实、自信和信任。很多时候，我们都期盼别人看着我们的眼睛。如果他们没有这样做，我们马上就会心生疑惑。交谈中，目光接触可以帮助我们更好地了解对方要表达的意思和情感。当别人与你说话时，你要看着对方的眼睛，表示你在诚恳、认真地听。

‖ 谈话方式应因人而异

与年幼者交谈的礼仪

长幼之间由于年龄、资历、身份等多方面的原因，在交谈中很容易造成一种不和谐、不舒畅的现象。尤其是作为谈话主体方面的长者与幼者谈话时，往往因为所面对的是比他小、比他资历浅的小字辈，就更容易无所顾忌，不讲方式方法，使交谈发生阻滞，引起不良的后果。最关键的是尊重年幼者的人格，相信晚辈的自制力。长辈的暗示会成为他们一生中的滋养，有助于他们成为一个是非分明的人。长幼之间在谈论一些人生意义、道德规范等重要问题而且同实际作为相联系的时候，也不是没有艺术可讲的。越是问题的性质重大，越是需要讲究交谈艺术，讲究"硬"话"软"说的艺术。家庭不是法庭，父母不是法官，不能使用法官在法庭上面对罪犯所使用的语言同子女谈话。可惜，我们有的做长辈的，在子女本来需要规劝的时候，却因我们使用了"家长式"的方式，致使他们同我们疏远而不肯听从我们的指导，在歧路上越走越远。

与年长者交谈的礼仪

和老年人交谈时应激发并聆听老者讲述关于他自己过去的历史，从而满足其怀旧心理。在谈话中也可以称赞和鼓励年老者的身体、精力和意志，从而满足其自信心理。另外应关怀和抚慰年长者的生活起居和感情，从而消解其孤独心理。许多老人，尤其是鳏夫寡妇，常常有一种孤独感和寂寞感。晚辈们应当了解年长者的感情需要，倘若老人要找伴侣，晚辈们应当给予理解和支持。应当多和老人谈心，沟通思想，不断增进了解。

当要说服长辈时，只要你讲得有道理，你能拿出足够的证据使他们相信，他们就会改变主意，转而接受你的意见。而最好的方法就是利用年长者自己的经历和言行来说服长者。一般情况下，做父辈的都有自己认为辉煌的过去，他们免不了要以这些为资本对子女进行教育，要他们效法。而作为成年的子女，如果你要干一番事业但受到长辈的阻挠时，就可以拿长辈的事实作为论据，进行类比，这种方式有很强的说服力。

与异性交谈的礼仪

与异性谈话，是极其微妙的，不同于与恋人之间的谈话和夫妻之间的谈话。由于性格的敏感性，在同异性谈话时，人们特别容易感到性别的差异，因而自觉或不自觉地抑制自己的情感，从而影响自己的口才。聪明的人，在与异性谈话时能恰到好处地选择那些生活中的趣事作话题，既可以消除彼此间的距离，又容易产生共鸣，增加亲切成分。比如选择一些比较轻松、大众化的话题：影视圈里的轶事、音乐界的排行夺魁、校园生活的诗情画意等等。这些话题不仅外延广，内涵深，而且可以激起彼此的谈话兴趣。另外，和异性交谈，要比你和同性谈话加倍留心才是。因为你对他(她)所知甚少，加之性别的缘故，彼此之间的话题就显得特别谨慎敏感。所以你应重视任何可以得到的线索和暗示，随机应变地调整你的语言。

值得注意的是，与异性交谈，有时会遇到特别矜持的异性(女性居多)。当男子首先向她说话的时候，她像惜话如金似的仅用"是"与"不是"等简单作答。有一定社交经验的异性遇到这种情况，会耐心交谈下去，因为时间能慢慢地使陌生人变得熟悉起来，甚至引出她最有兴趣的话题，逐步改变"话不投机"的局面。与异性交谈时，切不可过分热情。否则，可能会让对方误会。因此，对已婚异性更要注意这个问题。

小贴士

与年长者交谈的禁忌

老年人最忌讳年轻人跟自己谈论死亡，特别是怕别人言及自己的寿限。如不注意，而大谈人家死后的情况，便会使老年人不悦甚至恼怒。和老年人开玩笑也要谨慎，同龄人相见开开玩笑，能给生活增添乐趣。但跟老年人却不要乱开玩笑，弄不好就会触怒老年人。另外，年轻人跟老年人交往，尊重老人为第一要务，谦虚恭谨是起码的要求。在老人面前显能炫耀，既是一种不恭的表现，也是一种失礼的行为。

闲谈出错也会弄巧成拙

闲聊，具有很强的休闲性质。轻松愉快的闲谈，既可以松弛神经、解除疲劳，又有利于身心健康。但是闲聊不是瞎谈、乱谈，也要讲究方法和礼仪，否则就会弄巧成拙，不欢而散。

闲聊的话题

1. 具有广泛性内容的话题

具有广泛性内容的话题包括：文艺、体育、旅游、时尚、习俗等，这类话题谈起来轻松愉快，只要能找到共同点，就一定能产生共鸣，收到较好的闲聊效果。

2. 闲聊对方感兴趣的话题

闲聊对方感兴趣的话题应该具有针对性，比如专业、特长、爱好等，这是对方所擅长的话题，乐意交谈。要使闲聊在谈话中充分发挥作用，就要根据不同的对象选择不同的话题。

闲聊的时间和地点

闲聊可以自由掌握时间和地点。你可能会在等公共汽车的时候和其他等车的人聊天，可能在酒吧和朋友聊天，也有可能在电梯内和身旁的人聊上几句，或在电影开始前与人聊天。不管是初次见面的客户，还是多年的老友，抑或偶然相遇的路人，都可以成为闲聊的对象。总之，懂得闲谈的礼仪，不论对他人还是自己都非常重要。

闲聊的礼仪

（1）保持轻松愉快的气氛。闲聊最重要的一点，就是保持轻松愉悦的气氛，让对方想继续聊下去。记住，谈话时如果始终笑容可掬，别人也会更专注。不要引经据典、说太斯文的话，那也许会令对方感到莫名其妙。

（2）和一个人聊天时不要冷落了旁人。如果在座的当中有人比较幽默风趣，让你特别想跟他聊天，那你还是应当照顾到其他的宾客，也和他们有一定的聊天时间，特别是酒席上，不要只把头转向一边，而冷落了另一边的宾客。

（3）不要谈及他人忌讳的事情。闲聊时一定要注意适可而止，不要滔滔不绝，没完没了，万一一不小心触及对方的痛处，闹得不欢而散，可就因小失大了。

═══ 小贴士 ═══

闲聊的禁忌

不能把太多的时间耗在无意识的闲聊上，因为无意识的闲聊大多是谈论他人支离破碎、毫无意义的事。闲人市侩爱谈资，那是因为他是闲人市侩，如果你不想当闲人市侩，你就应该知道蜚短流长的谈资就是在空耗自己和别人的时间。

委婉地发表不同的意见

人们在谈话中免不了会对谈话的内容，发表自己的见解和看法，在这个时候，怎样做得恰到好处，又不得罪人，是一个很难掌控的问题。因为谁也不想被别人推翻自己的见解，这样会显得很没有面子。因此，当发表意见时，对方肯定会心里不舒服，也就免不了对发表意见的人产生隔阂。要想除去这种隔阂，发表意见的人，就要掌握一定的方法和礼仪。这样既阐述了自己的观点，又没有体现出对对方的不敬之意。

要想恳切地表达自己的意见而又不得罪人，就要在表达自己的意见的时候，肯定对方的观点，然后由其推导出可能产生的不良后果，在此基础上，再提出自己的意见。当然分析对方意见的弊端要实事求是，有理有据。同时也要承认自己的意见也可能有错。我们不能强迫别人立刻接受和相信我们的意见，而要允许别人考虑我们的意见。若要别人也像我们自己一样相信我们的意见，我们就必须给对方充分的论据，使之有足够的理由相信我们的意见，既不盲从，也不武断。而且要尽量用商讨或询问的口吻，不用命令或过于绝对的语气。

有时，自己直接说出不同意见比较为难，譬如面对的是老师、长辈或上级，可借助同类型的，对方也熟悉、或已明确了的事例来替代自己的意见。

另外，我们还要表示愿意考虑别人和我们不同的意见，请对方提出更多的说明、解释和证明。假使别人能够使我们相信他的意见，那我们就应表示立即抛弃自己原来的看法。这样，才是最理想的表达不同意见的方式。

───✦ 小贴士 ✦───

交谈中的禁忌

在社交活动中，有些谈话内容被视为不礼貌的，这些话题是交谈中的禁忌：

1. 生理缺陷或身体私处。

2. 亲密的性关系。

3. 病痛的细节。

4. 每个人物品的价值。

5. 谈论朋友的工资或是经济收入；谈论女士的年龄。

‖ 说服的关键是抓住人心

　　说服他人要讲究一定的方式、方法，最好要先考虑到对方的合理需要。人生在世，要求得生存和发展，必然有各种各样的需要，包括物质的、精神的、生理的等等，了解到这些，双方交谈也就有了共同的语言，就可以从这些入手处说服对方。但是，有时对方的需要在特定的时空场合、特定的情景之中可能变得模糊不清，由此而造成与你持不同、甚至对立的态度。其实，如果对方认识到自己的需求与你的观点、主张等可以求得一致，接受你的劝说可以满足自己的某种需求时，他也就会认可你的劝说。如此有的放矢，说服一般是会有成效的。

　　说服过程中必须把握住对方的心理，针对其特定心理来劝说。入情入理地帮助对方发现和满足自己的需要。因为，不同的心理状态会影响劝说的实效，影响对你的观点、看法、态度的认可。影响心理状态的因素很多，人们不但会因为性别、年龄、职业、阶层、民族、文化、教养等因素而形成较稳定的心理状态，也会因具体的时空场合、人事环境等等因素而产生瞬间的心理状态。

　　人有的时候一旦固执己见、自以为是，或者沉醉入迷、心灰意冷的时候，往往很难听得进别人的好言相劝。要想在这种情况下说服人，是很困难的，但巧用对比，有时可起到意想不到的效果。通过对比，说服对方。将双方的观点进行相互比较，通过对比证明对方思路有失偏颇，存在漏洞，同时阐明自己观点的正确，让对方在对比中权衡利弊，使其最后放弃自己的观点。有时候，人们会忘却从前的某些教训，好了伤疤忘了痛。但切肤之痛毕竟感受深刻，只要他人一提及，其利害得失不难记起。了解对方，并设身处地为对方着想。只有这样才会缩短心理距离，才容易打动对方。对一些听不进一般劝告的人，给其讲述自己亲身经历的类似事件，利用两件事的相似之处，或借甲事说乙事，让对方在其中产生感悟，以达到委婉说服的目的。

——❖ 小贴士 ❖——

交谈中的话题

善于谈话的人无论在哪里都是受欢迎的人。由此说来，如何与人交谈就真的值得我们好好研究研究了。试着说一些对方感兴趣的事。不要在众目睽睽之下，大谈特谈自己或是自己的家人。其实在我们的生活中有许多有趣和吸引人的话题，如：国际大事、社会、文学、艺术、音乐、心理学、教育、科学、体育、爱好等等。你的谈话内容最能迅速反映出你的性格和生活品位。

‖ 批评要把握好分寸

批评往往使对方产生一种对立情绪，如果批评的方式不得当的话，就很容易给双方的关系和工作带来消极的影响。因此，当你要对别人发表看法，对他人的错误进行批评时，一定要掌握批评的礼仪。

批评他人，可以从自身做起。在批评他人之前先谈一谈自己从前做过的类似的错事，一方面可以为对方提供活生生的例证，让他从这例证中认识到犯错的严重后果，另一方面也可以带给对方一定程度的认同感，拉近彼此的心理距离，营造出心胸开阔、坦诚相见的良好的批评氛围，从而使对方更容易接受。有时候，碍于所处的场合或评价对象的面子，批评者虽然胸怀块垒，不吐不快，但却不便以过于直露的方式进行表白。这时候，批评者可以不明确表明自己的态度，只把自己的表白作为个人感受的抒发，而将批评之意蕴藏在貌似中性的表白之中，既不破坏特定场合的气氛又能够使批评对象领会其批评的意图，并引起所有在场者的思考。

有时候批评也需要营造适宜的氛围，在冷冰冰的气氛里很难收到良好的批评效果。如果在批评之前先表示对对方某一长处的赞赏，肯定对方的价值，满足其某种心理需要，那么就能够营造出较好的气氛，这样既削弱批评本身让人难以接受的程度，又使被批评者不致产生逆反心理。幽默并非只是与讽刺结缘，在批评中引入幽默是调节气氛最好的方式，可以达到意想不到的效果。但如果把握不好往往会使批评掺杂上讽刺的意味，就会招人反感。

另外，在批评他人时，要善于运用词汇，例如，"意见"和"建议"两词的区别就在于前者是否定性的，而后者是建设性的。相比之下，人们更容易接受建议而不是意见。建议性的批评可以削弱批评中的否定因素，营造出良好的解决问题、改进工作的气氛。在这样的气氛中，被批评者既没有从批评中感受到太多不快，又自然地放弃了原先不正确的做法。

对于那些天真幼稚、年龄较小的孩子可以采取一种巧妙的方法。在发现对方的某种错误之后，巧妙借助这种错误行为含义与某种物体的联系，用一个动作和拟人手法的有机结合带出批评的含义，寓批评于某种动作或意味深长的话语之中，会促使人深思、自责。

值得注意的是，当事人犯了错误，最忌讳别人津津乐道他的短处。批评者过多地纠缠于错误本身及其后果只会让他厌烦痛苦，丧失信心，甚至于怀着破罐子破摔的心态进行顶撞。既然错误已经发生，倒不如既往不咎，引导犯错者着眼未来，为做好明天的事情而吸取教训，细心准备。许多人之所以做出错误的行为，并不是因为他不懂得这行为本身的违法、违规和不道德性，而是因为一时被种种不良的念头所驱使，导致自己做出了在理性状态下不太可能做出的错事。遇到这种情况时，批评者往往没有必要再去重申那人人皆知的大道理，只需采用含蓄的方式，暗示对方正在忽略最为基本的道德尺度和法律法规，使之从贪婪的念头中惊醒过来，从而自觉地放弃错误的行为。

小贴士

批评中也可面带微笑

微笑是一种魅力，是化解矛盾的有效方法。如果你是婉转地批评某人，就无需太过严肃，偶尔面带微笑可以缓和气氛，也不至于让被批评者过于紧张。

‖ 说"不"的讲究

在生活中，常会出现当别人有求于你，而你出于各种原因，不能接受的情况。这时，就要懂得拒绝的礼仪，既不伤害别人，又不勉强自己。

拒绝，就是不接受。既然是对别人意愿或行为的一种间接的否定，那么就应该考虑不要把话说绝，应该给别人以台阶下。当别人提的要求使你心有余而力不足时，可以委婉地说"这事不久以后就能解决"之类的话。但是，有的时候，面对一些勉为其难，有悖原则的要求，这个忙不能帮时，就该当机立断，马上拒绝，不要含含糊糊，态度暧昧。但这个时候，要避免态度生硬，说话难听。千万不要为了面子，当别人求助于自己时充好汉，而答应了对方，到后来无能为力，一拖再拖，最后才说没办法。这时候不仅耽误了别人的事情，更把自己推向了尴尬的境地。

想拒绝别人最好的办法，就是多用敬语，这样既能表现出对对方的格外尊重，又能在对方的心理上产生一种距离效应，使对方不好意思将要求和意愿提出来。或者当他人的问题很棘手甚至具有挑衅、侮辱的意味，不妨以静制动，一言不发，静观其变。这种拒绝，所表达出的无可奉告之意，常常会产生极强的心理上的威慑力。

既然是拒绝，就是有原因的，这些原因对方未必都清楚，在拒绝对方的同时，不妨将拒绝的理由及自己的难处一并陈述给对方，只要是真诚的，对方多半能予以理解和谅解。但同时也应主动理解对方，可对对方的处境表示同情，也可帮对方想一些其他办法或提一些建议。这样的拒绝不仅不会伤和气，在更大程度上，顾全了被拒绝者的尊严，有可能促进双方关系的发展。但值得注意的是在有些场合对某些人说明拒绝的理由，有可能会节外生枝，事与愿违。因此，为了减少麻烦，在这种场合可以不说理由，而委婉地拒绝。

在商务活动中，面对比较复杂的人际关系，有许多问题不便直接表态，必要时可来个答非所问，就是避实就虚，对对方不说"是"，也不说"否"，只是搁置下来，转而议论其他事情。比如当遇到某人提出一些棘手的问题或过分的要求时，就可以采取这种方式，既不能说"是"，也不好说"不是"，来个避实就虚，将问题回避开。这样既顾及了对方的面子，又摆脱了自己的麻烦。

小贴士

对自尊心强的人如何拒绝

对于一些自尊心强的人不要直接拒绝，但语气一定要坚决。比如"很高兴看得起我，给我这个机会，但目前我手头正有件紧急的事情要忙，等忙完再说好吗"，或者说"这样吧，看看我的工作计划，看有没有时间，如果可以的话，很愿意为你效劳"，基本上这个时候对方就清楚你的意思了，大家都有面子而不至于强求。对于你的拒绝，你无需过分道谦，因为你有权力这么做。

‖ 澄清事实的方法

解释是人际交往中必不可少的沟通方式。但若想在具体进行解释时做到让人信服，有说服力，还要讲究一定的方式和方法。

解释的主要功能在于澄清事实。当别人对自己提出的观点或言行的动机不明了、疑惑不解，或对自己过去的某一说法或做法有怀疑时，人们常常要对别人解释，说明真相，把事情的原因解释清楚。出于这样的目的，若想让人信服，解释必须有理有据，如实地陈述事情的本来状况。同时，为了让别人相信你的理由是正确的，你也可以相应采取比喻的方法，使你的解释浅显、具体、生动、形象，让人一听就明白。有时对一些明知故问或明显带有挑衅、讥讽、轻视意味的问题，或者不便解释、解释起来很费口舌的问题，可以采取不正面回答的方法，以反讽的方式对其质疑和进行反问，使对方对原来的问题重新认识，从而达到自己的目的。

当别人对你的行为提出某种疑问或表示不理解、不明白时，你也可以对事情的起因、经过、结果等做一些必要的细节交代，从而对自己的行为做出合情合理的解释。最关键的问题是要设身处地为他人着想，站在他人的角度上考虑问题，一切从他人的利益出发，在解释申辩时注意从对方的角度出发，从对他有利、有好处的角度来解释。这样的解释会使对方对你的误解与不解迅速地消除。

✦ 小贴士 ✦

注意与西方人交谈禁忌以免产生误解

个人问题：欧美人除了极接近的亲友外，在普通谈话之际，是不喜欢触及个人问题的，如对方的年龄、职业、工资、宗教信仰、种族、婚姻状况、妻室儿女情况以及"你要到哪里去"、"去干什么"、"你的某种东西是花多少钱买的"等诸如此类询问底细的问题是最令西方人讨厌的。

关于身体(非健康)问题：按照欧美人的习惯，即使在家族之间，也不说关于身体的各部位，在生病或必要时，也只是用小声或旁边没人时才说。现在虽没有以前那样严格了，但在妇女之间仍在恪守这一习惯，即有关下部身体的话如脚、腹、腿等都不说为好。

关于政治问题：欧美人大抵都有党派，政见不同，在交际场中提到这些问题，最容易惹起争论，所以最好是避免谈及。

‖ 话要插得恰到好处

在谈话中，要想提高自己的影响力，就必须能以适当的方式参与到他人谈论的话题中去，发表自己的观点。这时，要想自己的插话被人接受，而不被人讨厌，还应该懂得插话的礼仪。

插话要善于抓住时机，掌控交谈节拍。插话不是争话，压住别人的话头硬发表自己的意见，会令人反感。因此要等别人把话说完，在交谈的间歇处及时发话。因为在对方说话的间歇，很自然得体地将自己的话简短说出，就不会使人感到你轻视他或不耐烦。恰当的插话会引起对方的注意，停止自己的言谈，让你先说。另外，交谈是多边的交流活动，作为谈话中的一员，谈话内容应服从于统一话题。如果插话违背对方原意；未听明白就下结论；或不着边际，转移话题；或抢过话头，显示自己更高明等，就会有不尊重的味道，闹不好会引起争执，不欢而散。插话时也可以从前面的谈话中抓住一点作为源头，将别人的话作一小结，然后发表己见，把话题推向实质性阶段。同时要注意，当交谈进入你最熟悉最有真知灼见的内容时，千万不要失去机会，说就要说得别人心服口服，无关紧要的话不说也罢。这样的插话就显得协调、合拍，就等于驾驭了交谈局面。

插话应以交换意见的语气进行，谈自己的认识，应该多用些"我以为"、"我觉得"较好，这样可以增加交谈的探讨气氛。别人谈话时，用"听我说"，"你知不知道"一类的话，打断对方的谈话，未免粗暴。插话应根据交谈的特定语境，选择独特角度，发表独到见解，力求给人耳目一新的感觉。此言一出，大家听得入迷，能激起大家的兴趣，并把话题引向纵深，才能给人以深刻的印象。老调重弹、人云亦云很难吸引别人。值得注意的是，如果不是讨论性的交谈，一般不要与人争辩。如果对方反驳你的意见，没有必要急躁、恼怒，从容说出自己的道理便是。否则，即使你说得很有理，其他在场的人也不会支持你。

小贴士

求职面试时最好不要插话回答

有的求职者为了获取主考官的好感，总喜欢抢着表现自己，比如在谈话上往往喜欢试图控制对方。这样一来两人的表现变得像是在做一场虚假的交易，很可能一事无成。聪明的求职者往往是顺其自然。应该说爱插话者的真正目的也许是出自好心，但人们往往非常讨厌这种现象。因而，在求职面试时，无论当时多么激励兴奋，无论见解多么独到超群，无论别人的看法或观点多么不够成熟或近于荒谬，求职者都必须尽量避免插嘴。只有这样，主考官才不至于因为你的打岔而感到心中不快。

‖ 传达不幸消息时要谨慎

我们在把不幸消息通知当事人时，以怎样的方式表述才能减轻不幸消息给当事人带来的打击，是许多人关心的问题。所以，学会和把握交谈中传达不幸的礼仪就显得极为重要了。

我们在传达不幸前应先让对方事先积累一定的情绪，有一定的心理铺垫，这样等他知道事情的真相后，已经有了宣泄的情绪，不至于经受的打击太大。

当然，我们也要因人而异，对于那些性格刚强、有地位的人，如果他的亲属遇到不幸需要通知时，就可以直接说明，或以委婉语言说明，这些人在生活中或是工作中都经历过大风大浪，接受事情的挫折力比较强，一般情况下他们是能顶得住的。

但对于内心十分脆弱，已经经不起刺激的人，对他们传达不幸消息还可以采取长时间回避事实的方式，让他们在时间的消磨中，慢慢习惯于失去这个亲人的生活，自己渐渐地感觉出真相，以避免不幸的发生。但是，在这个等待的过程中，当事人的内心是极其彷徨、无助的，这就要知情者，在隐瞒事实的日子里，多给予一些精神上的鼓励，让他们有了接受事实的承受能力。当估计到不幸消息对于当事人可能造成致命打击的时候，就不宜让他们在时间的消磨中接受事实，因为对他们来说，日日夜夜的等待都是痛苦的折磨，等他们自己发现真相时，这种情绪累积到最后，往往会让人崩溃。对待这种人可以采取渐次渗透的方法，一次比一次多的把坏消息透露出去，在这样一个过程中使之增强承受力，当最后把实情说出时，对方就有一定的心理准备了。

对于飞来之祸造成了不幸，而他们的亲属承受力弱，或神经脆弱，或年迈多病，如果直言相告，就可能出问题，这时最好使用委婉方式传达不幸消息。注意要避免使用刺激性很强的词，可以用同义词替代词汇，比如；"他走了"、"他出远门了"、"我们没能留住他"等，把不幸消息传递过去，让对方意会，并承受这一不幸的事实。也可以用最通情达理的语言把不幸家属的悲痛之情引导释放出来。这样，都可以相应地减轻由于失去亲属而给他们带来的痛楚。

※≡ 小贴士 ≡※

如何向领导传达工作中的坏消息

1.先要描述主观的好愿望，你在这件事上付出的努力。

2.陈述造成坏结果的原因，但一定要使用积极的语句。

3.从坏消息中提炼出积极的一面，并再次陈述改进措施以及将来的好趋势。

‖ 让提问具有一定的控制能力

提问可以让一个人在交际活动中处于主动地位。决定对方说什么，怎么说，也决定了双方的交谈程序和交际气氛。所以若想让提问具有一定的控制能力，就要懂得提问的礼仪。

提出问题要因人而异。对性格直爽者，不妨开门见山，对脾气倔强者，要迂回曲折，对平辈或晚辈，要真诚坦率；对文化较低者，要问得通俗；对心有烦恼者，要体贴谅解，问得亲切。对于较重要的交谈，要想好顺序、先问什么、后问什么、最后问什么。总体上要问哪些事，心中要有数，力求发问的最佳效果。两人问答时，气氛是紧张还是融洽，对交际效果很有影响。交际气氛可由提问的问题和方式来控制。问什么，怎么问，话题的选择是一大关键。要使对方乐于答话，应选他擅长的来说，提问也是如此。有时人们提问不是要对方解疑，而是要对方听自己表达。这就有个由自己提问到自己表达的转变过程。可以用一个问句诱导对方说出自己要他说的话，然后接过话头，表达自己要表达的意思。也可以不立刻说出自己的观点，而是步步设问，让对方顺着自己的思路作出肯定的答复，最后服从自己的思想。

问句按句式分为是非问、选择问、一般问、特殊问等类型，这就有个选择问题。要具体情况具体分析。应先避开中心问题，从对方熟悉而愿意回答的问题入手，边问边分析对方反应，再巧妙地引出正题。

━━━═══◈ 小贴士 ◈═══━━━

提问要适可而止

提问必须使对方乐意回答，问话后要察言观色，从对方反应中获得信息反馈。对方低头不语或答非所问，可能是表示他不感兴趣或不能回答。这时就要换个提法再问，对方面露难色或有疲劳厌倦感，应适可而止。

‖ 用心倾听，促进交往

一个人为人处世，做每件事情，时时刻刻都要讲究一个用心。做一件事，如果不是经过反复考虑才决定的，那肯定是一种任意鲁莽的行为。与人

交谈，如果没有用心去听，很快会惹来朋友的不快，以至拂袖而去。因此，只有掌握了倾听的礼仪，才能形成沟通、促进交往。

任何人都会对诚心诚意倾听自己谈话的人产生感激之情，从而开启心扉，倾吐真情实意。所以，在交谈过程中，我们要做个善解人意的人，赢得对方的尊敬，并让对方乐于与你交谈。聆听时要专心致志，保持目光接触，仔细听清对方所说的话。不要三心二意，东张西望。应当排除一切干扰，集中注意力认真倾听。倾诉者总是希望与倾听者进行交流，希望被人理解，获得同情等。在这种情况下倾听者适当的提问、提示会表现出兴趣，给倾诉者以鼓励。

聆听的同时，我们还要注意观察。人们在表述自己的想法时，主要通过有声语言，即说话，但同时也会有意无意地渗透着非语言因素，表达出更为隐秘的心理活动。我们若将说话者的言与行结合在一起作分析，有助于我们理解他人的真实想法，从而做出正确的判断。

在人们面对面的交谈中，讲与听是对立统一的，认真聆听对方的谈话，是对讲话者的一种尊重，在一定程度上可以满足对方的需要，同时可以使人们的交往、交谈更有效，彼此之间的关系更融洽。同时，对倾听者来说可以获得必要的信息和最新的情报资料。注意聆听别人的讲话，从对方说话的内容、声调、神态，可以从中了解对方的需要、态度、期望和性格，他们会自然地向你靠近，这样你就可以与很多人进行思想交流，建立较广泛的人际关系。还可以同时思考自己所要说的话，整理自己的思想，寻找恰当的词句，以完善地表达自己的意见，给人鲜明的印象。从某种意义上说，在社交场合受大家欢迎的人、人人都爱与之交谈的人，并不仅仅在于他能说会道，而更重要的是他会听。因为每个人的经历都是丰富多彩的，所以每一个人的生活履历，都是一部蕴藏丰富内容的教科书，都可供你阅读和吸取有益的养分，从而时刻提醒着自己，避开前进中的沼泽。所以，我们要善于去接近和喜欢别人，要学会聆听别人的话。

※ 小贴士 ※

倾听时应注意的细节

1. 给对方帮助和关怀。在听对方表述之后，尽其所能去关心对方，鼓励并帮助他面对问题，帮他共同寻找解决问题的方法。

2. 让对方感受你的真诚。听别人说话时，真诚的笑容，真诚的目光，真诚的态度会为你们的友谊架起桥梁。

3. 当别人与你交谈的话题你不感兴趣时，试着站在对方的角度认真地听，也许会使你转变态度。千万不要表现出不耐烦。

‖ 演讲要能调动听众情绪

演讲又叫演说或讲演，是当众所进行的一种正规而庄严的讲话，与一般的交谈或闲聊不同，大都在公共场合进行。作为演讲者，若想调动观众的情绪，把自己的观点陈述给听众，并让听众接受自己的观点，就要掌握语言的运用，懂得语言的礼仪。

演讲的语言要素

比喻：一个精彩的比喻，会让人听起来耐人寻味。比喻是说服听众，获得理解的有效方法之一。

排比：有净化思想，加强语势，增强语言的节奏和旋律美的效果。用它说理，可以使论述细密严谨，使事物集中完美地表现。

引用：通过名言警句、诗歌、谚语、故事等，加强演讲的说服力，使演讲更生动、形象，有助于听众对演讲内容的理解。

设问：提出问题但不要求别人回答，而是为了启发人们去思考，使听众注意力引到演讲者身上，集中精力来听取演讲内容。

幽默：使听众心里欢畅，使全场气氛活跃，能加强听众对演讲内容的注意力，加深听众对演讲的深刻理解。

演讲时的语言运用

从结构上讲，任何演讲的内容都不外乎由开场白、正题与结束语三部分构成。在语言上，它应当尽量生动、形象、幽默、风趣。可以多举例证，多打比方多或使用名言警句，但不要乱开玩笑，尤其不能讲脏话、黑话。在内容上，应当言之有物，不要夸大其词，无的放矢。

人们在交谈时，形象风趣的论理会使人脑清目明，生动感人的叙述会使人为之动容，新鲜、简洁的语言使人乐于倾听。因此，演讲者的语言除了要抑扬顿挫，缓急有致外，还要与听众交流。在演讲的同时和间隙，双方都用态势语进行交流。如默契的眼神交流，以手势、服饰、风度引起相应的反应等。调节和适应听众心理，并察言观色而寻求更好的表达。值得注意的是演讲者演讲时，应当辅以适当的手势，但不要摇头晃脑，指手画脚，更不要将拳头煞有介事地挥来挥去。

另外，演讲者在时间上，应当力求点到为止，短小精悍。照常理来说，发表即席的演讲，三分钟左右即可，一般不要超过五分钟。如果是限时演讲，即演讲的时间有所规定，则宁肯时间没用完，也不要超过。

━━━◆━━ 小贴士 ━━◆━━━

演讲举止的注意事项

1. 进入会场。有人陪同时，听众可能已经坐好，几位演讲者同时进入会场，不可在门口推托谦让，而应以原有的顺序进入会场。

2. 入座。要等陪同人指示座位，并与其他演讲者同时落座。如果先被主持人调换座位，应服从并表示谢意。坐好后不要左顾右盼，更不要主动与别人打招呼。

3. 介绍。演讲前主持人常常要向听众介绍演讲者。主持人提到名字，演讲者应主动站起来，立直身体，面向听众，并微笑致意。

4. 走上讲台。走路时上身要直立，不躬腰，不腆肚，步伐不疾不徐。目视前方，虚光看路。头要正，不偏不摇，双手自然摆动。

5. 走下讲台。演讲完毕，要向听众敬礼，向主持人致意。如果听到掌声，应再次向听众表示谢意，然后下台回原座位。

6. 走出会场。演讲全部结束，演讲者可以由主持人陪同先行退场。

‖ 交谈不可失礼

谈话的成功，对于打开人际关系的大门至关重要。谈话理应保持慎重，不能误入言谈的"雷区"。否则，会引起别人的反感。因此，掌握交谈的礼仪，懂得交谈的禁忌十分重要。

1. 不乱起绰号

通常来说，带褒义的美称是一般人乐于接受的。如果针对别人的生理缺陷，给人家起一些明显带有侮辱性或人身攻击的绰号，则是对人的最大侮辱，会引起别人的反感，这种绰号要尽量避免。

2. 不要恶语伤人

"良言一句三冬暖，恶语伤人六月寒。"在社交活动中，要努力使自己的素质得到提高，以防口不择言，伤及别人的思想感情。做到及时沟通，才能调解彼此之间的矛盾。

3. 不要蜚短流长

人际交往，别人的私生活和隐私权理应得到尊重和保护。与人交往过程中，不要主观臆断，妄下结论，更不能传播不负责任的小道消息。

4. 不要言而无信

与朋友坦诚地交往，在关键时刻帮朋友一把，从而才能建立真正的友谊。在与人交往过程中，不要轻易向别人许诺，但是如果答应别人的事就一定要办到。坚守信用，对自己的话负责。

5. 不要高高在上

不管你身份多高，背景多硬，资历多深，都应放下架子，平等地与人交谈，切不可给人以高高在上、目中无人的感觉。

6. 不要心不在焉

当你听别人讲话时，思想要集中，不要左顾右盼，心不在焉，或面带倦容、连打呵欠。让人觉得你对他的谈话不感兴趣，不受尊重。

7. 不要有过多的小动作

与人交谈时，姿态要自然得体，手势要恰如其分。切不可指指点点，挤眉弄眼，更不要挖鼻掏耳，给人以轻浮或缺乏修养的印象。

8. 不要嘲弄对方

别人在谈话时出现了错误或不妥，不应嘲笑，特别是在人多的场合尤其不可如此，否则会伤害对方的自尊心。

小贴士

交谈中表达不满的技巧

1. 幽默提醒。幽默是人际关系的润滑剂，有时利用幽默表达对对方的不满，是一种比较好的方法。

2. 直言相告。即开门见山地指出对方言行的不当，直截了当地表达自己的不满。一般说来，这种方式过于直露，对双方关系的"影响力"比较大，应谨慎使用，且要注意对象。

3. 委婉点拨。即不作直言相告，而是从侧面委婉地"点拨"对方，使其明白别人的不满，打消对方不当的念头。

‖ 开玩笑不要忘记尺度

开玩笑本是人与人之间交往的润滑剂，玩笑开得恰当、得体、幽默、风趣，会为周围的人带来欢愉。但许多人因为玩笑开得出格而导致朋友反目，甚至闹出流血、人命事件。可见，开玩笑也要把握尺度，也要讲究礼仪。

（1）不要揭他人短处。将对方生理缺陷、生活污点等鲜为人知的短处当做笑料——抖出，严重伤害对方的自尊心。

（2）不要怀着讥讽的心态开玩笑。如果开玩笑的出发点是为了贬低对方，指桑骂槐，达到抬高自己的目的，那就大错特错了。

（3）不带着污语说话。一出口便是一嘴脏话秽语，自以为豪迈，其实不仅自降人格，还惹得对方心中不快，周围听众避而远之。

（4）不涉及他人隐私。开玩笑常常会无意中涉及对方生活、工作上的隐私，如此时恰逢对方的恋人、亲人尤其是上级在场，很容易造成言者无心，听者有意，坏了对方的"好事"。

（5）不把人逼进死胡同。"将军"是象棋中的一句术语，是把对方逼到绝境的意思。如把一些力所不能及的事当成笑料，并再"将对方的军"、让对方去做，而对方又正是一个要面子的人，众目睽睽，只好顶风为之，结果发生意外，以悲剧收场。

（6）不要拿人做笑柄。总开重复的玩笑，对方以为是跟他过不去，心中忌恨，反目成仇。

（7）不要刨根问底。将一些流言蜚语作为开玩笑内容，并步步紧逼，刨根问底，惹得对方反感至极。

（8）不开庸俗无礼的玩笑。拿一些下流或私生活上的事作为笑料，既显得自己没素质，又搞得对方下不了台。

（9）不捉弄他人。搞恶作剧，哄骗对方突发不幸、惊喜之事，待水落石出看到对方被捉弄惨相后，幸灾乐祸。这种做法是要不得的。

小贴士

办公室开玩笑的礼仪

不要板着脸开玩笑。在生活中不要板着面孔和人家开玩笑，免得引起不必要的误会。

不要总和同事开玩笑。开玩笑要掌握尺度，不要大大咧咧总是在开玩笑。这样时间久了，在同事面前就显得不够庄重，同事们就不会尊重你；在领导面前，你会显得不够成熟，不够踏实，领导也不会再信任你，不会对你委以重任。

不要和异性同事开过分的玩笑。有时候，在办公室开个玩笑可以调节紧张工作的气氛，异性之间开玩笑亦能拉近彼此距离。但切记异性之间开玩笑不可过分，尤其是不能在异性面前说黄色笑话。

第四章

小小动作，无限风采
——社交活动中的礼仪

"有礼走遍天下，无礼寸步难行"。社交礼仪看似简单，其实是一门很深的学问，它包含了很多方面的内容。了解并很好地应用社交礼仪，能使你在人际交往中游刃有余，并且建立广泛的人脉关系。

‖ 良好的自我介绍提升个人价值

介绍是人际交往中与他人进行沟通、增进了解、建立联系的一种最基本、最常规的方式，是人与人进行相互沟通的出发点。进行自我介绍，应注意自我介绍的时机、自我介绍的内容、自我介绍的要求等方面的问题，才能使自我介绍恰到好处、不失分寸。

自我介绍的时机

（1）因业务关系需要相互认识，进行接洽时可自我介绍。

（2）第一次登门造访，事先打电话约见，在电话里应自我介绍。

（3）参加大型聚会时，与不相识的与会者或同席的人互相自我介绍。

（4）在出差、旅行途中，与他人不期而遇，并且有必要与之建立临时接触时，可适当自我介绍。

（5）初次前往他人居所、办公室时，要自我介绍。

（6）应聘求职时应先做自我介绍。

（7）利用大众传媒，向社会公众进行自我推介、自我宣传时。

（8）应试求学时向主考官进行的自我介绍。

自我介绍的类型

1. 工作式自我介绍

它又叫公务式的自我介绍，工作式的自我介绍，主要适用于工作中。它是以工作为自我介绍的中心。工作式的自我介绍的内容，应当包括本人姓名、供职的单位及其部门、担负的职务或从事的具体工作三项，缺一不可。其中，姓名应当一口气报出，不可有姓无名，或有名无姓。供职单位及其部门，最好全部报出，但具体工作部门有时也可以暂不报出。另外，有职务最好报出职务，职务较低或者无职务，把目前所从事的具体工作报出即可。

2. 交流式自我介绍

也叫社交式自我介绍或沟通式自我介绍。交流式的自我介绍主要是为了达到与交往对象进一步交流与沟通的目的，希望对方认识自己，并有可能与自己建立关系的自我介绍，主要适用于社交活动中。交流式的自我介绍的内容，应当包括自我介绍者的姓名、工作、籍贯、学历、兴趣以及与交往对象的某些熟人的关系等等。但有些时候不一定非要面面俱到，而应按具体情况而定。

3. 应酬式自我介绍

应酬式的自我介绍，适用于各种公共场合和一般的社交场合。它的对象，主要是进行一般接触的交往对象。对自我介绍者来说，对方属于泛泛之交，或者早已熟悉。进行自我介绍的目的只不过是为了更明确身份而已，因此，这种自我介绍内容要短小精悍。应酬式的自我介绍的内容一般只包括姓名与供职单位。

4. 礼仪式自我介绍

礼仪式自我介绍，适用于报告、演出、仪式等一些正规而隆重的场合，它是一种表示对交往对象友好、敬意的自我介绍。礼仪式的自我介绍的内容包含姓名、单位、职务等项，但是还应多加入一些适当的谦辞、敬语，以表示自己真诚交往的态度。

5. 问答式自我介绍

问答式的自我介绍，讲究有问有答，一般适用于应试、应聘和公务交往。在普遍性交际应酬场合，也会出现此类方式的问答。

自我介绍的要求

注意时间。进行自我介绍一定要力求简洁，尽可能地节省时间，所用时间越短越好，以半分钟左右为佳，如无特殊情况最好不要长于一分钟。为了节省时间，在作自我介绍时，还可利用名片、介绍信加以辅助。自我介绍应在适当的时间进行。进行自我介绍的适当时间指的是对方有兴趣、有空闲、情绪好、干扰少、有要求时。

　　实事求是。进行自我介绍时所表述的各项内容，一定要实事求是、真实可信。没有必要过分谦虚，一味贬低自己去讨好别人，但也不可自吹自擂，夸大其词，在自我介绍时掺水分，会得不偿失。

　　讲究态度。进行自我介绍，态度务必要自然、随和。应显得落落大方，不要矫揉造作。在作自我介绍时，要充满信心和勇气。千万不要因胆怯而临场发挥失常。在进行自我介绍时，一定要显得胸有成竹、不慌不忙。这样做，将有助于自我放松，并使对方对自己产生好感。在自我介绍的过程之中，语气要自然、语速要正常、语音要清晰，这对自我介绍的成功将大有好处。

　　要懂礼貌。在引发对方做自我介绍时应避免直话相问，这样显得很没有礼貌。因此，应尽量用敬辞，表现出良好的个人素质。

小贴士

自我介绍的禁忌

1. 不让别人说话。

2. 语言的反复。

3. 确定性的两个极端。

4. 语言呆板、重复使用某种句式或词语。

5. 随便扩大指代范围。

6. 口头禅和伴随动作。

7. 言行虚假。

‖ 握手是无声的动作语言

握手是一种无声的动作语言。今天，握手在许多国家已成为一种习以为常的礼节，其应用的范围越来越广。它是人与人交际的一个部分。握手的力量、姿势与时间的长短往往能够表达出不同礼遇与态度，显露自己的个性，给人留下不同的印象，也可通过握手了解对方的个性，从而赢得交际的主动。因此，在日常交际中，我们必须要注意握手的基本礼节。

握手的基本规范

握手的次序。被介绍之后，最好不要立即主动伸手。年轻者、职务低者被介绍给年长者、职务高者时，应根据年长者、职务高者的反应行事，当年长者、职务高者用点头致意代替握手时，年轻者、职务低者也应随之点头致意。和女性握手，男士一般不要先伸手。军人戴军帽与对方握手时，应先行举手礼，然后再握手。

握手的力度。握手时的力度要适度。如果手指轻轻一碰，刚刚触及就离开，或是懒懒地慢慢地相握，缺少应有的力度，会给人勉强应付、不尊重的感觉。一般来说，手握得紧是表示热情，男人之间可以握得较紧，甚至另一只手也可以加上，包括对方的手大幅度上下摆动，或者在手相握时，左手又握住对方胳膊肘、小臂甚至肩膀，以表示热烈。但是注意既不能握得太使劲，使人感到疼痛，也不能显得过于柔弱。对女性或陌生人，重握是很不礼貌的，尤其是男性与女性握手。

握手的时间。要紧握双方的手，时间一般以1～3秒为宜。通常是握紧后打过招呼即松开。在亲密朋友相遇时，或衷心感谢难以表达等场合，握手时

间就长一点，甚至可以紧握不放。在公共场合，如列队迎接外宾，握手的时间一般较短。握手的时间应根据与对方的亲密程度而定。切记在任何情况拒绝对方主动要求握手的举动都是无礼的，但手上有水或不干净时，应谢绝握手，同时必须解释并致歉。

握手的禁忌

（1）不要戴着手套握手，在社交场合女士的晚礼服手套除外。

（2）不要在握手时争先恐后，而应当遵守秩序，依次而行。

（3）不要在握手时戴着墨镜。

（4）不要在握手时另外一只手依旧拿着香烟、报刊、公文包、行李等东西而不肯放下。

（5）不要在握手时将另外一只手插在衣袋里。

（6）不要在握手时面无表情，好似纯粹是为了应付。

（7）不要在握手时把对方的手拉过来、推过去，或者上下左右抖个没完。

（8）不要在握手时长篇大论，没完没了，让对方不自在，不舒服。

（9）不要在与人握手之后，立即擦拭自己的手掌，这样做是很不礼貌的。

（10）除非是年老体弱或者身体有残疾的人，握手双方应当站着而不能坐着握手。

握手的技巧

（1）主动与每个人握手。在正式场合，如谈判开始之前，双方都要互相介绍认识一下。这时候，最好表现得主动一些，表示你很高兴与他们认识。为了表达你的这种善意，你可以主动地与他们每一个人握手。因为你主动，就说明你对对方尊重，只有在你尊重别人时，才会受到别人的尊重。

（2）要想让对方出来讲话，握手时不要松开。如果你想找对方谈一些事情，不巧的是里边还有其他人在，你想与对方单独谈，耐心等了很久以后仍没有机会，只好想办法让对方出来说。你可以在起身告辞时，与对方边交谈边向外走。如果对方无意起身，你就走近他，很礼貌地与他握手。这时，对方出于礼貌，也会站起身离开自己的座位，然后边说边往外走，说话时，眼睛也要看着对方，不要只顾走。走到门口对方要与你告辞，你要主动伸手与他握手，握手之后不要马上松开，要多握一会儿。

⊱❖⊰ 小贴士 ⊱❖⊰

握手礼仪的由来

握手最早发生在人类"刀耕火种"的年代。那时，人们经常拿着石块或棍棒等武器用来狩猎和战争。他们遇见陌生人时，如果大家都无恶意，就要放下手中的东西，并伸开手掌，让对方抚摸手掌心，表明手中没有隐藏武器，以示友好。这种习惯逐渐演变成今天的"握手"礼节。现如今，握手已成为社交中最为普遍的一种礼节。

交换名片是交往的第一步

名片主要是人们在交往时，作为自我介绍之用，也可作为简单的礼节性通信往来，表示祝贺、感激、介绍等。名片是现代社会中必不可少的社交工具。在国际业务中，名片的用途十分广泛。甚至在某些文化中，交换名片具有一定的特殊性。在人际交往中，熟悉和掌握名片的有关礼仪是十分重要的。值得人们去好好研究一番。名片的接、送、放、用都要讲究礼仪，它能体现出一个人的修养。

交换名片的时机

1. 需要交换名片的情况

（1）因自身的需要而初次拜访时，应交换名片，以加深印象。

（2）希望认识对方时，可以通过名片进行初步的沟通。

（3）与他人接触时，为了表示自己重视对方，应该交换名片。

（4）当你被作为第三人被介绍给对方时，应当主动递交名片。

（5）当对方主动提议交换名片，应立即做出回应，交换名片。

（6）对方向自己索要名片。

（7）自己的情况有所变更时，应交换名片予以通知。

（8）打算获得对方的名片时，应主动交换名片。

2. 不必交换名片的情况

（1）当对方是从不相识的陌生人时，不必交换名片。

（2）对某人没有认识或深交的意愿时，不必交换名片。

（3）察觉对方对自己没有兴趣时，不必交换名片。

（4）经常和对方见面，已经是非常熟识的人时，不必交换名片。

（5）双方之间地位、身份、年龄差别太大时，不必交换名片。

递交名片的礼仪

递交名片的姿势。递交名片要双手递过去，以示尊重对方。将名片放置手掌中，用拇指夹住名片，其余四指托住名片反面，名片的文字要正向对方，以便对方观看，如果对方是外宾，最好将名片上印有对方认得的文字的那一面面对对方，同时讲些友好客气的话。名片的持有者在递交名片时动作要从容，表情要亲切、自然。而且，应当事先将名片放在身上易于掏出的位置，取出名片握在手里，然后再在适当的时机得体地交给对方。

递交名片的时间。递交名片的时间，应当根据实际情况而定。如果双方只是偶然相遇，可在相互问候后，得知对方有与你交往的意向时，再递交名片。如果名片持有者与他人事先有约，一般要在告辞时再递上名片。

递交名片的顺序。与多人交换名片时，一定要注意讲究先后次序，这是基本礼仪的体现。切不可像散发传单似的乱发一气，这种名片往往被认为没有价值。

接受名片的礼仪

接受他人名片时，应起身、面带微笑注视对方，用右手去接对方的名片，然后说"谢谢"。接受名片者应当首先认真地看看名片上所显示的内容，必要时可以从上到下，从正面到反面重复看一遍，也可把名片上的姓名、职务读出声来，以表示对赠送名片者的尊重，同时也加深了对名片的印象。千万不要把名片随便弃之一旁，应把名片细心地存放好。

在别人给了名片后，如果发现不认识或读不准的字要虚心请教。这样做不仅不会降低你的身份，反而会使人觉得你是一个对待事情很严谨的人，从而增加对你的信任。当然在收了别人的名片后，也要记得把自己的名片交换给对方，因为只收别人的名片，而不拿出自己的名片，被视为无礼拒绝之意。

索取名片的礼仪

除非有特殊的原因，否则不要强索他人名片。如果想要索取他人名片时，不宜直言相告，而应委婉表达，或可向对方提议交换名片，并主动递上本人的名片，这样出于礼貌，对方也会拿出自己的名片。反过来，当他人向自己索取名片时，自己不想给对方，不应直截了当地拒绝，而应以委婉的方式表达，可以说："抱歉，我忘带名片了。"或"对不起，我的名片用完了。"

名片的存放

存放名片的方法大体上有四种，它们还可以交叉使用：按姓名的外文字母或汉语拼音字母顺序分类；按专业或部门分类；按姓名的汉字笔画的多少分类；按国别或地区分类。在参加社交活动之前，要提前准备好名片，并进行必要的检查，以免漏掉。随身所带的名片最好放在专用的名片夹里，也可放在上衣口袋里。千万不要把名片放在裤袋、手提包、钱包里，那样既显得不正式，又感觉杂乱无章。另外，在自己的公文包以及办公桌抽屉里，也应经常备有名片，以便随时使用。在社交场合，如果感到要用名片，就应当事先预备好，不要在使用时再去盲目翻找。

在社交活动结束后，应立即对所收到的他人名片加以整理收藏，以便今后使用方便。不要将它随意夹在书刊中，或是扔在抽屉里面。若收藏的名片很多，还可以编一个索引，这样使用起来就更方便了。

小贴士

名片的由来

名片又称名刺。早在汉朝时，人们为了拜见长官或名人，就用竹片、木片制成简，再用铁器将自己的名字刺在上面。这种简当时叫做"刺"，又称为"名刺"。后来纸发明了，于是便改用纸书写，并改称为"名纸"。"名纸"上除写姓名外，也有的写官衔名。在古代，官场中官员拜谒时必须使用名刺。访问人先将名刺送到被访人的门房，等门人通报主人并得到允许后，才能入内相见。现在人们所用的名片是从古代的"名刺"逐步发展演化而来的。现在的"名片"一般采用白色纸片，上面印有姓名、职务、地址、电话号码、邮政编码等内容，在探访亲友或互相结识时，用来介绍自己的身份，便于日后的联系。

‖ 称呼一定要得体

称呼，就是对他人的称谓。怎样称呼他人，既能体现出个人的礼貌修养，又能体现出对待他人的态度，同时也反映出两者间关系的远近。一个得体的称呼，会令彼此如沐春风，为以后的交往打下良好的基础，否则，不恰当或错误的称呼，可能会令对方心里不悦，影响到彼此的关系，乃至社交的成功。所以，在交际中一定要重视称呼的礼仪。

几种称呼的正确使用

1. 同志

在我国，同志这个称呼流行于新中国成立后，这一称呼不分男女、长幼、地位高低，除了亲属之外，所有人都可以称同志。但是现在，这一称呼的使用逐渐减少，对军人和国内的普通公民，都可以使用。但对于具有不同的政治信仰、不同国家的人，应尽量的少使用或不使用。

2. 先生

在我国古代，一般称父兄、老师为先生。在现代，先生一词泛指所有的成年男子。在西方国家，对成年的男子一般都称呼先生。但在美国，对12岁以上的男子就可以称先生了，而在日本，对身份高的女子也称先生。在我国知识界，也喜欢对有学问的女子称先生。

3. 老师

在现代社会，这一称呼一般用于学校中传授知识的老师。但目前，这一称呼在社会上也比较流行，尤其在文艺界比较常见。

4. 师傅

这一词原指对工、商、戏剧行业中传授技艺的人的一种尊称，后来泛指对所有艺人的称谓。因为师傅这一词大多用于非知识界的人士，所以一般不用于称呼有职称、有学位的人，否则可能会产生误解。但是在我国北方这一称呼使用比较频繁，人们对不认识的人都称为师傅。

对熟人称呼的礼仪

依照关系的密切程度，可按照亲属的性别、年龄、身份等来确定称呼，可用"姓加亲属称谓"、"名加亲属称谓"、"姓名加亲属称谓"。在正规场合，可称呼熟人的职务、职业。

对于长辈来说，如果直呼其名就不太礼貌了，亲属间的关系也会因此受到影响，因此要用亲属称谓去称呼他们。但对平辈来说，可互称姓名或用亲属称谓，年龄稍大的可直接称年少者的名字。夫妻间，可互称姓名，还可以用昵称，但要注意场合，在父母、孩子面前和公开场合最好不要使用，称呼晚辈，可称其亲属称谓，当然直呼其名也是可以的，这样显得更加亲切。当晚辈成了家并有了自己的子孙后代时，再直呼其名就显得有些失礼了。

对陌生人称呼的礼仪

陌生人之间的称呼，一般有以下两种方式：

（1）根据人的具体年龄、性别、职位称其为"同志"、"朋友"、"先生"或"小姐"等。对男人可称为"先生"。对未婚女性可称为"小姐"，已婚女性可称为"夫人"、"太太"。

（2）对陌生人可以互称亲属称谓。根据双方的亲属关系、双方的年龄差距、性别可互称亲属称谓。如"大伯"、"阿姨"、"老爷爷"、"叔叔"、"大嫂"、"大哥""大姐"等。

称呼对方的技巧

在交谈中，称呼对方时要加重语气，称呼完了停顿一会儿，然后再谈要说的事，这样能引起对方的注意，他会认真地听下去。如果你称呼的很轻又很快，不仅让对方听着不太顺耳，还会听不清楚，就引不起听话者的兴趣，让人感觉你不太注重对方的姓名，而过分强调要谈的事情。所以，一定要把对方的完整称呼，认真、清楚、缓慢地讲出来，以显示对对方的尊重。

称呼的不当用法

（1）使用错误的称呼。念错被称呼者的姓名，或对被称呼者的年纪、辈分、婚否以及与其他人的关系作出了错误判断。

（2）使用不通行的称呼。有些称呼，具有一定的地域性，因此要入乡随俗。比如，北京人爱称人为"师傅"，山东人爱称人为"伙计"，而在南方人听来，"师傅"等于"出家人"，"伙计"肯定是"打工仔"。

（3）使用过时的称呼。有些称呼，具有一定的时效性，若再采用，难免贻笑大方。如"老爷"、"大人"。

（4）使用不当的行业称呼。这样让人感觉不尊重。

（5）使用绰号作为称呼。对于关系一般者，切勿自作主张给对方起绰号，更不能随意以听来的绰号去称呼对方，更不要随便拿别人的姓名乱开玩笑。

（6）使用庸俗低级的称呼。如"哥们儿"、"姐们儿"等此类的称呼，就显得档次不高。

小贴士

中国古代亲友间的礼貌称呼

父母同称高堂、椿萱、双亲、膝下。

父母单称家父、家严；家母、家慈。

父去世称：先父、先严、先考。

母去世称：先母、先慈、先妣。

兄弟姐妹称：家兄、家弟、舍姐、舍妹。

兄弟代称：昆仲、手足。

夫妻称：伉俪、配偶、伴侣。

同辈去世称：亡兄、亡弟、亡妹、亡妻。

别人父母称：令尊、令堂。

别人兄妹称：令兄、令妹。

别人儿女称：令郎、令媛。

妻父称：丈人、岳父、泰山。

别人家庭称：府上、尊府。

自己家庭称：寒舍、舍下、草堂。

男女统称：男称须眉、女称巾帼。

夫妻一方去世称：丧偶。

老师称：恩师、夫子。

学生称：门生、受业。

学校称：寒窗、鸡窗。

同学称：同窗。

‖ 电话是沟通的桥梁

电话不仅仅是一种传递信息、获取信息、保持联络的通讯工具，而且也是单位或个人形象的载体。在人际交往中，普普通通的接打电话，实际上是在为通话者所在的单位、为通话者本人绘制一幅深刻的电话形象。假如不注意在使用电话的过程中讲究礼貌，失敬于人，无形之中将会使自己的人际关系受到损害。因此，懂得使用电话的礼仪是十分必要的。

拨打电话的基本礼仪

1. 注意打电话的时间

当需要给别人打电话时，有关工作的电话最好在上班时打。不要轻易更改双方约定的通话时间。要想使通话效果好一些，使之不至于受到对方繁忙或疲劳的影响，则通话不应该选在周末，而且尽量不要在对方用餐、睡觉、过节、度周末的时候打。与人通电话时，须顾及对方在作息时间上的特点。打电话到国外，还应考虑到时差。

2. 如何准备打电话的内容

打电话的人务必要有一个明确的指导思想，特别是在商界，除非万不得已，每次打电话的时间不应超过三分钟。因此，商界人士在打电话之前，为节省时间，一定要条理清晰地预备好提纲。然后，应根据腹稿或文字稿来直截了当地通话。若拨通电话时对方正忙，则不应强人所难。可以约一个时间，过一会儿再打。此外，与不熟悉的单位或个人联络，对对方的名字与电话号码应当弄明白，免得因为弄错而浪费时间。私人电话的通话时间则应视具体事情和自己与通话对方的交流程度而定。

3. 打电话的恰当方式

打电话时，每个人开口所讲的第一句话，都事关自己给对方的第一印象，所以应当慎之又慎，不能毫无礼貌地随便开口。正式的商务交往中，要求礼貌用语与双方的单位、职衔一同说出。在使用礼貌性问候语以后，应同时准确地报出双方完整的姓名。不要还不知道对方是谁，一上来就跟人家拉近关系，这样可能会让接电话的人一头雾水。

如果电话是由总机接转，或双方的秘书代接的，在对方礼节性问候之后，应当用礼貌用语应对，不要对对方粗声大气，出口无忌，或是随随便便将对方呼来唤去。得知要找的人不在，可请代接电话者帮助叫一下，也可以过后再打。在通话时，若电话中途中断，按礼节应由打电话者再拨一次。拨通以后，须稍作解释，以免对方生疑，以为是打电话者不高兴而挂断的。一旦自己拨错了电话，切记要向被打扰的对方道歉。

4. 不打没有意义的电话

当遇到某些特殊情况时，如需要通报信息、祝贺问候、联系约会、表示感谢的时候，有必要利用一下电话。但毫无意义、毫无内容的电话，最好不要浪费时间去打。如果想打电话聊天，也要尊重对方的意愿，先征询对方同意，然后选择适当的时间。切忌在单位打私人电话，或在公用电话亭肆无忌惮地打电话，毫不顾及其他等候打电话的人的感受，这是极不自觉的表现。

接听电话的基本礼仪

1. 接听及时

电话铃一旦响起，应当尽快去接，不要让对方等得太久，因为等待中的人特别容易变得焦急。如果因各种原因不能及时去接，就应在拿起话筒后先表示你的歉意并适当解释一下。

如果是单位的工作电话，应在铃声响两下之前去接，否则会让人怀疑你单位的工作效率，并进一步影响单位的形象。如果是在家里接电话，尽管没有必要像在单位里那样及时，但尽快去接是对对方的尊重。如果是在电话铃响了五下以上才去接的，也应向对方表示歉意。向对方解释一下延误接电话

的原因是非常必要的。

2. 应对得当

在工作场所接电话，当你拿起电话后，首先应问候对方，然后自报家门；或是先自报家门再问候对方。这样做一是出于礼貌，二是说明有人正在认真接听，三是万一打错电话就可以少费很多口舌。因为在工作场合，效率总是被首先考虑的事，规范的电话应对体现的不仅是对对方的尊重，而且还是本单位高效率和严格管理的体现。

在私人寓所接听电话时，为了自我保护，可按照国外做法以电话号码作为自报家门的内容，也可以只报姓氏，不必留名，或者干脆不介绍自己。拿起电话后的问候语应当礼貌，切不可拿起话筒，毫无礼貌地直接问答。

3. 通话时的姿态

在通话时，即使有急事，也要聚精会神地接听电话，不能三心二意或是把电话置于一旁。接电话时，态度应当殷勤、谦恭。虽然表面上看，接电话时的态度与表情对方是看不到的，但在实际上对于这一切对方其实完全上可以在通话过程中感受到。在办公室里接电话，尤其是外来的客人在场时，最好是走近电话，双手捧起话筒，以站立的姿势，面含微笑地与对方友好通话；不要坐着不动，一把把电话拽过来，抱在怀里，夹在脖子上通话。不要拉着电话线，走来走去地通话；也不要坐在桌角、趴在沙发上或是把双腿高抬到桌面上，大模大样地与对方通话。

4. 态度良好

打电话时态度要认真，这是对对方的尊重。尽管对方看不见你打电话时的姿态和表情，但你的声音会把你此时此刻的姿态、表情、心境在不知不觉中传递给对方，从而让对方感受到你此刻对他的态度。因此，最好从拿起电话筒就开始注意自己的言行举止，直至结束通话。打电话前应保持平静的心境。在与对方电话交谈时，不应穿插与他人的谈话。另外，还要注意避免一边与朋友说笑，一边拿起话筒接电话；也不要在结束电话交谈至挂机前的间隙里急于与旁人讲话，更不要谈及与对方无关的话题。如果万不得已，有急事要处理，应向对方说明。

5. 通话时语音语调要适合

由于双方处于互相看不见的两地，人们往往通过对方的声音来揣摩对方的情绪、心境甚至长相，并形成关于对方的电话形象。因此，电话交谈时，使用合适的语音语调非常重要。电话交谈时，语调应尽量柔和，以此来表达自己的友善，生硬的语调容易让人觉得不大友好。吐字应当准确，句子应当简短，语速应当适中，语气应当亲切、和谐、自然。

6. 认真倾听，及时记录

电话交谈时，双方都要集中精神仔细倾听对方的讲话，为了表示自己在专心倾听并理解了对方的意思，需要用一些简单的字作礼貌的反馈。办公室的业务电话通常需要做记录。记录的内容包括五个方面，来电人的姓名、单位、来电时间、主要内容以及联络方式。如果有重要的内容也需及时做记录。

中止通话的礼仪

正常结束通话的礼仪。结束通话时，要礼貌地道别，别忘了向对方道一声"再见"，或是"晚安"。而且要等对方先放下电话，而不要先把电话挂掉。按照惯例，电话应由拨电话者先挂断。挂断电话时，应当双手轻放，不要重重地放下。否则让人感觉很不礼貌。

中止通话的礼仪。在通话时，接电话的一方不宜率先提出中止通话的要求。万一自己有特殊情况不宜长谈，或另有其他电话挂进来，需要中止通话时，应说明原因，并告之对方回复电话的时间，免得让对方觉得不受尊重。如遇上不识相的人打起电话没完没了，应当说得委婉、含蓄，不要让对方难堪。

代接电话的礼仪

1. 代接电话时要注意态度

代接电话时应该注意礼节。因为，打电话的人看不见发生了什么事，要向他作充分解释，而不能简单地应对。能亲自接的电话，就不要麻烦别人。尤其是不要让自己的孩子代替自己接电话。

2. 录音电话的礼仪

商务往来比较多的人，可请秘书代为处理电话，也可在本人不在时使用录音电话。不过本人在场时，一般是不适合使用录音电话的。万一需要用录音装置时，则必须使自己预留的录音听起来友好、谦恭。

3. 尊重隐私

在代接电话时千万不要热心过度，向发话人询问对方与其所找之人的关系。当发话人有求于己，希望转达某事给某人时，要严守口风，切勿随意扩散。当发话人所找的人就在附近时，不要大喊大叫，闹得众人皆知。当别人通话时，要根据实际情况，做自己的事情，千万不要故意旁听，更不能没事找事，主动插嘴。

4. 传达及时

若发话人所找之人就在附近，应该立即去找，不要拖延时间。若答应发话人代为传话，则应尽快落实。不到万不得已时，不要把代人转达的内容，再托第二人代为转告。否则，可能使转达内容变样，或耽误时间。

===== 小贴士 =====

电话预约的礼仪

业务员在访问顾客之前用电话预约，是有礼貌的表现，而且，通过电话事先预约，可以使访问更加有效率。打电话预约看似简单，但里面却很有学问。电话拨通后，要简洁地把话说完，尽可能省时省事，否则容易让顾客产生厌恶感，影响预约的质量以至推销的成功。因此，电话预约的语言要力求简洁，但要抓住重点。同时，考虑到交谈对方的所处环境，要使对方有被尊重、重视的感觉，而不是强迫对方的意思。成功的电话预约，不仅可以使对方对你产生好感，也便于业务工作的进一步开展。

‖ 使用手机不可毫无顾忌

有关专家指出，随着手机的日益普及，无论是在社交场所还是工作场合毫无顾忌地使用手机，都会成为社会礼仪的最大威胁。因此，在很多工作场所，人们都强烈地反对使用手机。为了避免打扰他人，又不妨碍自己正常使用手机，应该严格遵守使用手机的礼仪。

使用手机的基本礼仪

1. 手机置放到位

在一切公共场合，手机在没有使用时，都要放在合乎礼仪的常规位置。尽量不要在并没使用的时候握在手里或是挂在上衣口袋外，手机的使用者，应当将其放置在适当之处。按照惯例，公文包里和上衣口袋内是外出之际随身携带手机的最佳位置。切勿将其挂在衣内的腰带上；否则撩衣取用时，不仅不雅观，还会因此举而惊吓对方。也可以放在不起眼的地方，但不要放在桌上。

2. 在公共场合使用手机应遵守公德

公共场合特别是电梯、路口、人行道、影剧院等地方，不可以旁若无人地使用手机。如果非要在公共场合使用手机，应寻找无人之处，切勿当众自说自话，尽量把自己的声音压低，绝不能大声说话。公共场所乃是公众共享之处，在那里最得体的做法，是人人都要自觉地保持肃静。当手机处于待机状态时，应调至静音或振动。显而易见，在公共场所手机铃声响个不停，或是在那里与他人进行当众的通话，都是侵犯他人权利、不讲社会公德的表现。在参加宴会、舞会、音乐会，前往法院、图书馆，或是参观各类展览时，尤须切记此点。

3. 工作时间尽量少用手机

在工作岗位，亦应注意使用手机不要有碍于工作、有碍于别人。在办公时，尽量不要让手机大呼小叫。尤其是在开会、会客、上课、谈判、签约以及出席重要的仪式、活动时，必须自觉地提前采取措施，不要让自己的手机响个不停。在必要时，可暂时关机，或者委托他人代为保管。这样做，表明自己没有一心二用，因而也是对有关交往对象的一种尊重和对有关活动的一种重视。

4. 保证手机通讯畅通

使用手机主要的目的是为了保证自己与外界的联络畅通无阻，对于此点不仅必须重视，还需为此而采取一切行之有效的措施。告诉交往对方自己的手机号码时，务必力求准确无误。如果是口头相告，应重复一两次，以便对方进行验证。若自己的手机改了号码，应及时通报给重要的交往对象，免得双方的联系一时中断。

5. 接听手机的礼仪

接听手机时，如果没有特殊的原因，与对方进行通话的时间不应当超过五分钟。拨打他人的手机之后，也应保持耐心，一般应当等候对方十秒钟左右。在此期间，不宜再同其他人进行联络，以防电话频频占线。不及时回复他人电话，拨打他人手机后迅速离去，或是转而接打他人的电话，都会被视作恶意的犯规。在暂时不方便使用手机时，可在语音信箱上留言，说明具体原因，告之来电者自己的其他联系方式。有时，还可采用转移呼叫的方式与外界保持联系。

6. 尊重私密

通讯自由是受到法律保护的。在通讯自由之中，秘密性是其中最重要的内容之一。因此，使用手机，应对此予以重视。通常情况下，两者的号码，尤其是手机号码，不宜随便告之于人。即便在名片上，也不宜包含此项内容。因此，不应当随便打探他人的手机号码，更不应当不负责任地将别人的手机号码转告他人，或是对外界广而告之。一般不宜随意将本人的手机借与他人使用，或是前往不正规的维修点对其进行检修。考虑到相同的原因，随意借用别人的手机也是不适当的。

7. 注意安全

（1）使用手机时，对于有关的安全事项绝对不可马虎大意。在任何时候，都切不可在使用时有碍自己或他人的安全。按照常规，在驾驶车辆时，不宜忙里偷闲使用手机通话。驾驶车辆时接移动电话一定要用免提，以减少精力分散，避免发生交通意外的可能性。当然在车上最好不要使用手机，就算要用免提，也最好是把手机天线连接到汽车的外置天线，这样可以降低干扰。

（2）不要在飞机上使用手机。在飞机上使用手机有可能导致空难。手机在使用或备用状态，都会有无线信号发出，尤其在开机、打出电话或搜寻网络时信号最强。这类信号有可能影响到飞机上灵敏的电脑及导航系统，从而危及到机上乘客的安全。正确做法是登机前要关掉手机。

（3）在一般加油站，或者有潜在爆炸性气体的地区，也不允许使用手机。这是因为手机产生的小量火花，也可以引发爆炸。手机在按下电话开关时会产生微量火花，如果手机电线短路或老化，也有可能产生火花。如果当时空气中积聚了相当浓度的易燃气体便会产生爆炸。有学者指出，手机所发出的电波，更有可能同加油站的输油设备发生共振现象，产生热力而爆炸。

使用手机短信的礼仪

1. 使用手机短信的基本规范

（1）发短信一定要署名。短信署名既是对对方的尊重，也是达到目的的必要手段。

（2）短信祝福不易冗长。节日期间，接到对方短信回复后，一般就不要再发致谢之类的短信，因为对方一看，又得回过来，很是麻烦。

（3）有些重要电话可以先用短信预约。

（4）及时删除自己不希望别人看到的短信。

（5）上班时间不要没完没了发短信。

（6）发短信不能太晚。

（7）提醒对方最好用短信。

（8）短信的内容选择和编辑要健康。

2. 短信的内容分类

工作交流的短信：同事间一些简单的工作交流或感情沟通可用短信进行，但除非是上司主动要求或事先征得其同意，否则，下级不能以短信方式和上级谈工作。

利用短信拜年：对长辈不宜采取短信拜年的方式，而应该亲自登门或电话问候。最亲密朋友间用短信拜年应该自己编辑内容，而不要利用他人的短信进行转发。

短信提醒：对于一些重要事情，用短信方式婉转地提醒对方，比用电话多次确认要礼貌得多。但值得注意的是，在发短信之前一定要进行电话或当面的邀请或确认。

转发短信信息：转发短信要注意礼貌，一定要特别注意短信内容，不要发送调侃、无聊、有失大雅的短信。

━━━ 小贴士 ━━━

使用手机铃声的注意事项

手机铃声的使用应注意场合。尤其是在办公室、在拜会客人时应当注意，若在办公室和一些严肃的场合，这种铃声不断响起的话，会对周围的人产生干扰，尤其是那些富有个性化的铃声。如果确实喜欢用，就应当适时将铃声调到振动上。另外，铃声内容要文明。从铃声内容来说，不能有不文明的内容。否则，不仅显得不雅，还会让周围的人觉得不舒服。铃声要和身份相匹配。相对来说，过于个性化的铃声与年轻人的身份比较匹配，一些长者或者有一定身份的人如果选择与自己身份不太匹配的铃声，会损害自己的形象。铃声音量不能太大，无论是座机还是手机铃声，都不能调得过大，以离开座位两米可以听见为宜。有些人的铃声非常大，在大家埋头干活时突然刺耳地响起，让人心跳都会加快。在医院、幼儿园等场所，过响的铃声会成为一种公害。

‖ 介绍他人认识，扩充自我人脉

在社交或商务场合，如能正确地利用介绍，不仅可以扩大自己的交际圈，广交朋友，而且有助于进行必要的自我展示，并且替自己在人际交往中消除误会，减少麻烦。介绍他人认识，是人际沟通的重要组织部分。良好的合作，可能就是从这一刻开始。他人介绍，又称第三者介绍，它是经第三者为彼此不相识的双方引见介绍的一种介绍方式。在一般情况下，为他人介绍都是双向的，即第三者对被介绍的双方都作一番介绍。有些情况下，也可只将被介绍者中的一方向另一方介绍。但前提是前者已知道、了解后者的身份，而后者不了解前者。在他人介绍中，为他人做介绍的人一般有社交活动中的东道主、社交场合中的长者、家庭聚会中的女主人、公务交往活动中的公关人员等。

他人介绍的时机

他人介绍的时机包括：在家中，接待彼此不相识的客人；在办公地点接待彼此不相识的来访者；与家人外出，路遇家人不相识的同事或朋友；陪同亲友，前去拜会亲友不相识者；本人的接待对象是不相识的人士，而对方又跟自己打了招呼；陪同上司、长者、来宾时，遇见了其不相识者，而对方又跟他们打了招呼；打算推荐某人加入某一社交圈；受到为他人作介绍的邀请。

他人介绍的顺序

（1）介绍长辈与晚辈认识时，先将晚辈介绍给长辈。

（2）介绍年长者与年轻者认识时，先将年轻者介绍给年长者。

（3）介绍老师与学生认识时，先将学生介绍给老师。

（4）介绍已婚者与未婚者认识时，应将未婚者介绍给已婚者。

（5）介绍女士与男士认识时，应先将男士介绍给女士。

（6）介绍同事、朋友与家人认识时，应先将家人介绍给同事、朋友。

（7）介绍社交场合的先至者与后来者认识时，应先将后来者介绍给先至者。

（8）介绍来宾与主人认识时，应先将主人介绍给来宾。

（9）在公务场合，要先将职位低的介绍给职位高的。

（10）在向别人介绍自己的家庭成员时，应该谦虚地说出对方的名字，这不仅是出于礼貌，而且介绍自己的家庭成员也比较的方便。

他人介绍的类型

1. 标准式

内容以双方的姓名、单位、职务等为主，适用于正式场合。

2. 简介式

其内容往往只有双方姓名一项，甚至可以只提到双方姓氏为止。接下来，则要由被介绍者见机行事。适用一般的社交场合。

3. 引见式

作这种介绍时，介绍者所要做的是将被介绍者双方引导到一起，而不需要表达任何具有实质性的内容。适用于普通的社交场合。

4. 强调式

其内容除被介绍者的姓名外，往往还会刻意强调一下其中某位被介绍者与介绍者之间的特殊关系，以便引起另一位被介绍者的重视。适用于各种交际场合。

5. 礼仪式

是一种最为正规的他人介绍。其内容略同于标准式，但语气、表达、称呼上都更为礼貌。适用于正式场合。

6. 推荐式

多是介绍者有备而来，有意要将某人举荐给某人，因此在内容方面，通常会对前者的优点加以重点介绍。适用于比较正规的场合。

他人介绍时的细节

在进行他人介绍时，介绍者与被介绍者都要注意自己的表达、态度与反应。介绍时的细节包括：介绍者为被介绍者作介绍之前，要先征求双方被介绍者的意见；当被介绍者在介绍者询问自己是否愿意认识某人时，一般不应加以拒绝或扭扭捏捏，应欣然表示接受。如果实在不愿意，应向介绍者说明缘由，取得谅解；当介绍者走上前来为被介绍者进行介绍时，被介绍者双方均应起身站立，面带微笑，并恭敬地目视介绍者或者对方；当介绍者介绍完毕，被介绍者双方应依照合乎礼仪的顺序进行握手，并且彼此使用友好的语句问候对方。不要在此时此刻有意拿腔拿调、硬端架子，显得瞧不起对方。

小贴士

介绍后双方应行使的礼节

介绍后双方要互相问候，如果是两位男士，通常握手以示相识。如是一男一女，应等女方伸出手，男方才可伸手相握，若女方不伸手，男士是不应该主动伸手的。握手时用力要适中，太重了表现得过于热情，太轻了使对方感到不受尊敬。介绍客人时切勿漏掉一人，应该介绍的人而未被介绍，视为不礼貌的行为，并认为没被介绍的人是不受欢迎的人。此外，向外国朋友介绍中国同事或上级时，应注意：我国介绍客人时习惯用官衔、职务或职业名称等冠于姓氏之前，但有些名称词在英语用法上却不用于姓氏前。介绍已婚女士时，要考虑到西方人的习俗：女士婚后改用其丈夫姓，而我国女士婚后仍保持娘家姓氏。总之，向外宾介绍我国人士要入乡随俗。

‖ 热情礼貌地迎送客人

迎来送往，是社会交往接待活动中最重要的环节，是表达主人情谊、体现礼貌素养的重要方面。热情友好地欢迎来客，可以给客人留下良好的第一印象。周到、礼貌地送别宾朋，可以给客人留下美好的回忆，为以后的往来奠定基础。因此，懂得迎来送往的礼仪非常重要。

迎接客人的礼仪

（1）对前来访问、洽谈业务、参加会议的外国、外地客人，应首先了解对方到达的车次、航班，安排与客人身份、职务相当的人员前去迎接。若因某种原因，相应身份的主人不能前往，前去迎接的主人应向客人作出礼貌的解释。

（2）主人到车站、机场去迎接客人，应提前到达，恭候客人的到来，决不能迟到，让客人久等。客人看到有人来迎接，内心必定感到非常高兴，若迎接来迟，必定会给客人心里留下阴影，事后无论怎样解释，都无法消除这种不守信用的印象。

（3）接到客人后，首先要问候，然后再向对方作自我介绍，如果有名片，可送予对方。注意送名片的礼仪。

（4）迎接客人应提前为客人准备好交通工具，不要等到客人到了才匆匆忙忙准备交通工具，那样会因让客人久等而误事。

（5）主人应提前为客人准备好住宿，帮客人办理好一切手续并将客人领进房间，同时向客人介绍住处的服务、设施，将活动的计划、日程安排交给客人，并把准备好的地图或旅游图、名胜古迹等介绍材料送给客人。

会见结束时的礼仪

很多人在会见结束时不知道如何启齿，因为怕说得不恰当而伤了双方的和气，所以，即使会见结束了，也不好意思对客人说"再见"。但当你发现客人的举动不符合安排的事宜，你可以以工作繁忙为借口，结束会见。如果此人纠缠不休，在会见过程中应尽量缩短会见时间，以委婉的借口，提前终止会见。如果双方的主要问题已经解决，而对方还没有告辞的意思，你可以这样说："和你聊天非常的愉快，可是我现在还有很重要的事情要去做，既然咱们已经达成了共识，下次有机会我们再促膝长谈吧。"这种做法是一个两全其美的办法，既没有得罪客人，又达到了自己的目的。

送客的礼仪

（1）主动问好。为了表达与客人间的深厚感情，客人临行前，应该主动向客人的家人问好，并请其帮忙转达。根据关系亲密程度，还可以赠送一些特产或纪念品，以增进双方感情。

（2）礼貌相送。当客人执意要离开时，身为主人应该真诚地挽留，无论双方是多年熟识的朋友，还是一般性的业务往来，主人都应该亲自相送。等客人走远后，再回房。千万不要在客人还没走远的时候，就转身回房，这样是很失礼的，如果客人礼貌性地回首与你再次道别，却看不到你，心里的滋味肯定不会好受。

（3）尽地主之谊。对于远来之客，在送别前应为客人定好飞机票或火车票，并派专车将客人送往机场或车站。客人乘坐的飞机、火车尚未离开视线时，即使有很重要的事情，主人也不能离开，如果在这个时候提前离开，难免让客人产生想法。

━━━ 小贴士 ━━━

迎送语

迎送语是指当对他人表示欢迎或告别时，常使用的语句。常用的迎送语有：欢迎您下次光临、很高兴您能来、请慢走、请走好等，使用迎送语时要态度自然、亲切、大方，声音柔和，面带微笑，生硬的语气和表情都是不礼貌的。如果在家里迎客和送客，一般要到门口迎送，表示礼貌和尊重。但是值得注意的是，如在机场送人时要说"一路平安"，而不能说"一路顺风"。

参加舞会的礼仪

无论国际还是国内的舞会，都是一个讲究礼仪的社交活动，也是展示个人魅力的场所。舞会是现代社会交往的重要形式之一，是高雅的社交娱乐活动，因此，我们在参加舞会时一定要懂得舞会礼仪，使自己成为舞会中的佼佼者。

舞会着装礼仪

1. 参加大型舞会的着装礼仪

男士参加正式舞会的传统着装是白色领结和大燕尾服。没有什么装束比这更漂亮的了。但是，很少有人拥有一套大燕尾服，而且很少有人租用它们参加晚会。人们通常穿着正式程度稍逊一筹的小燕尾服。黑领结和小燕尾服一样能够被各种舞会所接受。男士还要把头发梳理整齐，胡子刮干净，皮鞋擦亮。因为跳舞时两人的距离较近，保持口腔卫生，最好用口腔清新剂。

女士的装束应该是长款的，并做到穿着起来显得很精致。舞会也是一个最好的首饰佩戴的机会。穿裤子通常是不允许的，除非这种女裤的设计非常精致，看起来和正式的舞会女裙一样得体。即使是最年轻的女士也应当打扮起来和从前完全不同。舞会的吸引力在于它的特别和精致。每个参与者都应当努力在装束、举止以及言谈上表现得体，以保持舞会的特别和精致。

初次参加社交活动的女士应尽量穿白色衣裙。穿无袖或无肩带的女裙的女士，可以戴长手套，这种手套可以一直戴到舞会开始以后。但是开始跳舞或者晚餐开始时，应当脱掉手套。手袋的装饰作用非常重要，配合服装的缎子或丝绸做的小手袋必不可少。同时，小手袋也是晚礼服的必须配饰。舞会大都在晚上举办，所以要化晚妆，再洒上宜人的香水。这一切都会使你增添自信，增添光彩。

2. 参加其他类型舞会的着装礼仪

如果是亲朋好友在家里举办的小型生日PARTY等活动，要选择与舞会的氛围协调一致的服装，女士则最好穿便于舞动的裙装或旗袍，搭配色彩协调的高跟皮鞋。作为男士，一定要头发干净，衣着整洁。一般的舞会可以穿深色西装，如果是夏季，可以穿淡色的长袖衬衣，打领带。如果参加随意、休闲的舞会，装扮就不必受以上约束。T恤、牛仔裤等休闲的服饰都可以穿，人们只求在扭摆中宣泄得酣畅淋漓，领带、高跟鞋反倒成了累赘。

舞会的邀请礼仪

舞会是非常受人们欢迎的一种交际活动。舞会时间约为3小时，遇有重大喜庆节日可延长至5~6小时。舞会的组织者若定好舞会的时间，应提前向客人发出邀请，并说明起止时间，以方便客人安排时间。邀请的男女客人的人数要大致相等，对已婚者，一般要请夫妇二人。舞会开始时，女主人要在门厅或客厅迎接每一位到会的宾客，并将新来的客人向就近来宾作介绍。

舞会上男士的礼仪

在舞会上最能体现一个人的绅士风度。每位男宾应首先邀请坐在自己左侧的女宾跳舞，然后再邀其他女宾。初进社交界的女子即使没有坐在父亲左侧，通常也由父亲首先邀她跳舞。在私人舞会上，每位男士都应当同举办舞会的女主人，以及他在餐桌上座位两侧的女士跳舞。当然，他必须同他带来的女士跳第一支和最后一支舞。

舞曲奏响以后，一般由男士邀请女士跳舞。如果一个女士同一位男士单独坐在一起，其他男士最好不要上前请她跳舞。同时，尽量不要去邀请恋人中的一方跳舞，因为恋人大都不愿被别人打扰。男子邀请已婚女子跳舞时，应先请求其丈夫，得到许可后再与之跳舞。当自己的恋人被别人邀请时，要大度一些，不要阻止，也不要一脸不悦。当男士带着女士跳舞时，无论舞步娴熟与否，男士都应带领舞伴与舞场中其他人的舞蹈方向保持一致，一般按逆时针方向绕行，而不要在舞场中横冲直撞。跳舞时不小心踩了对方的脚，应马上说声"对不起"。男士要保持良好的风度和正确的舞姿，整个身体要始终保持平、正、直、稳。男方的右手应在女方腰部正中，双方距离两拳。进退移动，都要掌握好身体的重心，不要让身体左右摇晃，胳膊不要大幅度上下摆动。脸部朝正前方保持微笑，神态自若，声音轻细，给人以美感。

男士不要因为紧张而把舞伴搂得太紧，或把舞伴的手握得太牢，这样容易引起误会。女士也要放松，不要把全身的分量都压在舞伴身上。尤其在旋转的时候，男士一定要舞步稳健，动作协调，同舞伴一起享受舞姿的优美。万一发现女士晕眩，男士一定要把女士护送回原位。一曲终了，男士应把女士送回原来的座位，并向她表示感谢或称赞她舞跳得真好。然后再去邀请另一位女士。不要高声谈笑，随意喧哗，不要随意穿越舞场，更不要同别人争抢舞伴，要始终做到礼貌谦和，有礼有节。

如果男宾携女宾同来，进舞厅时，应女子在前，男子在后，不要双双挽臂而行。在跳舞进行中，允许插入换舞伴，但绝不能两个男子或两个女子共舞。当女子不愿和自己跳舞时，男士不可勉强。舞厅提供饮食时，男子应陪同女伴进餐，并负责照顾她。男宾应主动邀请女主人或主人的女儿跳舞，以表敬意。正在跳舞时，不要晃动你的肩膀，那样，会让人觉得轻佻、不庄重。跳舞时，不要讨论或争辩某些事情，更不要在散会时对舞伴做详细的身家调查。如果你想提早离开会场，仅悄悄向人招呼一声即可，千万不可在大众面前言明要早走之意，以免破坏他人的玩兴，而使主人难以控制舞场的气氛。但如适值主人在附近，就应向主人表示感谢，然后告别。当女伴打算回家时，男舞伴应立即允诺，并略略送行。如果男子先行，则应向女舞伴说明理由，请求原谅。参加舞会后的一周之内，应给主人打电话或写信表示谢意。

舞会上女士的礼仪

女士在舞会中也应体现出自身的风度。在舞会中，女士遇到两位男士同时发出邀请，往往会觉得左右为难。其实从国际礼仪的角度考虑不难解决，女士面对两位或者两位以上的邀请者，最能顾全他们面子的做法，是全部委婉地谢绝。要是两位男士一前一后走过来邀请，则可以先来后到为顺序，接受先到者的邀请，同时诚恳地对后面的人解释，并约他跳下支舞，就可以完美地解决了。

舞会是通过跳舞交友、会友的场合，结伴而来的一对男女，只要一同跳第一支舞曲就可以了。从第二支曲子开始，大家应该有意识地交换舞伴，认识更多的朋友。所以在舞会上女士不能轻易拒绝他人的邀请。女士由于个人原因可以拒绝个别的男士的邀请，但要注意分寸和礼貌用语，要委婉地表达。跳舞时，对方问你的姓名时你可以告诉他，如果不想让他知道，只告诉他你的姓便可以。如果对方向你询问一些有关你的事情时，大可坦白地告诉他，如果你不愿意让他知道的话，你可以拒绝回答，但不可编造谎言。注意你的坐姿，舞会中的灯光通常是比较暗，而且朦胧，男士只能看见你的形态，所以你要随时注意保持优美的仪态。

如果你与男朋友坐在一起，此时有人向你邀舞，礼貌上必须征得他的同意。一旦接受邀请，就应同对方跳至一曲终了，不要半途单方退场。对不熟的舞步，不要贸然地去跳，否则会出洋相，有损形象。两人共舞时，如果有另外男士插进来时，这位正在跳舞的女士不可以转换舞伴。传统舞会观念认为，女士应该在舞会中与插入的舞伴共舞，但是现在，插入者被认为是极不礼貌的行为，女士完全可以加以拒绝。

舞会正在进行中，不可因音乐、气氛的感染而表现得太过放肆，尤其是在跳舞时，不要闭上眼睛。除非你们已是一对被公认的情侣，不然不要在跳舞时把面颊靠在对方肩上。当你一个人坐在角落时，不要做出傻里傻气的动作。参加任何性质的舞会，在服装和首饰上都不能喧宾夺主。更不要把口红沾染在男伴的衣襟上或领带上。无论是参加朋友的私人舞会，还是参加正式的大型舞会，遵守时间都是首要的礼仪，要准时到达。至于什么时间离开舞会较为合适，朋友的私人舞会最好要坚持到舞会结束后再离去，这也是对朋友的支持。至于其他的舞会，只要不是只跳了一支曲子显得应酬的色彩过浓就可以了。

即使有别的男士要送你回家，而你又是和另一位同伴前来，这时不要撇下原来的同伴不管。假如没有男伴同行，而在舞会中有男士要送你回去而你又不愿意时，如果都是相熟很久的人，就可以用幽默的方式回绝对方。如果是刚刚认识的，可礼貌地说声对不起，并告诉他你已经有人送了。但说话时要婉转得体，不要使对方难堪。

━━━ 小贴士 ━━━

舞会的种类

1. 私人舞会。这种舞会可以在家中举行，也可以在旅馆或俱乐部租场地举行。时间和地点确定后，应该联系乐队。确定客人名单和发送请柬。舞会的请柬通常以女主人的名义发出。独身男子也可以举办舞会，发送请柬。

2. 正餐舞会。正餐舞会通常于傍晚举行。舞会开始约一小时后吃晚饭。参加正餐舞会的客人最迟应于舞会开始后半小时内到达，一般按座位姓名卡就座。

3. 晚餐舞会。晚餐舞会约在晚上10点到11点开始，次日凌晨结束。晚餐舞会上并不正式吃饭，而是从午夜12点或翌晨1点开始供应一些简单的食物。

4. 募捐舞会。募捐舞会是一种靠组织舞会来赚钱的商业性活动。西方国家许多慈善组织和基金会都靠举行募捐舞会来增加收入。此舞会是他们积累基金的主要途径之一。

第五章

有"礼"畅行职场，无"礼"处处碰壁
——职场办公中的礼仪

在复杂多变的职场中，无论是求职者与面试者，还是上下级、同事之间的交往，都离不开职场礼仪，它是现代社交礼仪的主体之一。职场礼仪已经成为能否处理好与同事之间的人际关系，能否顺利进行工作的关键要素。

体现能力的求职材料

现在企业的招聘，大多数安排面试的依据是有关反映求职者情况的书面材料，通过这些书面材料来判断和评价求职者的学习成绩、工作潜力。因此，作为求职者，特别是刚刚毕业的大学生来说，若想迈好走出校园的第一步，在众多的求职者中脱颖而出，就要懂得求职材料的礼仪要求。

求职信外观的礼仪要求

求职信若外观设计新颖别致、富有创意，就很可能吸引招聘者的视线，并留下良好的第一印象，争取面试的机会。因此，最好选择会令人为之一振的独特的信封，另外，收信人的地址和名称要准确、清楚。信封上最好贴上精美的特种邮票，吸引招聘者的视线，悦人眼目。如果有些美术功底，在信封适当的位置显示一下，也许会被人欣赏。

求职信要选用质地好的信纸，用钢笔按正确的格式书写。字体大小合理，四周空白，行间不要过分拥挤，也不要太稀疏。布局要给人舒适的感觉，不要随便涂改，写错了最好重写。另外，字迹要清楚，确保无错字及标点错误。否则会给人缺乏诚意的感觉。求职信的篇幅不宜过长，要用精练的语言表达丰富的内容，冗长的求职信只能让人反感，但也不能太短，否则说不清问题，没有影响力。

毕业生就业推荐表

毕业生就业推荐表是反映毕业生综合情况并附有学校书面意见的推荐表。毕业生就业推荐表一般包括毕业生基本资料、照片、学历、社会工作、获奖情况、科研情况、个人兴趣特长等，一般还应附有教务部门出具的成绩单。其中，该表的综合评定及推荐意见部分是由最了解毕业生全面情况的辅导员填写，并且是以组织负责的形式向用人单位推荐，具有较大的权威性和可靠性，所以，大多数用人单位历来把该表作为接收毕业生的主要依据。毕业生就业推荐表正式只有一份，必须用正式表签订就业协议。

简历的设计原则

1. 主次分明

简历最好简单明了。如果简历内容过多，又缺乏层次感，会给人以琐碎的感觉。必要信息如姓名、性别、出生年月、联系电话和地址等一定要写上。其他的辅助信息，可要可不要，至少不应占据重要位置。可以将自己认为重要的信息全部浓缩到第一页上，然后把认为次要的信息列在后面。这样的简历主次分明，非常有效。

2. 内容真实

简历从内容上讲必须真实，没有的就不要写。兼职工作更是如此，因为在面试时，面试官会就简历上的任何问题提出疑问。如果你学了或做了，你就能答上来，否则你和考官都会很尴尬，你在其眼里的信誉也就没有了，这是很不利的。

3. 书写无错

简历应该没有错误，尽可能在寄出简历之前，一个字一个字地检查一遍，标点符号也不能落下。否则会被认为是一个粗心的人，在激烈的竞争中就可能被淘汰。

简历的设计礼仪

多数求职者希望有一份个性突出、设计精美、能给用人单位留下深刻印象的简历。将相关经验、业绩、能力、性格等简要地列举出来，以达到推荐自己的目的。

现在的社会是一个注重形象的社会，还可选一张可人的、端正大方的彩色或黑白证件照片郑重地、小心地贴在简历的右上角。姓名必须跟其他资料，如身份证、毕业证、推荐信上的姓名保持一致。以免引起招聘单位的误解。

不要填写招聘者在办公时间很难找到你的电话号码。最好填家里、学校系办公室的电话及自己的手机，也可填熟悉的亲戚朋友家的电话。健康状况只说明健康就可以了，如果招聘者有特殊要求，可将身高、体重等情况详细列出。家庭成员不要忘了填父母，凡直系亲属中有海外关系也要如实填写。用人单位主要通过学历情况了解应聘者的智力及专业能力水平，一般应写在前面。习惯上书写学历的顺序是按时间的先后，但用人单位更重视现在的学历，最好从现在开始往回写，写到中学即可。学习成绩优秀，获得奖学金或其他荣誉称号是学习生活中的闪光点，可一一列出，以加重分量。

另外，毕业文凭和奖励证书是求职者辛勤耕耘的收获，是在某一方面有突出表现的证明，是复合型人才的素质能力的最佳物质载体。包括各种技能、英语水平证书、资格证、培训证。如果不是应届毕业生，切忌用假证去求职，否则会弄巧成拙。

近几年来，越来越多的用人单位渴望招聘到具有一定应变能力、能够从事各种不同性质工作的大学毕业生。学生干部和具备一定实际工作能力、管理能力的毕业生颇受青睐。社会工作对于仍在求学的毕业生来说，主要包括社会实践活动和课外活动，在应聘时相当重要的。特长是指你拥有的技能，特别是指中文写作、外语及计算机能力。兴趣爱好与性格特点能够展示你的品德、修养、社交能力及团队精神，它与工作性质关系密切，所以用词要贴切。

自荐信书写的礼仪

信函求职是求职者最常用的、最主要的方式。求职信由开头、正文、结尾和落款组成。在开头，要有正确的称呼和格式，在第一行顶格书写，并加一句问候语以示尊敬和礼貌。正文部分主要是个人基本情况即个人所具备的条件。求职信的核心部分要从专业知识、社会实践能力、专业技能、性格特长等方面使用人单位确信，他们所需要的正是你所能胜任的。结尾部分可提醒用人单位回复消息，并且给予用人单位更为肯定的确认的话。结束语后面，写表示敬意的话。落款部分署名并附日期。如果有附件，可在信的左下角注明。

自荐信应写明用人信息的来源及自己所希望从事的工作岗位，否则，用人单位将无法回复。说明自己要求竞争所期望的职业的理由和今后的目标、所学专业与特长。将大学所学的重要专业课程写入，但不要面面俱到，以免使主要的专业课程"淹没"在文字之中。对自己熟悉的、有兴趣的，特别是与用人单位所需人才职业关系紧密的，可多写一些。兴趣和特长，要写得具体真实。最后，应提醒用人单位留意你附带的简历，请求给予同意等。

---※ 小贴士 ※---

面试的主考官一般由什么人担任

面试应由何人主考，通常由单位的情况和招聘职位的性质而定。有的单位人事部门设有专职面试的主考官，有的单位规定由各部门自行招聘，则主考官多由各部门负责人自任。有的单位由人事部门负责应征人员的初审和筛选，而复选及决策则由各部门的负责人担任。但倘若招聘人员为本单位、本公司的重要职位，则面试工作一般由本单位负责人或公司高级主管，甚至总经理亲自担任。

‖ 面试时的个人形象

在求职面试活动中，主考官首先是通过求职者的仪表来认识对方的。在最初的交往中，仪表往往比一个人的简历、介绍信、证明、文凭等书面材料的作用更直接，更能产生直觉的效果。主考官往往通过仪表来判断求职者的身份、学识、个性等，并形成一种特殊的心理定势和情绪定势，这种心理定

势和情绪定势是非常重要的。因为一个人对另一个人的印象和观感，在初次见面时的短短几分钟内已经形成，这个印象无形中左右着主考官的判断。因此，求职者一定要注重求职时的外表形象。

面试时的着装礼仪

面试时的着装，对于面试者来说很重要，因此，应当穿着正式的服装。但对于应届毕业生来说，允许有一些学生气的装扮，即使是去知名企业面试，也可以穿休闲类套装。它相对正规套装来说，面料、鞋子、色彩的搭配自由度更高。但要注意的是，应聘时不宜佩戴太多的饰物，这不仅容易分散考官的注意力，还可能给考官留下不成熟的印象。

另外，面试时服装的选择应该与职位要求相匹配。应聘银行职员、公务员、文秘，应穿着正规的职业服装，显现出精明、干练的气质；应聘公关、时尚杂志等休闲职业，则可以适当地在服装上加些流行元素，显示出自己对时尚信息的敏感度。仪表修饰最重要的是干净整洁，不要太标榜个性，除了应聘娱乐影视广告这类行业外，最好不要选择太过突出、奇异的穿着。

面试时的化妆礼仪

以现在的交际学来看，以一张不加修饰的脸孔见人是不尊重人的表现。尤其是面试时更应该注意。清新的淡妆会给人一种舒适、靓丽的感觉，而且还可以弱化个性、巧妙地遮盖不足之处，使装束自然而不露痕迹。女性可以用薄而透明的粉底营造健康的肤色，用浅色口红增加女性的自然美感，用棕色眉笔调整眉形，用睫毛膏让眼睛更加有神。男性可以用点清洁类的化妆品，给人干净、阳光的感觉。为了给面试官留下更好的印象，面试时的化妆还要注意以下几个问题：女性切忌浓妆艳抹；男性最好不要有夸张纹身；在香水的使用上要格外谨慎，避免使用浓烈或者味道怪异的香水。

面试时的发型

要想达到整体形象的清新、靓丽，就要着眼于每一个细节。其中发型的修饰是最为关键的一环，它直接影响着整体形象的搭配效果。求职者不要有颜色夸张怪异的染发，男性忌长发、光头。发型要根据衣服正确搭配，并善于利用视觉错觉来改变脸形，如脸型过长的人，可留较长的前刘海，并且尽量使两侧头发蓬松，这样长脸看起来不太明显；脖颈过短的人，则可选择干净利落的短发来拉长脖子的视觉长度；脸型太圆或者太方的人，一般不适合留齐耳的发型，也不适合中分头路，应该适当增加头顶的发量，使额头部分显得饱满，在视觉上减弱下半部分脸型的宽度；另外，根据应聘的不同职业，发型也应有所差异。比如应聘空姐，盘发更加适宜；而艺术类工作对发型的要求更宽泛一些，适当染一点色彩或者男生留略长一点的头发也可以接受。但不管梳理什么发型，都应保持头发的清洁。

男士面试时应当注意的仪表问题

男士面试时应注意头发修整，如果稍嫌过长，应修剪一下。避免穿着过于老旧的西装，颜色以素净为佳。正式面试时，要穿长裤并熨烫笔挺。衬衫最好穿白色的，并尽量选择颜色明亮的领带。佩带领带时应尽可能别上领带夹，因为领带不平整会给人一种衣冠不整的感觉，会影响面试官对自己的印象。西装和皮鞋的颜色以保守为原则，面谈时最好避免穿着过分突异的颜色。如果面试者戴眼镜，则镜框的佩戴最好给人稳重、调和的感觉。

女士面试时应注意的仪表问题

女士面试时应穿着具有职业装扮的衣服，裙装套装是最合宜的装扮。裙装长度应在膝盖左右或以下，太短有失庄重。面谈时应穿高跟鞋，最好避免穿平底鞋。服装颜色以淡雅或同色系的搭配为宜，颜色勿过于花哨，形式亦不宜暴露。面试者的头发要梳理整齐，勿顶着一头蓬松乱发应试，这样显得很不礼貌。

小贴士

求职时鞋袜的搭配和注意事项

穿西服一般都要穿皮鞋，夏天也是如此，只是可以穿镂空的。皮鞋的款式提倡传统的有带皮鞋。深色的西服搭配黑、棕色皮鞋，夏天穿浅色西服可以穿白色皮鞋。牛仔服可以搭配皮鞋，但如果运动装搭配皮鞋就显得不伦不类了，休闲装只适合搭配轻便的皮鞋。有光泽的皮鞋四季都可以穿，翻毛皮鞋只有冬季穿才合适。皮靴一般在冬天穿，一般的服装也可以把裤脚塞到靴筒里；穿西服时只能把靴筒塞到裤筒里，要么就换穿皮鞋，否则会破坏整体效果。女士在穿呢绒或毛织、皮革裙装时，穿靴子也是一种不错的选择。

‖ 参加面试的基本礼仪

有句话叫细节决定成败。通知面试就等于获得了这个岗位百分之五十的机会。最后的成功就掌握在面试时的表现上。因此求职者不仅要展现出自己的才华，还要遵循面试时的礼仪，留心每一个细节，争取给面试官留下最好的印象，从而获得工作的机会。

入座的礼仪

进入考官办公室时，必须先敲门再进入，经主考官示意允许后，才可以就座。如果有指定座位，则坐到指定的位子；但如觉得座位不舒适或光线正好直射，可以对主考官说明原因。若无指定位置时，可以选择主考官对面的位子坐定，这样方便与主考官面对面交谈。

面试时的坐，是细节的关键问题。正确的坐姿从入座开始，入座的动作要轻而缓，不要随意拖拉椅子，发出很大的声音。身体不要前后左右晃动，背部要与椅背平行，沉着地安静地坐下。落座后，上身要保持直立状态，既不前倾，也不后仰。双手自然下垂，肩部放松，五指并拢。男女的坐姿还有一定的区别：男士可以微分双脚，这样给人以自信、豁达的感觉，双手可以随意放置；女士一般要并拢双膝，或者小腿交叉端坐，这样，给人端庄、矜持的感觉，双手一般要放在膝盖上。

一般在入座后，别人会给你用塑料杯或纸杯倒一杯水。这些杯子比较轻，而且给你倒的水也不会太多，加上你面试时往往会比较紧张，不小心碰倒杯子的情况难免发生。你的水杯放的位置不好，就很容易把水弄洒。一旦洒了水，心里一慌，不是语无伦次就是手忙脚乱，很长一段时间都调整不过来。虽然对方通常会表现得很大度，但也会留下你慌慌张张、局促不安的印象，所以要非常小心。杯子放得远一点儿，水喝不喝都没有关系。

自我介绍的礼仪

当主考官要求你做自我介绍时，因为一般情况下都已事先附在自荐信上，所以，不要像背书似地发表长篇大论，那样会令主考官觉得冗长无趣。因此作自我介绍时，要简洁，尽可能地节省时间，以半分钟左右为佳。进行自我介绍时，态度一定要自然、友善、亲切、随和。应落落大方，彬彬有礼。既不能唯唯诺诺，又不能虚张声势，轻浮夸张。语气要自然，语速要正常，语音要清晰。内容一定要实事求是，真实可信，切忌自吹自播，夸大其词。

面试中言谈的礼仪

交谈时恰当的眼神能体现出智慧、自信以及对公司的向往和热情。因此，应当礼貌地正视对方，但应避免长时间凝视对方，否则易给人咄咄逼人之感。目光可三秒钟移动一下，注视的部位最好是考官的鼻眼三角区，目光平和而有神，专注而不呆板，眼神不要因紧张而飘忽不定。切忌斜视、下视、仰视，更不能有飘荡、心不在焉甚至挑逗的眼神。另外，说话时手势宜少不宜多，多余的手势，会给人以装腔作势、缺乏涵养的感觉。反复摆弄自己的手指，要么活动关节，要么捻响，要么攥着拳头，或是手指动来动去，往往会让人感觉你很无聊，让人难以接受。

面试结束后的礼仪

谈话结束后，面试者应当向面试官道谢，也可以握手表示感谢。出门时一并把喝茶的纸杯拿走，并轻轻地关上门。除了主考官，主动地向单位的其他同事告别，他们没准是你以后的同事，因此要留下良好的印象。

面试中的一些礼仪细节

面试者在面试时不可要求茶点，除非是咳嗽或需要一杯水来镇定自己。不嚼口香糖、不抽烟，尤其现在提倡禁烟，更不要在面谈现场抽烟。与人谈话时，口中吃东西、叼着烟都会给人不庄重的感觉，也显得不尊重对方。不要随便乱动办公室的东西。不要谈论无关紧要的事而独占谈话时间。自己随身带的物品，例如，公文包、大型皮包不可放置面试考官办公桌上，也不可挂在椅背上。可将它们放置于座位下右脚的旁边，小型皮包则放置在椅侧或背后。离座时记住椅子要还原，并向主考官行礼以示谢意。

面试后的礼数不可忘

许多求职者只留意应聘面试时的礼仪，认为面试结束就意味着求职过程的结束，因此就袖手以待聘用通知的到来，而忽略了应聘后的礼仪。其实面试后的礼仪也非常的重要，能使主考官在做决定之时加深对求职者的印象。

1. 整理心情

面试回来后，你已经完成一次面试，但这只是完成一个阶段。如果你向几家公司求职，则必须调整心情，全身心投入第二家的面试准备工作，因为，未有聘书之前，仍未算成功，你不应放弃其他机会。

2. 不要过早打听面试结果

在一般情况下，考官组每天面试结束后，都要进行讨论和投票，然后送人事部门汇总，最后确定录用人选，这个过程可能要等3～5天。求职者在这段时间内一定要耐心等候消息，不要过早打听面试结果，以免让招聘者产生不好的印象。

3. 打电话表示感谢

求职者为了加深主考官对自己的印象，增加求职成功的可能性，不妨给主考官打个电话表示感谢，打电话表示感谢可以在面试后的一两天之内，电话感谢要简短，最好不要超过两分钟。电话里不要询问面试结果。因为这个电话仅仅是为了表现你的礼貌和让对方加深对你的印象而已。

4. 写面试感谢信

主考官对面试人的记忆是短暂的。感谢信是你最后的机会，它能使你显得与其他求职者有所不同。面试感谢信包括电子邮件和书面感谢信。如果平时是通过电子邮件的途径和公司联系的话，那么在面试结束后，发一封电子感谢信，是既方便又得体的方式。但大多数的情况下还是写书面感谢信，特别是面试的公司非常传统的情况下，更应如此。

感谢信要简洁，最好不超过一页。书面感谢信最好用白色的A4纸，字的颜色要求是黑色。感谢信的开头应提及你的姓名及简单情况。然后提及面试时间，并对招聘人员表示感谢。中间部分要重申你对该公司、该职位的兴趣，或增加一些对求职成功有用的新内容。结尾可以表示你对能得到这份工作的迫切心情，以及为公司的发展壮大做贡献的决心。

在书写方式上有手写和打字两种。打印出来的感谢信较为标准化，表示你熟悉商业环境和动作模式，但有时难免给人留下千篇一律的印象。如果想与众不同，或是想对某位给予你特别帮助的主考官表示感谢，手写则是最好的方式，这个前提是你的字写得要比较正规而好辨认。

小贴士

什么时间不适宜打电话询问面试结果

1. 周一上午。因为周一是新的一周的开始，往往还处于适应期，而且还有

工作上的事宜需要安排。这是很繁忙的时间，因此不适宜打扰。

2. 周五下午。周五下午一般都会安排会议，而且又要面临着周末，职员在这一天都很疲惫，所以不适合打扰。

3. 每天刚上班的第一个小时和下班前的一个小时。这个时间段内不是要忙着安排一天的工作就是没法再集中精力处理公事。

4. 休息时间。一般是指工作日的中午一小时左右的时间，其他私人时间，特别是节假日时间。这些时间打电话是很失礼的行为。

5. 用餐时间。在用餐的时间，给人打电话是不礼貌的。而且往往在这个时间打电话会找不到人，当然影响打电话的效果了。

领导如何与下属相处

与下属平等地相处

掌握好平等地与下属相处之方法，也就掌握了公司快速成长的捷径。上司是公司的领导核心，是权力的拥有者，在有些场合，出于工作需要，确实可以强调自己的身份、地位，以利于充分发挥权力的职能作用。但是，作为上司，千万不能因为自己拥有一定的权力就处处高人一等，处处以严肃的面孔出现，给人以居高临下的感觉，这样你的下属就会觉得你面目可憎，从而不愿接近你，你也就难以与下属建立融洽的上下级关系。

讲究批评的艺术

批评是让人改正错误的方式，但是批评也要讲究艺术。恰当的批评会对对方敲响警钟，改正错误。反之，则会适得其反，弄巧成拙。在工作中，员工避免不了会犯错误，因此领导要想纠正错误、批评员工一定要注意场合，最好是在没有第三者在场的情况下进行，否则，再温和的批评也有可能会刺激受批评人的自尊，因为他会觉得在同事面前丢了面子。他或许以为你是有意让他出丑，或许认为你这个人不讲情面，不讲方法，没有涵养，甚至在心里责怨你动机不善。因为批评人不注意场合，带来这么多的副作用，受批评者心生怨恨，批评人、改变人的目的就很难达到。

鼓励下属

老板是整个公司的核心，因此必须具有别人所不及的洞察力，懂得适时地鼓励你的员工，这才是一个成功老板的明智之举。如果你的下属工作勤恳，十分卖力，长期默默地为你工作，使你的公司蒸蒸日上；如果你的下属经常给你提出一些合理化建议，使你深受启发；如果你的下属具有良好的表现、给公司带来收益、为公司做出贡献，那么你作为领导，千万不要吝啬自己的腰包，要不失时机地送一个红包。这会让所有的员工都感觉到，领导的眼睛是雪亮的，认为自己的努力不会白费，多流出一滴汗水就会多一分收获。

关心下属

作为领导不仅要在工作上给予下属帮助，还要在生活上给予关心、照顾。对一些在工作上认真努力，而家庭贫困的下属，领导应当主动到家里慰问，表达自己的关心，同时给予下属适当的帮助，减轻下属的负担。这样，下属也会竭尽全力地为公司工作。

肯定下属的成绩

身为一位管理者，最重要的工作之一，就是成为一个为下属喝彩的领导人。这个意思是说，一个管理者必须是第一个注意下属优秀表现的人，并且称赞他们。在公司里，无论他们是管理人员也好，还是普通工作人员也好，都希望自己的工作能被肯定。谁也不愿意自己辛辛苦苦地干了半天，却得不到领导的一点肯定。假如一个员工老是得不到肯定的话，那么他今后肯定会失去对工作的兴趣，失去工作的主动性。领导如果了解了人的这一心态的话，可以随时给员工必要的鼓励，达到激励士气、鼓舞人心的效果。

与员工分享利益

利益与员工分享，这是市场经济条件下企业利益的可取的分配原则，是对员工劳动价值的承认，让员工共享企业的发展成果，也是现代企业管理的重要意义。关心、爱护员工，尊重、理解员工，努力营造企业的良好环境，把每个员工都当做家庭一员对待，营造家的温馨，才能形成亲和力和向心力。反之，只顾企业利益，只顾自己多获利，只愿员工拼命多干活，却不让员工分享利益，那么这样的企业的发展是不会有什么前景的。

尊崇有才干的下属

领导不可能在各方面都表现得出类拔萃，而下属在某些方面也必然会有某些过人之处。作为领导，对下属的长处应及时地给以肯定和赞扬。如接待客人时，将本单位的业务骨干介绍给客人；在一些集体活动中，有意地突出一下某位有才能的下属的地位；节日期间到为单位做出重大贡献的下属家里走访慰问等，都是尊重下属的表现。这样做，可以进一步激发下属的工作积极性，更好地发挥他们的才干。相反，如果领导嫉贤妒能，压制人才，就会造成领导和下属的关系紧张，不利于工作的顺利开展。

培养领导的人格魅力

作为领导，除了拥有权力外，还应有自己的人格魅力。如良好的形象、丰富的知识、优秀的口才、平易近人的作风等，这些都是与领导的权力没有必须联系的自然影响力，但这种自然的影响力会拉近领导与员工的距离。

==== 小贴士 ====

办公室里的六大身体礼仪

1. 进出电梯时为需要帮助的人按住电梯门。

2. 在同事需要帮助的时候伸出援助之手。

3. 在开会或同事聚集的场合，不对任何不同意见做出轻蔑的举止。

4. 与来访者握手时做到大方得体，不卑不亢。

5. 与他人交换名片，双手送出以示恭敬。

6. 不在办公室里脱鞋或者将脚伸到桌上。

‖ 下属如何拉近和领导的距离

与领导相处的好坏直接影响着一个人在公司的发展前途。因此，职场中人都为怎样与领导相处伤透脑筋。其实，与领导相处并没有那么困难，只要掌握了一定的礼仪规范，与领导相处便轻松自如。

与领导相处的礼仪

公司的领导，一般具有较高的威望、资历和能力，有很强的自尊心。作为下属，应当维护领导的威望和自尊。在领导面前，应有谦虚的态度，不能顶撞领导，特别是在公开场合，尤其应注意，即使与领导的意见相左，也应在私下与领导沟通。下属对领导在工作方面的安排，必须服从，即便有意见或不同想法，也应执行，对领导指挥中的错误可事后提出意见，或者执行中提出建议。值得注意的是，在工作中给领导提建议时，一定要考虑场合，注意维护领导的威信。要根据领导的个性特点确定具体的方法。不要急于否定原来的想法，而应先肯定领导的大部分想法，然后有理有据地阐述自己的见解。

与领导称呼的礼仪

对上级的称呼应该严肃、认真，要分清场合，称呼领导时最忌讳使用简称，如对"李处长"称其为"李处"，这是不礼貌、不尊敬的称呼。正式场合还需使用正式称呼。如果你是公司新成员，还不清楚各位领导的职务、姓名，在称呼领导前应向老同事请教，他们都会非常愿意地告诉你。

与领导握手的礼仪

与上级握手时，首先要注意的是，一定要等上级伸手后你再伸出手迎合领导。另外，与领导握手时，不要迅速将手抽出来，也不能过于用力，而要让领导掌握时间和力度。不论上级是男性还是女性，上级欲和你行握手之礼，都必须热情予以迎合。你可以用双手与上级握手，但异性之间最好不要这样。

与领导打招呼的礼仪

上下级见面时，打招呼是必要的，按照打招呼的先后顺序，下级应该先与上级打招呼。如果上级与其他人在一起，应从级别最高的人开始问候。

打招呼的目的是向对方表达一种敬意，如果态度不好会起到适得其反的作用。与领导见面时，首先应热情主动地与领导打招呼，面带微笑、热情大方，不要夸大表情或扭捏作态。其次，不要等领导先跟你打招呼，而要主动向领导问好，否则领导会觉得你很自大、目中无人。当你想与领导打招呼时，刚好赶上领导与其他人谈话。此时，你应该向他微笑点头以示敬意。

━━━ 小贴士 ━━━

不要开上司的玩笑

上司永远是上司，不要期望在工作岗位上能和他成为朋友。即便你们以前是同学或是好朋友，也不要自恃过去的交情与上司开玩笑，特别是在有别人在场的情况下，更应格外注意。

‖ 汇报工作的注意事项

向领导汇报工作情况，是下属的一项重要工作内容。在汇报工作时，若想与领导有良好的沟通，并让领导认同你的工作想法，就必须以严肃而正确的态度对待汇报工作，讲究汇报工作时的礼仪。

遵守时间是汇报工作最基本的礼仪。下级向上级汇报工作，务必准时按约定的时间到达。过早或过晚的到达都是不礼貌的行为。如果过早到达，会让领导因准备不充分而显得难堪；超过约定时间到达，则又会因让领导等候过久而失礼。因此，就算万一因为有事而不能及时赴约，也要尽可能有礼貌地及早告知领导，并以适当方式表示歉意。到领导的办公室去汇报工作，还要讲究敲门的礼仪，不能急于破门而入，而应该先轻轻地敲门，等听到招呼后再进去。即使在夏天，办公室的门是敞开着的，也不要贸然闯入，而应以适当方式让领导知道有人来了。汇报期间，应该注意自己的仪表、姿态，要站有站相，坐有坐相，做到文雅大方，彬彬有礼。

向领导汇报工作的最终目的是为了让领导领悟你汇报的内容，因此，一定要让领导听清楚你讲的每一句话。对一些次要问题可以说得稍微快些，但在重要问题上一定要慢，必要时还应重复，以便让领导记录和领会你的意思。值得注意的是，整个汇报速度也不宜太慢，因为这容易让对方精力分散，而忽略了某些细节的问题。同时，在汇报工作时，还要把握好音量。若音量太大，会缺乏交流思想的气氛，让领导感到不舒服。若音量太低，则容易被认为汇报者心理恐惧、胆怯，这样会直接影响汇报的说服力。另外，要注意汇报工作时的语言。因为如果口头汇报的语言用词不当，词序不妥，语言结构残缺甚至混乱，领导就不可能清楚明白地表达自己的观点和思想感情。因此汇报工作虽然不像书面文章那样讲究，但原则上还是要做到准确、简练。

做任何事情都要有一个时间掌控的概念。尤其是汇报工作，不宜时间太长。因为领导大都工作很忙，时间有限。所以汇报的时间要尽可能的简短，最好限定在半小时内。这样就可以多一些时间和领导沟通，领导也可以有时间提问。而且领导还会认为你是一个很懂礼貌的人。

◆━━❖ 小贴士 ❖━━◆

秘书的礼仪

秘书工作是办公室工作中一项重要的内容，因此，作为秘书应当在各个方面注意自己的礼仪。秘书在个人仪表上应做到服饰整洁，穿着适宜，既不要过分修饰，也不要不修边幅。在言谈上要注意谦虚谨慎，待人热情，处理好上下级关系。对任何人都要平等对待。在纪律方面要加强保密观念，对于接触到的各种保密文件，都要严格遵照保密规定去处理，不能随意扩大范围外传。更不能随便向外透露领导人对某文件的批复情况及领导之间传阅的东西。

┃ 与同事搞好关系

同事间的相处是一种学问。与同事相处，太远了当然不好，人家会认为你不合群、孤僻、不易交往；太近了也不好，容易让别人说闲话，而且也容易令上司误解，认定你是在搞小圈子。与同事相处得如何，直接关系到自己的工作、事业的进步与发展。因此，掌握同事之间相处的礼仪是很重要的。

1. 互相尊重

相互尊重是处理好任何一种人际关系的基础，同事关系也不例外，同事关系不同于亲友关系，它不是以亲情为纽带的社会关系，亲友之间一时的失礼，可以用亲情来弥补，而同事之间的关系是以工作为纽带的，一旦失礼，创伤难以愈合。所以，处理好同事之间的关系，最重要的是尊重对方。

2. 有好事要通报

单位里发物品、领奖金等，你先知道了，或者已经领了，不要一声不响地坐在那里，应该向大家通报一下，有些东西可以代领的，也应帮人领一下。这样几次下来，别人就会对你有了更好的印象，觉得你有共同意识和协作精神。以后他们有事先知道了，或有东西先领了，也就会告诉你。

3. 热情的帮同事传话

同事出差去了，或者临时出去一会儿，这时正好有人来找他，或者正好来电话找他，如果同事走时没告诉你，但你知道，你不妨告诉他们；如果你确实不知，那不妨问问别人，然后再告诉对方，以显示自己的热情。明明知道，而你却直通通地说不知道，一旦被人知晓，那彼此的关系就势必会受到影响。外人找同事，不管情况怎样，你都要真诚和热情，这样，即使没有起实际作用，外人也会觉得你们的同事关系很好。

4. 主动帮忙

同事的困难，通常首先会选择亲朋帮助，但作为同事，应主动问讯。对力所能及的事应尽力帮忙，这样，会增进双方之间的感情，使关系更加融洽。

5. 外出要互相告知

你有事要外出一会儿，或者请假不上班，虽然批准请假的是领导，但你最好要同办公室里的同事说一声。即使你临时出去半个小时，也要与同事打个招呼。这样，倘若领导或熟人来找，也可以让同事有个交代。互相告知，既是共同工作的需要，也是联络感情的需要，它表明双方互有的尊重与信任。

6. 接受同事的小吃

同事带点水果、瓜子、糖之类的零食到办公室，休息时分吃，这种情况下不要因为难为情而一概拒绝。人家热情分送，你却每每冷漠拒绝，时间一长，就会有理由说你清高和傲慢，觉得你难以相处。

7. 对每一个人都保持平衡

同办公室有好几个人，你对每一个人要尽量保持平衡，尽量始终处于不即不离的状态，也就是说，不要对其中某一个特别亲近或特别疏远。在平时，不要老是和同一个人说悄悄话，进进出出也不要总是和一个人。否则，你们两个也许亲近了，但疏远的可能更多。

⯈──⊷✦⊶── 小贴士 ──⊷✦⊶──⯇

不要在同事面前过多地炫耀

和同事交往的礼仪之一就是要谦虚、谨慎。日常工作中很容易发现这样的同事，他们虽然思路敏捷，口若悬河，但刚说几句就令人感到狂妄，所以别人很难与他苟同。这种人多数都是因为太爱表现自己，总想让别人知道自己很有能力，处处想显示自己的优越感，以为这样才能获得他人的敬佩和认可，其实结果只会在同事中失掉威信。因此，在同事面前应该保持谦卑的态度，不要过多地炫耀自己。

▎办公室的用语要求

语言是彼此沟通的桥梁，是表情达意最好的方式，在交际中起着不可忽视的作用。办公室是人与人交往最频繁的地方，同事之间的相处更是靠语言来沟通，因此，掌握办公室语言的礼仪非常重要。其中，高雅的语言、尊敬用语、谦虚用语是办公室内必不可少的礼仪性语言，掌握了它们不仅可以增强个人魅力，在职场中广结人缘，还可以获得更多的朋友。

在办公室内讲高雅的语言是十分必要的。它能消除彼此之间隔阂，增进彼此之间的感情。但所谓讲话要高雅，并不是要求人们咬文嚼字，而是要人们懂得文明用语，倘若在与同事交往过程中，讲话粗俗、脏话连篇，一定会遭到他人耻笑，不仅会认为你不懂得礼仪规范，没有涵养，甚至还会怀疑你的工作能力，对自身的发展是没有好处的。

也许有些人会认为，同事间使用高雅的语言会显得生疏，天天在一起工作，朝夕相处，没有必要顾虑这些小节。但这种想法大错特错了，同事之间存在着利益冲突，友谊并不像朋友间的友谊那样简单、纯洁。何况，就算是朋友间也会注意一些细节问题，更不用说是同事之间了。

敬语，也就是恭敬、礼貌性言语。它是社交场合不可缺少的沟通方式。敬语一般使用在比较正规的社交场合或公共场所。与长辈或身份、地位比自己高的人交谈时需要使用敬语。与陌生人打交道或与不太熟识的人相处要使用敬语。同事间使用敬语也非常重要，它不仅可以表现出你的文化修养，还可以体现出你对对方的尊重。

谦语与敬语一样，也是一种礼貌性语言，而谦语大多是自称。在日常生活中这种称呼虽然不多，但是这是社交过程中不可或缺的一部分。在办公室内虽然没有必要这般谦卑，但适当地使用一些谦语会提升你的形象，给同事留下一个谦虚、诚恳的印象，从而赢得办公室的好人缘。

小贴士

敬语包括哪些内容

在使用敬语过程中，"您"、"请"、"先生"、"尊夫人"、"令堂"等这些词语不能少，与人初次见面时应称"久仰"；打扰对方称"抱歉"；向别人询问称"请教"；请求他人原谅称"包涵"；请求他人帮助称"拜托"；很长时间没有见面称"久违"；征求他人意见称"高见"等。

‖ 办公室里忌讳的事情

在漫长的职业生涯中，不得不与形形色色的人打交道，若想有一个和睦的工作环境，和同事愉快地相处，就要了解办公室里忌讳的事情，懂得和同事相处的礼仪。

1. 不在办公室里打私人的电话

很多人有占小便宜的心理，常常在工作时间利用公司的电话给亲朋好友打长途。这样做不仅占用了工作的时间，影响工作效率，浪费了公司的资源，还大大影响了其他同事对你的印象。也许还会传到老板的耳朵里，万一因为这小小的原因而丢了工作，这样就得不偿失了。

2. 不在办公期间化妆、打扮

有些女同事在办公期间非常注重自己的形象。经常拿起化妆盒补妆。这样做不仅没有维护好自己的形象，反而让别人产生不好的印象。认为你只知道注重打扮，而不用心工作。

3. 掌握与同事谈话的分寸

在办公室里，同事每天见面的时间最长，谈话可能涉及工作以外的各种事情，"讲错话"常常会给你带来不必要的麻烦。同事与同事间的谈话，如何掌握分寸就成了人际沟通中不可忽视的一环。

4. 不要在办公室里辩论

有些人喜欢争论，一定要胜过别人才肯罢休。假如你实在爱好并擅长辩论，那么建议你最好把此项才华留在办公室外去发挥，否则，即使你在口头上胜过对方，但其实是你损害了他的尊严，对方可能从此记恨在心，说不定有一天他就会用某种方式报复你。

5.不做办公室里的"包打听"

包打听，就是在别人背后说的话，只要人多的地方，就会有闲言碎语。有时，你可能不小心成为"放话"的人；有时，你也可以是别人"攻击"的对象。这些耳语，比如领导喜欢谁，谁最吃得开，谁又有绯闻等等，就像噪音一样，影响人的工作情绪。聪明的你，要懂得该说的就勇敢地说，不该说就绝对不要乱说。

6.不做讲大话的吹嘘者

有些人喜欢与人共享快乐，但涉及你工作上的信息，譬如，即将争取到一位重要的客户，老板暗地里给你发了奖金等，最好不要拿出来向别人炫耀。只怕你在得意忘形中，忘了某些人眼睛已经发红。

小贴士

不向同事倾吐苦水

有许多爱说话、性子直的人，喜欢向同事倾吐苦水。虽然这样的交谈富有人情味，能使你们之间变得友善，但是研究调查指出，只有不到1%的人能够严守秘密。所以，当你的个人危机发生时，你最好不要到处诉苦，不要把同事的"友善"和"友谊"混为一谈，以免成为办公室的注目焦点，也容易给老板造成问题员工的印象。

‖ 办公室用餐须知

有些单位没有统一的食堂，因此通常要把饭菜买回来在办公室里吃。与同事一起用餐是一件令人愉快的事情，大家在一起有说有笑。但是公司毕竟是工作的地方，无论是上班时间还是休息时间都要注意自己的形象。因此，在办公室里用餐也要讲究相应的礼仪。

在办公室用餐时，不要将有强烈味道的食品带到办公室。即使你喜欢，也会有人不习惯的。这种强烈气味不仅会弥散在办公室里，而且还会损害办公环境和公司形象。也不要食用那种弄得乱溅以及吃的声音很响的食物，以免影响他人。

用餐时最好事先准备好餐巾纸，如果吃饭时嘴上不小心沾满了油腻，应该用餐巾纸及时擦拭，而不要用手擦拭。如果嘴里含有食物时，不要贸然和同事讲话，如果在说话时不小心将食物喷出，就有失大雅了。同样也要记住，在他人嘴里含食物时，最好等他咽完再对他讲话。如果食物掉在地上，要马上捡起来扔掉。

值得注意的是，在办公室吃饭的时间，不要拖延得太长。他人可能按时进入工作，也可能有性急的客人来访，如果发现还有没吃完饭的人，双方都会有点不好意思。

吃完饭后必须做的事情，就是将桌面和地面打扫一下。一次性餐具最好立刻扔掉，不要长时间摆在桌子或茶几上。如果突然有事情耽搁，也记得礼貌地请同事代劳。容易被忽略的是饮料罐，只要是开了口的，长时间摆在桌上总是有损办公室雅观。如果不想马上扔掉，或者想等会儿再喝，应把它藏在不被人注意的地方。

小贴士

用筷十忌

第一忌：忌迷筷，举筷不定。

第二忌：忌翻筷，从碗底拣食。

第三忌：忌刺筷，以筷当叉使。

第四忌：忌拉筷，持筷撕口中正咀嚼的鱼肉。

第五忌：忌泪筷，夹食带汤，滴答乱流。

第六忌：忌吸筷，将筷子放入口中吮吸。

第七忌：忌别筷，把筷子当牙签。

第八忌：忌供筷，把筷子竖直插入碗中。

第九忌：忌敲筷，以筷击碗或桌子。

第十忌：忌指筷，持筷指人说话。

第六章

合理合"礼"，活动顺利
——商务活动中的礼仪

在商务活动中，礼仪是人们交流感情、建立友谊和开展各种活动的桥梁和纽带，得体的举止在很大程度上直接影响到活动的成败。因此，商务人员若能懂得并能够得体地使用商务礼仪，将会给事业的成功带来理想的效果。

‖ 开业典礼仪式

开业仪式，也称开业典礼，是指在公司开业、项目完工、某一建筑物正式动工，或是某项工程正式开始，为了表示庆祝，而按照相应的程序所举行的一项专门的仪式。开业仪式一直非常受商界人士的青睐，主要是因为通过它可以因势利导，对于商家自身事业的发展帮助很大。它既有助于扩大本公司的社会影响力，吸引社会各界的重视与关心，还能塑造出本公司的良好形象，提高自己的知名度与声誉度，从而为自己的事业创造出一个新的起点。

开业仪式的筹备原则

开业仪式的筹备很重要，是整个仪式最为关键的一环，应遵循删繁就简，但却不失热烈、隆重的原则。在举办开业仪式以及为其进行筹备工作的整个过程中，在经费的支出方面要节制、俭省，量力而行，反对铺张浪费，不该花的钱千万不要乱花。另外，主办单位在筹备开业仪式时，既要遵行礼仪惯例，又要具体情况具体分析，认真策划，注重细节，分工负责，一丝不苟。力求周密、细致，严防临场出错。而且要想方设法在开业仪式的进行过程中营造出一种欢快、喜庆、隆重但又令人激动的氛围，而不应令其过于沉闷、乏味。

开业仪式的舆论宣传

举办开业仪式的主旨在于塑造本单位的良好形象，因此要对其进行必不可少的舆论宣传，以吸引社会各界人士对自己的注意，争取社会公众对自己的认可或接受。为此一定要选择有效的大众传播媒介，进行集中性的广告宣传。宣传的内容上应包括：开业仪式举行的具体时间、地点、开业之际对顾客的优惠、经营特色等。另外，进行舆论宣传还可以邀请有关的大众传播界人士在开业仪式举行之际进行现场采访、现场报道等活动，以便对本单位进行进一步的正面宣传。

邀约来宾的礼仪

开业仪式影响的大小，实际上大部分取决于来宾的身份高低以及数量的多少。因此，要在力所能及的条件下，争取多邀请一些来宾参加开业仪式。邀请时应优先考虑的重点有：地方领导、上级主管部门与地方职能管理部门的领导、合作单位与同行单位的领导、社会团体的负责人、社会贤达、媒体人员等富有影响力和号召力的人员。为了慎重起见，用以邀请来宾的请柬应认真书写，并应装入精美的信封，由专人提前送达对方手中，这样，既显示了对对方的尊重，又便于对方早做安排。

开业仪式的现场布置

开业仪式多在开业现场举行，因此，开业的场地可以是正门之外的广场，也可以是正门之内的大厅。按照惯例，举行开业仪式时宾主都要站立，所以一般不用布置主席台或座椅。但如果为了显示现场的隆重与主人的敬客，可在来宾特别是贵宾站立之处铺设红色地毯，并在场地四周悬挂标语、横幅、彩带、气球等。另外，还应当在显眼的地方摆放来宾赠送的花篮、牌匾。本单位的宣传材料、来宾的签到簿、待客的饮料等，也要提前准备好。对于音响、照明设备以及开业仪式举行时所需使用的用具、设备，必须事先认真进行检查、调试，以防其在使用时出现差错。

开业仪式的服务礼仪

在举行开业仪式的现场，一定要有专人负责来宾的接待服务工作。除了要求本单位的全体员工在来宾的面前，要以主人翁的身份热情待客，主动协助之外，更重要的是分工负责，各尽所能，做好工作。在接待贵宾时，本单位主要负责人需要亲自出面。在接待其他来宾时，则可由本单位的礼仪小姐负责。若来宾较多，则须事先准备好专用的停车场、休息室，并提前为来宾准备饮食，力求为来宾提供最佳的服务。另外，举行开业仪式时馈赠来宾

的礼品，一般具有很强的宣传性，所以若能选择得当，一定会产生很好的效果。作为馈赠来宾的礼品，应当与众不同，具有本单位的鲜明特色和独特性，使人有一目了然之感，并且可以令人过目不忘。可选用本单位的产品，也可在礼品及其外包装上印上本单位的企业标志、产品图案、广告用语、开业日期等。使礼物具有一定的纪念意义，使拥有者对其珍惜、重视。

开业仪式的总体程序

从总体上来看，开业仪式大都由开始、过程、结束三大基本程序所构成。

1.开场

开场时要奏乐，邀请来宾就位，随后，宣布仪式正式开始，并介绍主要来宾。

2.过程

开业仪式的过程通常包括本单位负责人讲话、来宾代表致辞、启动某项开业标志等。它是开业仪式的核心内容。

3.结束

结尾包括开业仪式结束后，宾主一起进行现场座谈、参观、联欢等。这些都是开业仪式必不可少的程序。

不同开业仪式运作的礼仪

1.开幕仪式

开幕仪式是开业仪式中最常见的形式之一。当仪式宣布正式开始时，要全体肃立，介绍来宾。然后邀请专人进行揭幕或剪彩。礼仪小姐要用双手将开启彩幕的彩索递交给对方。揭幕者要目视彩幕，双手拉启彩索，使彩幕展开。此时，全场要目视彩幕，鼓掌并奏乐。之后，主人要致答谢辞，并由来宾代表发言祝贺。礼毕，主人要陪同来宾进行参观，并开始正式接待顾客或观众。

2.开工仪式

开工仪式是指工厂准备正式开始生产产品或矿山准备正式开采矿石时，

所专门举行的庆祝性、纪念性的活动。当开工仪式宣布正式开始时，要全体起立，由主持人介绍各位到场来宾，并奏乐。在司仪的引导下，由主要负责人陪同来宾行至开工现场，然后请代表来到机器开关或电闸旁，对其躬身施礼，并动手启动机器或合上电闸。此时，全体人员应鼓掌致贺，并奏乐。之后，全体职上岗进行操作，并且全体来宾在主人的带领下参观生产现场。

3. 奠基仪式

奠基仪式是指一些重要的建筑物，在动工修建之初，所举行的正式庆贺性活动。由主人宣布仪式正式开始，介绍到场来宾，此时要全体起立，奏国歌。之后，主人要对该建筑物的功能以及规划设计进行简要介绍，来宾致辞道喜。在正式开始进行奠基时，应锣鼓喧天，演奏喜庆的乐曲。并由奠基人双手持系有红绸的新铁锹为奠基石培土。随后，再由主人与其他嘉宾依次为之培土，直至将其埋没为止。

4. 竣工仪式

竣工仪式是指本单位所属的某一建筑物或某项设施建设，以及某种意义重大的产品生产成功之后所专门举行的庆贺性活动。当竣工仪式宣布开始时，由主持人介绍来宾，全体起立，奏国歌，并演奏本单位标志性的歌曲。然后由本单位的负责人发言，发言结束后，进行揭幕或剪彩，全体人员向刚刚竣工的建筑物恭敬的行注目礼。礼毕，来宾致辞，致辞后负责人安排其进行参观。

━━━◆❀❀❀ 小贴士 ❀❀❀◆━━━

开业邀请函范文

×××同志：

兹定于××年×月×日×时，在×××召开×××会，敬请您届时光临。现将有关事项通知如下：

一、会议内容为×××。

二、会议的费用×××。

三、接到通知后，请即向大会筹备组寄回代表登记表。

四、报到时间：××年×月×日。

五、报到地点：×××。

六、代表登记表请寄到×××。

×××筹备组(公章)

××年×月×日

商务庆典仪式

商务庆典仪式是指围绕重大、特殊事件或重要节日而举行的既隆重又热烈的纪念庆祝活动。这些庆祝仪式，都要求务实而不务虚。因而，商务人员在筹备与运作的具体过程中，应当遵循有关的商务礼仪与惯例。既能由此而增强本单位全体员工的凝聚力与荣誉感，又能使社会各界人士对本单位重新认识、刮目相看。就其内容而言，在商界举行的庆祝仪式大致分为：周年庆典、业绩庆典、荣誉庆典、发展庆典四类。

组织庆典的礼仪

1.确定出席人员名单

确定出席人员的名单是商务典礼中非常重要的一环，所以应当始终以庆典的宗旨为指导思想，精心准备庆典出席人员的名单。一般来说，庆典的出席人员通常应包括：上级领导、大众传媒记者、社会名流、合作伙伴、社会实体负责人、单位员工。

2.庆典仪式的现场布置

举行庆祝仪式的现场，是庆典活动的中心地点。对它的安排、布置是否恰如其分，往往会直接关系到庆典留给人们的印象好坏。因此，在选择具体地点时，应结合庆典的规模、影响力以及本单位的具体情况来决定。不过在室外举行庆典时要慎重，切勿因地点选择不慎，从而制造噪声、妨碍交通或治安，顾此失彼。

另外，在反对铺张浪费的同时，应当量力而行，致力于美化举行庆典现场的环境。为了烘托出热烈、隆重、喜庆的气氛，可在现场悬挂彩灯、彩带，张贴一些宣传标语，并且张挂标明庆典具体内容的大型横幅。同时，在举行庆典之前，要把音响准备好。并认真检查，避免在现场出错。在庆典举行前后，要播放一些喜庆、欢快的乐曲。但是对于播放的乐曲，应先期进行检查。切勿届时让工作人员自由选择，或播些凄惨、哀怨的乐曲，大大破坏现场的气氛。

3. 接待来宾

与一般商务交往中来宾的接待相比，对出席庆祝仪式的来宾的接待，更应突出礼仪性的特点。不但应当热心细致地照顾好全体来宾，而且还应当通过主办方的接待工作，使来宾感受到主人的真情厚意，并且想方设法使每位来宾都能心情舒畅。

最好的办法，是庆典一经决定举行，即成立对此全权负责的筹备组。在庆典的筹备组内，应根据具体的需要，下设若干专项小组，各管一段。其中负责礼宾工作的接待小组，大都不可缺少。庆典的接待小组，原则上应由年轻、精干、身材与形象较好、口头表达能力和应变能力较强的男女青年组成。接待小组成员的具体工作包括：来宾的迎送、来宾的引导、来宾的陪同、来宾的接待。主要的具体工作是负责到场来宾的迎接、引导和送别。为来宾送饮料、上点心以及提供其他方面的照顾。对于某些年事已高或非常重要的来宾，始终陪同，以便关心与照顾。

4. 庆典的具体程序

（1）介绍来宾；

（2）宣布庆典正式开始；

（3）由本单位主要的负责人致辞；

（4）嘉宾讲话；

（5）安排文艺演出；

（6）来宾参观。

出席庆典的礼仪

1.注重仪容仪表

在举行庆祝仪式之前，主办单位应对本单位的全体员工进行必要的礼仪宣传。对于本单位出席庆典的人员，还须规定好有关的注意事项，并要求大家在临场时务必严格遵守。所有出席本单位庆典的人员，事先都要做好个人的清洁工作，整理好个人的形象。若有统一式样制服的单位，应要求以制服作为本单位人士的庆典着装。无制服的单位，应规定届时出席庆典的本单位人员必须穿着礼仪性服装。

2.遵守仪式的时间

遵守时间是基本的商务礼仪之一。对本单位庆典的出席者而言，更不得小看这一问题。无论是本单位的最高负责人，还是级别最低的员工，都不得迟到或无故缺席，更不能中途退席。如果庆典的起止时间已有规定，则应当准时开始，准时结束。从而证明本单位的信誉度。

3.保持会场的秩序

在庆典举行期间，不允许嬉闹，或是无精打采，这样会破坏单位的整体形象，使来宾产生很不好的想法。在举行庆典的整个过程中，都要表情庄重、聚精会神。假若庆典之中安排了升国旗、奏国歌、唱本单位之歌的程序，一定要依礼行事：起立、脱帽、立正，面向国旗或主席台行注目礼，并且态度认真、表情庄严肃穆地和大家一起唱国歌、唱本单位之歌。

4.主方人员的礼仪

当来宾在庆典上发表贺词时，或是随后进行参观时，要主动鼓掌表示欢迎。即使个别来宾在庆典中表现得对主人不够友好，或说了几句不中听的话时，主方人员也应当保持礼貌，不要有过激的行为。不允许打断来宾的讲话，向其提出挑衅性质疑，或是对其进行人身攻击。

5. 发言人的礼仪

倘若商务人员有幸在本单位的庆典中发言，走向讲坛时，应不慌不忙，在开口讲话前，应平心静气。在发言开始，不要忘说一句"大家好"或"各位好"。在提及感谢对象时，应目视对方。在表示感谢时，应郑重地欠身施礼。对于大家的鼓掌，要以自己的掌声来回礼。在讲话结束时，应当向大家道谢。

6. 外单位人员应当遵守的礼仪

外单位的人员在参加庆典时，同样有必要遵守礼仪，以自己良好的临场表现，来表达对主人的敬意与对庆典本身的重视。倘若在此时此刻表现失礼，对主人是一种伤害。另外，当外单位的人员在参加庆典时，若是以单位而不是以个人名义来参加的话，则要特别注意自己的临场表现，不可举止粗俗或放纵不羁。

━━━❖ 小贴士 ❖━━━

商务庆典仪式的程序

依照常规，一次庆典大致上应包括下述几项程序：

预备：请来宾就座，出席者安静，介绍嘉宾。

第一项，宣布庆典正式开始，全体起立，奏国歌，唱本单位之歌。

第二项，本单位主要负责人致辞。其内容是，对来宾表示感谢，介绍此次庆典的缘由，等等，其重点应是报捷以及庆典的可"庆"之处。

第三项，邀请嘉宾讲话，大体上讲，出席此次的上级主要领导、协作单位及社区关系单位，均应有代表讲话或致贺词。不过应当提前约定好，不要当场当众推来推去。对外来的贺电、贺信等等，可不必一一宣读，但对其署名单位或个人应当公布。在进行公布时，可依照其"先来后到"为序，或是按照其具体名称的汉字笔画的多少进行排列。

　　第四项，安排文艺演出。这项程序可有可无，如果准备安排，应当慎选内容，注意不要有悖于庆典的主旨。

　　第五项，邀请来宾进行参观。如有可能，可安排来宾参观本单位的有关展览或车间等等。当然，此项程序有时亦可省略。

‖ 交接仪式

　　交接仪式，就是指在商务往来中用以庆贺商务伙伴之间合作成功而举行的，是一种热烈而隆重的活动形式。举行交接仪式有着重要的意义，它既是商务伙伴们对于所进行过的成功合作的庆祝，并对给予过自己支持、帮助和理解的社会各界的答谢，又是接收单位与施工、安装单位巧妙地利用时机，为双方各自提高知名度和美誉度而进行的一种公共宣传活动。

交接仪式准备的礼仪

1. 邀约来宾的礼仪

　　来宾的邀约，一般应由交接仪式的施工、安装单位一方负责。在具体拟定来宾名单时，施工、安装单位也应主动征求接收单位的意见。但合作伙伴对于施工、安装单位所草拟的名单不要过于挑剔，不过可以根据自己的实际情况提出一些合理化的意见。在通常情况下，参加交接仪式的来宾人数应越多越好。如果来宾太少，会场的气氛会显得过于冷清。但是，值得注意的是，确定参加者的总人数时，应该考虑到场地的条件和本身的接待能力。

　　当邀请上级主管部门、当地政府、行业组织的有关人员参加仪式时，切记不要勉强对方，以努力争取为原则，并持着诚恳的态度。因为利用举行交接仪式这一机会，可以使施工、安装单位、接收单位，与上级主管部门、当地政府、行业组织进行多方接触，这样既可以宣传自己的工作成绩，又有助于有关各方之间进一步地相互理解和相互沟通，从而为自己创造更多的机会。

2. 交接仪式的现场布置

应视交接仪式的重要程度，对举行交接仪式的现场进行布置。举行仪式的主要因素由全体出席者的具体人数、交接仪式的具体程序与内容以及是否要求对其进行保密等几方面而定。根据举行交接仪式的规则，一般可将交接仪式的举行地点安排在已经建设、安装完成并已验收合格的工程项目或大型设备所在地的现场。有时，也可根据具体的情况，安排在东道主单位本部的会议厅或者由施工、安装单位与接收单位双方共同认可的其他场所。

3. 交接仪式的物品准备

在交接仪式上，应由东道主提前准备需要使用的物品，其中作为交接象征之物的物品包括：验收文件、一览表、钥匙。另外，主办交接仪式的单位，要为交接仪式的现场准备一些用以烘托喜庆气氛的物品，在举行交接仪式的现场四周，尤其是在正门入口处、干道两侧、交接物四周，可悬挂一定数量的彩带、彩旗、彩球，并放置一些色泽艳丽、花朵硕大的盆花，不仅烘托了气氛，也美化了环境。在仪式上赠送礼品是必不可少的，其中礼品应突出其纪念性、宣传性。

通常，来宾都会赠送一些祝贺性花篮，若这些花篮较多，可依照约定俗成的顺序，将其呈一列摆放在主席台正前方，或是分成两行摆放在现场入口处门外的两侧。但若来宾所赠的花篮甚少，就不用这样做。

交接程序的礼仪

交接仪式的程序，具体是指交接仪式进行的各个步骤。不同内容的交接仪式，其具体程序往往各有不同。主办单位在拟定交接仪式的具体程序时，必须遵守惯例执行原则和实事求是的原则。

交接的基本程序包括：

（1）宣布交接仪式开始。在宣布交接仪式开始之前，主持人应邀请有

关各方人士在主席台上就座，宣布交接仪式正式开始后，全体应进行较长时间的鼓掌。

（2）奏国歌。全体人员必须肃立，奏国歌，并演奏东道主单位的标志性歌曲。

（3）进行交接。由施工、安装单位的代表，将有关的工程项目、文件及象征物品正式递交给接收单位的代表。此时，双方应面带微笑，双手递交、接受有关物品，之后，应该热烈地握手。

（4）代表发言。这些发言，一般均为礼节性的，原则上讲，每个人的发言时间应以三分钟为准。

（5）仪式结束。此时，全体人员应再次进行较长时间的鼓掌。

参加交接仪式的礼仪

在交接仪式中，不论是东道主，还是到场来宾，都存在一个表现是否得体的问题。如果有人在仪式上表现失当，不仅会使交接仪式黯然失色，还会影响到有关各方的相互关系。

1. 东道主的礼仪

（1）仪容仪表。东道主一方参加交接仪式的人员，代表本单位的形象。所以要求其妆饰规范、服饰得体、举止大方有礼。在交接仪式举行期间，不允许东道主一方的人员交头接耳，或嬉笑、打闹。

（2）待人友好。东道主一方的全体人员都应当自觉地树立起主人翁意识。一旦来宾提出问题或有需求时，都要全力相助。即使自己力不能及，也要向对方说明原因，并且及时向有关方面进行反映，使相关问题得以解决。

2. 来宾的礼仪

（1）准时到场。若无特殊原因，接到邀请后，应正点抵达，为主人捧场。若不能出席，则应尽早通知东道主，以防在仪式举行时来宾甚少，使气氛冷淡。

（2）致以祝贺。接到正式邀请后，被邀请者即应尽早以单位或个人的名义发出贺电或贺信，向东道主表示热烈祝贺。有时，被邀请者在出席交接仪式时，将贺电或贺信面交东道主，也是可行的。不仅如此，被邀请者在参加仪式时，还须郑重其事地与东道主一方的主要负责人分别握手，并口头道贺。

（3）预备贺词。如果来宾与东道主关系密切，还须提前预备一份书面贺词。贺词的内容应当简明扼要，主要是为了向东道主一方道喜祝贺。

（4）准备贺礼。为表示祝贺之意，可向东道主一方赠送一些贺礼，如花篮、牌匾、贺幛等。

小贴士

交接仪式的注意事项

在参加交接仪式时，不论是东道主一方还是来宾一方，都存在一个表现是否得体的问题。

1. 仪表整洁。东道主一方参加交接仪式的人员，必须要求他妆容规范、服饰得体、举止大方。

2. 保持风度。在交接仪式举行期间，不允许东道主一方的人员东游西逛、交头接耳、打打闹闹。在为发言者鼓掌时，不允许厚此薄彼。

3. 热情友好。不管自己是否专门负责接待、陪同或解说工作，东道主一方的全体人员都应当自觉地树立起主人翁意识。一旦来宾提出问题需要帮助时，都要鼎力相助。不允许一问三不知、借故推脱、拒绝帮忙，甚至胡言乱语、大说风凉话。即使自己力不能及，也要向对方说明原因，并且及时向有关方面进行反映。

签约仪式

在商务交往中，签约极受商界人士的重视。它不但可以促使有关各方的相互关系取得更大的进展，还可以消除彼此之间的误会或抵触，从而达成一致性见解的。因为在具体签署合同之际，往往会依照惯例举行一系列的程式化的活动，这就是所谓的签约仪式。签约仪式的具体操作过程包括草拟阶段与签署阶段两大部分。

草拟合同的礼仪

从格式上讲，合同的写作有相应的规范。它的首要要求是目的明确、内容具体、用词标准、数据精确、项目完整、书面整洁等。从具体的写法上来讲，合同大体上有条款式与表格式两类。条款式合同是指以条款形式出现的合同；表格式合同是指以表格形式出现的合同。条款式合同与表格式合同，在写法上都有各自的具体规范，因此，在实践中应当严格遵守。

在草拟合同时，除了在格式上要标准、规范之外，同时还必须遵守以下四个方面的原则：遵守法律的原则、符合惯例的原则、合乎常识的原则、顾及对方的原则。因此，商务人员在草拟合同的具体条款时，既要优先考虑自己的切身利益，又要替他方多多着想，并且尽可能照顾他方的利益。这是促使合同被对方所接受的最佳途径。

签署合同的礼仪

一般地讲，合同的成立生效，需要履行一定的手续。依照我国的有关法律规定，当事人就合同条款的书面形式达成协议，并且签字，即为合同成立。仪式礼仪规定，为了使有关各方重视合同、遵守合同，在签署合同时，应举行郑重其事的签字仪式。此即所谓签约。

1. 签署合同的准备礼仪

（1）布置签字厅。一间标准的签字厅，应当室内铺满地毯，除了必要的签字用桌椅外，其他陈设都不需要。正规的签字桌应为长桌，其上最好铺设深绿色的呢绒。在签字桌上，应事先安放好待签的合同文本、签字笔及吸墨器等。按照仪式礼仪的规范，签字桌应当横放于室内。签字人在就座时，一般应面对正门。

（2）签字的座次。签字时各方代表的座次，应由主方代为先期排定。合乎礼仪的做法是：在签署双边性合同时，应请客方签字人在签字桌右侧就座，主方签字人则应同时就座于签字桌左侧。双方各自的助签人，应分别站立在各自一方签字人的外侧，以便随时对签字人提供帮助。双方的随员，可以按照一定的顺序在己方签字人的正对面就座。也可以依照职位的高低，依次自左至右(客方）或是自右至左(主方)地排列成一行，站立于己方签字人的身后。当一行站不完时，可以按照以上顺序并遵照"前高后低"的惯例排成两行、三行或四行，原则上，双方随员人数，应大体上相近。

（3）预备合同文本。在正式签署合同之前，应由举行签字仪式的主方负责准备待签合同的正式文本，这是商界的习惯。在决定正式签署合同时，就应当拟定合同的最终文本。它应当是正式的不再进行任何更改的标准文本。按常规，应为在合同上正式签字的有关各方，均提供一份待签的合同文本。必要时，还可再向各方提供一份副本。待签的合同文本，应以精美的白纸精制而成，按大八开的规格装订成册，并以高档质料，如真皮、金属、软木等作为其封面。

2. 签署合同程序的礼仪

签字仪式的程序一共分为以下四项：

（1）仪式的开始。仪式开始之后，有关各方人员进入签字厅，坐在既定的位次上。

（2）正式签署合同文本。首先签署己方保存的合同文本，然后再签署他方保存的合同文本。要求每个签字人在由己方保留的合同文本上签字时，按惯例应当名列首位。所以，每个签字人都要首先签署己方保存的合同文本，然后再交由他方签字人签字。

（3）交换各方正式签署的合同文本。在签字人正式交换有关各方正式签署的合同文本时，各方签字人应热烈握手，互致祝贺，并相互交换各自一方刚才使用过的签字笔，以作纪念。全场人员鼓掌，表示祝贺。

（4）互相道贺。交换已签的合同文本后，按照国际上通行的用以增添喜庆色彩的做法，有关人员，尤其是签字人要当场干上一杯香槟酒。并且，在商务合同正式签署后，应提交有关方面进行公证，此后才正式生效。

小贴士

签字人员的服饰礼仪

按照签字仪式的礼仪规定，签字人、助签人以及随员，在出席签字仪式时，应当穿着具有礼服性质的深色西装套装、中山装套装，并且要搭配白色衬衫与深色皮鞋。男士还必须配上单色领带，以示正规。在签字仪式上露面的礼仪人员、接待人员，可以穿自己的工作制服，或是旗袍一类的礼仪性服装。

‖ 剪彩仪式

剪彩仪式，严格地讲，指的是商界的有关单位，为了庆贺公司的设立、企业的开工、宾馆的落成、商店的开张、银行的开业、大型建筑物的启用、道路或航线的开通、展销会或展览会的开幕等等，而隆重举行的一项礼仪性程序。因其主要活动内容，是邀请专人使用剪刀剪断被称之为"彩"的红色缎带，故此被人们称为剪彩。剪彩仪式上有众多的惯例、规则必须遵守，其具体的程序也有一定的要求。剪彩的礼仪，就是此项仪式要遵循的基本规范。

剪彩准备的礼仪

1. 新剪刀

新剪刀是专供剪彩者在剪彩仪式上正式剪彩时所使用的。它必须是每位现场剪彩者人手一把，而且必须是崭新、锋利的和顺手的。剪彩之前，一定要逐个把剪刀检查一下，看看是不是好用。务必要确保剪彩者在正式剪彩时，可以一举成功，要避免出现一再补剪的情况。

2. 红缎带

红色缎带，即剪彩仪式之中的"彩"，是由一整匹未曾使用过的红色绸缎，在中间结成数朵花团而组成。一般来说，红色缎带上所结的花团，不仅要生动、硕大、醒目，而且其具体数目往往还与现场剪彩者的人数直接相关。

3. 手套

白色薄纱手套是专为剪彩者所准备的。在正式的剪彩仪式上，剪彩者剪彩时最好每人戴上一副白色薄纱手套，以示郑重其事。在准备白色薄纱手套时，除了要确保其数量充足之外，还须使之大小适度、崭新平整、洁白无瑕。

4. 托盘

托盘要求托在礼仪小姐手中，用作盛放红色缎带、剪刀、白色薄纱手套等。在剪彩仪式上所使用的托盘，最好是崭新的、洁净的。它通常首选银色的不锈钢制品。在剪彩时，可以两只托盘依次向各位剪彩者提供剪刀与手套，并同时盛放红色缎带。

5. 红色地毯

在剪彩现场铺设红色地毯，主要是为了营造一种喜庆的气氛。红色地毯，主要用于铺设在剪彩者正式剪彩时的站立之处。红色地毯的长度可视剪彩的人数而定，宽度不应在一米以下。

剪彩人员的礼仪

1. 剪彩者

依照惯例，在剪彩仪式上担任剪彩者，可以是一个人，也可以是几个人，但是一般不应多于五人。通常，剪彩者多由上级领导、合作伙伴、社会名流、员工代表或客户代表等来担任。在一般情况下，确定剪彩者时，必须尊重对方的个人意见，切勿勉强对方。需要由数人同时担任剪彩者时，应分别告知每位剪彩者。必要时，可在剪彩仪式举行前，将剪彩者集中在一起，并告之有关的注意事项，允许的话可做相应的排练。按照常规，剪彩者应着套装、套裙或制服，将头发梳理整齐。不允许戴帽子或者戴墨镜，也不允许穿着便装。

值得注意的是，若剪彩者仅为一人，则其剪彩时居中而立即可。若剪彩者不止一人时，则应同时上场，剪彩时位次的高低也必须予以重视。

2. 助剪者

在剪彩者剪彩的一系列过程中，从旁为其提供帮助的礼仪小姐称为助剪者。一般而言，助剪者多由东道主一方的女职员担任。礼仪小姐的基本条件是相貌较好、气质高雅、善于交际；化淡妆、盘起头发，除戒指、耳环或耳钉外，不佩戴其他任何首饰。

迎宾者主要是在活动现场负责迎来送往；引导者主要是在进行剪彩时负责带领剪彩者登台或退场；拉彩者主要是在剪彩时展开、拉直红色缎带；捧花者主要是在剪彩时手托花团；托盘者主要是为剪彩者提供剪刀、手套等剪彩用品；服务者主要是为来宾尤其是剪彩者提供饮料、安排休息之处等。

剪彩程序的礼仪

助剪登台。当主持人宣告进行剪彩之后，礼仪小姐即应先登台。在上场时，礼仪小姐应排成一行行进。从两侧同时登台或从右侧登台均可。登台之后，拉彩者与捧花者应当站成一行，拉彩者处于两端拉直红色缎带，捧花者各自双手手捧一朵花团。托盘者须站立在拉彩者与捧花者身后，并且自成一行。

剪彩者登台。在剪彩者登台时，引导者应在其左前方进行引导，使剪彩者各就各位。剪彩者登台时，宜从右侧出场。当剪彩者均已到达既定位置后，托盘者应前行一步，到达前者的右后侧，以便为其递上剪刀、手套。

进行剪彩。在正式剪彩前，剪彩者应首先向拉彩者、捧花者示意，待其有所准备后，集中精力，右手持剪刀，表情庄重地将红色缎带一刀剪断。若多名剪彩者同时剪彩时，其他剪彩者应注意主剪者动作，要与其动作协调一致，力争大家同时将红色缎带剪断。

礼貌退场。不管是剪彩者还是助剪者在上下场时，都要注意井然有序、步履稳健、神态自然。在剪彩过程中，更是要表现得不卑不亢、落落大方。

小贴士

剪彩的来历

剪彩最早起源于美国。1912年，美国一家大百货商店将要开业，老板为了讨个吉利，一大早就把店门打开，并在门前横系一条布带，以引人注目。可是，在离开店前不久，老板的10岁的小女儿牵着一条小哈巴狗从店里窜出来，无意中碰断了这条布带。顿时，在门外久等的顾客，鱼贯而入，争相购买货物。不久，老板又开一家新店，他又让其女儿有意把布带碰断。果然又财源广进。于是，人们认为小女儿碰断布带的做法是一个好兆头，群起仿效，用彩带代替布带，用剪刀剪断彩带来代替小孩碰断布带，沿袭下来，就成了今天盛行的"剪彩"仪式。

‖ 展览会的准备工作

展览会主要是为了推销本单位的产品、技术或专利，而组织的宣传性聚会。展览会在商务交往中具有很强的说服力和感染力，不仅可以打动观众，为主办单位广交朋友，而且还可以借助各种传播形式，达到更好的广告效应，从而提高知名度。正因为如此，几乎所有的商界单位都对展览会倍加重视。

组织展览会的礼仪

1. 确定参展单位

按照商务礼仪的要求，主办单位事先应以适当的方式，向参展的单位发出正式的邀请。邀请参展单位的主要方式有：寄发邀请函、刊登广告、召开新闻发布会等。对于报名参展的单位，主办单位应根据展览会的主题与具体条件进行必要的审核。当参展单位的正式名单确定之后，主办单位应及时地以专函进行通知，使被批准的参展单位尽早有所准备。

2. 展览内容宣传

宣传展览会的主要方式有：

（1）公开刊发广告。

（2）张贴有关展览会的宣传画。

（3）举办新闻发布会。

（4）邀请传媒界人士到场进行参观采访。

（5）散发宣传性材料和纪念品。

（6）在举办地悬挂彩旗、彩带或横幅。

3.展位的布置

布置展览现场的基本要求是：展示陈列的各种展品要围绕既定的主题，进行互为衬托的合理组合与搭配。要在整体上显得井然有序、浑然一体。展览会的组织者要尽最大的努力，满足参展单位关于展位的合理要求。如果参展单位较多，并且对于较为理想的展位竞争较为激烈的话，那么，展览会的组织者可依照展览会的惯例，采用抽签、竞拍、投标、依照参展单位正式报名的先后顺序的方法对展位进行合理的分配。

值得注意的是，所有参展单位都希望自己能够在展览会上拥有理想的位置。一般理想的位置，除了收费合理之外，应当面积适当，客流较多，处于较为醒目之处，并且要设施齐备，采光、水电的供给良好。

4.其他注意事项

无论展览会举办地的社会治安环境如何，组织者对于有关的安全保卫事项均应认真对待。在举办展览会前，必须依法履行常规的报批手续。此外，组织者还须主动将展览会的举办详情向当地公安部门进行通报。为了预防天灾人祸等不测事件的发生，应向声誉良好的保险公司进行数额合理的投保。以便利用社会的力量为自己分忧。

在展览会入口处或展览会的门票上，应将参观的具体注意事项正式成文列出，以方便观众。在举办规模较大的展览会时，最好从合法的保卫公司聘请一定数量的保安人员，将展览会的保安工作全权交予对方负责。展览会组织单位的工作人员，均应自觉树立良好的安全意识，尽自己最大的努力，保证展览会的安会。另外，展览会的组织者，有义务为参展单位提供必要的辅助性服务，从而为展览会画上完美的句号。

参加展览会的礼仪

1.形象的礼仪

（1）工作人员的形象。在一般情况下，要求在展位上工作的人员应当统一着装。最得体的着装是身穿本单位的制服，或者是穿深色的西装、套裙。在大型的展览会上，参展单位若安排专人迎送宾客时，最好请其身穿色

彩鲜艳的单色旗袍，并胸披写有参展单位或其主打展品名称的大红色绶带。为了说明各自的身份，全体工作人员应在左胸佩戴胸卡，但礼仪小姐可以除外。

（2）展示物的形象。展示之物的形象主要由展品的外观、展品的质量、展品的陈列、展位的布置、发放的资料等构成。用以进行展览的展品，外观上要力求完美无缺，质量上要优中选优，陈列上要既整齐美观又讲究主次，布置上要兼顾主题的突出与观众的注意力，而用以在展览会上向观众直接散发的有关资料，则要印刷精美，并且注有参展单位的主要联络方式。

2.展会服务的礼仪

在展览会上，参展单位的工作人员都必须热情地为观众服务。展览会一旦正式开始，全体参展的工作人员都应各就各位，站立迎宾。

当观众走进自己的展位时，工作人员都要面带微笑，主动向观众打招呼。当观众在本单位的展位上进行参观时，工作人员可随形于其后，对观众进行讲解。当观众离去时，工作人员应当真诚地向对方告别，并欠身施礼。

小贴士

展览会的分类

按照展览品的种类分为：单一型展览会、综合型展览会。

按照展览会的目的分为：宣传型展览会、销售型展览会。

按照展览会的时间分为：临时展览会、定期展览会、长期展览会。

按照展者的区域为标准分为：国际性展览会、洲际性展览会、全国性展览会、全省性展览会和本地性展览会。

按照展览会的场地分为：露天展览会、室内展览会。

按照展览会的规模分为：小型展览会、中型展览会、大型展览会。

▌如何举办新闻发布会

新闻发布会，简称发布会，有时也称记者招待会。它是一种主动传播各类有关的信息，谋求新闻界对某一社会组织或某一活动、事件进行客观而公正报道的有效的沟通方式。

新闻发布会筹备的礼仪

1. 主题的确定

新闻发布会的主题，指的是新闻发布会的中心议题。主题确定是否得当，往往直接关系到预期目标能否实现。

2. 确定发布会的时间与地点

发布会的时间选择尤为重要，要避开节日与假日、避开其他单位的新闻发布会、避开新闻界的重点宣传与报道、避开本地的重大社会活动。举行新闻发布会的最佳时间，在周一至周四的上午10～12点，或是下午的3～5点。在此时间内，绝大多数人都是方便与会的。而且一次发布会所用的时间，应当限制在两个小时以内。

举行新闻发布会的现场，应交通方便、条件舒适、面积适中，本单位的会议厅、宾馆的多功能厅、当地最有影响的建筑物等，都可酌情予以选择。

3. 举行发布会的人员安排

在准备新闻发布会时，主办者一方必须精心做好有关人员的安排工作。按照常规，新闻发布会的主持人都应当由主办单位的公关部部长、办公室主任或秘书长担任。新闻发布会的发言人是会议的主角，发言人通常由本单位的主要负责人担任。除了在社会上口碑较好外，与新闻界关系也要较为融

洽。此外，还须精选一些本单位的员工，主要负责会议现场的礼仪接待工作。依照惯例，他们最好是由品貌端庄、工作负责、善于交际的年轻女性担任。

在新闻发布会上，代表主办单位出场的主持人、发言人，是主办单位的代言人。因此，主持人、发言人对于自己的外表，尤其是仪容、服饰，一定要事先进行认真的修饰。按照惯例，主持人、发言人要进行必要的化妆，并且以化淡妆为主。发型应当庄重而大方，男士以深色西装套装、白色衬衫、黑袜黑鞋，并且打领带，女士则宜穿单色套裙，肉色丝袜，高跟皮鞋。服装必须干净、挺括，一般不宜佩戴首饰。在面对媒体时，主持人、发言人都要做到举止自然而大方。要面含微笑，目光炯炯，表情松弛，坐姿端正。

4. 材料的预备

在筹备新闻发布会时，主办单位通常需要事先委托专人预备好宣传提纲、发言提纲、问答提纲、辅助材料四个方面的主要材料。另外，在会前或会后，有时也可安排与会者进行一些必要的现场参观或展览、陈列参观。但值得注意的是，这些安排要符合实际，不可弄虚作假或泄漏商务秘密。

新闻发布会过程中的礼仪

在新闻发布会正式举行的过程之中，往往会出现难以预料的情况或变故出现。要应付这些难题，确保新闻发布会的顺利进行，除了要求主办单位的全体人员齐心协力、密切合作之外，最重要的是要求代表主办单位出面的主持人、发言人，要善于沉着应变、把握会议的全局。

在新闻发布会上，主持人、发言人的一言一语，都代表着主办单位。因此，必须对自己讲话的分寸予以重视。不论主持人还是发言人，都是以办好新闻发布会为宗旨的，因此二者之间的一定要做到分工明确、彼此支持，做到有默契的相互配合。

新闻发布会结束后的礼仪

新闻发布会结束之后，应对照一下现场所使用的来宾签到簿与来宾邀请名单，核查新闻界人士的到会情况。了解与会者对此次新闻会的意见或建议，尽快找出自己的缺陷与不足。并统计出与会的新闻界人士中有多少人为此次新闻发布会发表了新闻稿。由此可大致推断出新闻界对本单的重视程度。

整理保存会议资料是新闻发布会必不可少的后续工作，需要主办单位认真整理、保存新闻发布会的有关资料。这样不仅有助于全面评估会议效果，而且还可为此后举行同一类型的会议提供借鉴。需要整理、保存的有关资料包括会议自身的图文声像资料、新闻媒介有关会议报道的资料两种。

另外，在听取了与会者的意见、建议，总结了会议的举办经验，收集、研究了新闻界对于会议的相关报道之后，对于失误、过错或误导，都要主动采取一些必要的对策。尤其是对在新闻发布会之后所出现的不利报道，要注意具体分析，慎重对待。

━━━━ 小贴士 ━━━━

如何协调主办单位与新闻界人士的相互关系

1. 要对所有与会的新闻界人士一视同仁。

2. 尊重新闻界人士的自我判断。

3. 尽可能地向新闻界人士提供对方所需要的信息。

4. 要尊重新闻界人士，并友好、坦诚地相待。

5. 保持与新闻界的联系。

如何组织和参加沙龙

人们将主要在室内进行的专门的社交性聚会称之为沙龙。沙龙在我国，尤其是在商界也非常流行。商界人士看中沙龙这种社交的形式，主要是因为它形式自然、内容灵活、品位高雅，可以使渴望友谊、注重信息的人们，既正规而又轻松愉快地与其他人进行交际。

交际型沙龙的礼仪

1. 组织的礼仪

（1）形式。举办交际型沙龙的形式，应根据具体目的，选择较为轻松、随便的同乡会、联欢会、聚餐会、节日晚会或家庭舞会、茶话会、座谈会、讨论会等形式。在具体操作上，这几种形式也可以彼此交叉，或同时使用。有时，不确定交际型沙龙的具体程序，而听凭参与者们任意发挥，也是可行的。

（2）时间。举办交际型沙龙的时间，一般应为2~4小时。在具体执行上，则不必过分地"严守规章"。只要大家意犹未尽，那么将其适当地延长一些也是完全有必要的。

一般情况下，为了不影响正常工作，交际型沙龙以在周末下午或晚间举行为好。

（3）地点。举办交际型沙龙的地点，应当选择条件较好的某家客厅、庭院，也可以是饭店、宾馆、餐馆、写字楼内的某一专用的房间。其地点应当做到面积大、通风好、温度适中、照明正常、环境幽雅、没有噪音、不受外界的其他任何干扰。

（4）主人。如果交际型沙龙是在某家私宅内举行，其主人自然就是此次沙龙的主人。如果是在外租用场地举行，则一般应由其发起者或组织者担任主人。通常按照惯例，沙龙的主人应当有男有女，以便分别照顾男宾、女宾。

（5）参加者。沙龙的既定参与者，按规定可以携带家人或秘书出席。此外，临时邀请其他人同往，则是不适宜的。若无明确的要求，未成年人的家人，尤其是幼童、婴儿，有时会影响沙龙的氛围。最好不要带着他们前往参加沙龙。

2.参加者的礼仪

（1）遵守时间。商务人员在参加沙龙时，要遵守时间、按时赴约，不得无故迟到、早退或是失约。在社交场合，无故迟到、早退或失约，不仅浪费了他人的时间，也是失敬于人的。商界人士惜时如金，守时守约更是立身之本，在这一点上，商界人士绝不能无原则地宽容自己。另外，需要特别说明的是，参加交际型沙龙，通常不宜早到。准时到场或迟到三五分钟，是比较规范的。万一临时有事难以准点到达或不能前往，需提前通知主人，并表示歉意。迟到太久了，一定要向主人和大家道歉。而制造任何借口为自己开脱，有时反而会弄巧成拙。

（2）礼貌做客。参加沙龙之初，不要忘了去问候主人。在沙龙举办期间，可以找机会向主人询问一下"我能做一些什么"。在沙龙结束时，在向主人道别之后，方可告辞。在沙龙举办期间，即使有些事情不一定尽如人意，也要保持克制。不要对主人所做的安排品头论足、说三道四。不要当着他人的面让主人难堪，或是指责、非议、侮辱主人。

在主人家中参加沙龙时，不要自以为与主人关系甚密，便可以不讲公德，从而有一些诸如吸烟、随地吐痰或乱扔东西等不良举止。更不允许擅自闯入非活动区域，如主人的书房、卧室、阳台、储藏室等处"参观访问"，更不能翻箱倒柜，乱拿或乱动主人的物品。

（3）注意交流。参加非专题性的交际型沙龙时，同样需要自己主动与他人进行交流。可以主动地同身边的人进行攀谈，可以旁听他人的交谈，也可以加入他人的交谈。在同他人交谈时，应当表现得诚恳虚心。同时，有可能的话，还应当扩大一下自己的交际范围。除了与老朋友交谈之外，还应尽量借此良机，认识更多的新朋友。要注意在与他人接触时，不要使自己的交往对象"一成不变"。特别是不要奉行"排他主义"，不要一味盯住熟人、上司、嘉宾等不放，而又不准其他人介入。介入异性的交际圈时，一般不应不邀而至。

休闲型沙龙的礼仪

1. 形式

休闲型沙龙有多种多样的具体形式。为人们所常见的有：游园联欢会、远足郊游会、家庭音乐会、小型运动会、俱乐部聚会，等等。它们与交际型沙龙相比，同样也具有社交的功能，只不过休闲性、娱乐性相对来说较为突出。

2. 礼仪规范

商务人员在休闲型沙龙里，应当脱下西装套装、西装套裙、时装、礼服和磨人夹脚的皮鞋，卸下表明地位与身份的首饰，换上与休闲型沙龙的具体环境相般配的牛仔装、运动装、休闲装，穿上运动方便的运动鞋，实实在在地投入自己此时此地的角色之中。反之，如果在休闲型沙龙里露面时，依旧一本正经，男的穿西装、打领带，女的着套裙、蹬高跟皮鞋，那就未免会让人觉得道貌岸然，装腔作势，破坏别人愉悦的心情。

在休闲型沙龙所玩的内容，应当既高雅脱俗，又使人轻松、愉快。而且还要力争做到大家大都会玩。一般来讲，打桥牌、下象棋、打网球、打高尔夫球，或是举办小型音乐演奏会，都是休闲型沙龙宜于优先选择的玩的内容。商务人员去休闲型沙龙里玩，当然意在使自己和一同前去的伙伴们开心和放松。不过有一条必须坚守的界限不容逾越，那就是大家在玩的同时，必须严守国家法律，严守社会公德，绝对不可以为图一时的快感，而去冒险。

商务人员在休闲型沙龙里，应当以玩为主。不要表现得过分急功近利，那边请来的客人刚刚玩得渐入佳境,心情甚好,这里的主人就立即原形毕露,摊牌叫价了,那只会欲速而不达。该办的事自然要办,该说的话当然要说,只不过一定要选择最佳的时机。要是结束之后或是过上一两天再谈正事,往往可能比在玩的时候更易于奏效。

小贴士

沙龙的类型

社交性沙龙。由较熟识的朋友、同事结成的定期或不定期的聚会,如同乡联谊会等。

学术性沙龙。由职业、兴趣相同或相近的人组成的,以探讨某一学术问题为主要目的。

应酬性沙龙。以接待来访者、谋求增进了解和友谊为目的,如接待客人来访的座谈会、茶话会、舞会等。

文娱性沙龙。以联络感情和相聚娱乐为目的,如家庭音乐会等。

综合性沙龙。兼有多种目的,促进人们自由交谈,增进了解,如酒会、家庭晚宴等。

‖ 如何举办赞助会

赞助会礼仪,一般指的是筹备、召开赞助会的整个过程中所应恪守的有关礼仪规范。赞助活动是商界单位重点进行的公共关系活动之一,对于商界而言,积极地、力所能及地参与赞助活动,本身就是进行商务活动的一种常规的形式,而且也是协调本单位与政府、社会各界的公共关系的一种重要的

手段。所以，赞助一向颇受商界的重视，并投入大量的人力、物力和财力。

赞助会准备的礼仪

1. 研究论证

在正式决定进行赞助之前，赞助单位首先有必要进行前期的研究，并且对赞助活动的必要性与可能性进行详尽的论证。通常情况下，商界的单位在接到其他单位、组织或个人的赞助请求后，对于是否应当进行赞助、在赞助时应当采取何种具体形式、具体赞助的财物的数量等，都要进行认真的研究，做好充分的准备。

2. 预期的计划

商界单位一旦决定进行赞助活动之后，即应着手制订详尽的赞助计划，以确保其成功。在制订赞助计划的过程中，必须要树立正确的指导思想。保证活动同本单位的经营策略、公共关系目标相一致，同时要认识到赞助活动的终极目标应当是赞助单位、受赞助者和社会三方同时受益。

3. 核定与审查

赞助项目的审核，在此主要是指赞助单位事先对自己所参与的赞助项目所进行的核定与审查。在正常的情况下，它是赞助单位专门负责赞助活动的部门所负责进行的。在审核赞助项目时，有关人员必须抱有高度的责任心。对赞助活动的各个具体环节逐一进行细致的分析研究，力争发现问题及时有效地进行解决，做到防患于未然。

4. 获得影响力

凡重大的赞助活动在正式实施以前，赞助单位与受赞助者双方均应正式签订赞助合同或赞助协议，并且经公证机关进行公证。在赞助的实施过程中，赞助单位必须处处审慎而行。对于受赞助者一定要平等相待，争取社会的理解与被赞助者的支持。在可能的情况下，赞助单位在实施赞助计划的过程中，在法律法规允许的前提下，对自己进行适度的宣传，以求扩大本单位的社会影响力，提高自己的知名度与美誉度。

5. 赞助会地点的选择

赞助会的举行地点，一般可选择受赞助者所在单位的会议厅，也可租用社会上的会议厅。用以举行赞助会的会议厅，除了其面积的大小必须与出席者的人数成比例之外，还需打扫干净，并且略加装饰。通常来讲，赞助会的会场不宜布置得过度豪华张扬。否则，极有可能会使赞助单位产生不满，由此可能产生受赞助单位不务正业、华而不实的感觉。

6. 赞助会人员的选择

参加赞助会的人员，既要有充分的代表性，又不必在数量上过多。除了赞助单位、受赞助者双方的主要负责人及员工代表之外，赞助会应当重点邀请政府代表、社区代表、群众代表以及新闻界人士参加。在邀请新闻界人士时，特别要注意邀请那些在全国或当地具有较大影响力的电视、报纸、广播等媒体的人员与会。

赞助会的过程中应注意的礼仪

（1）宣布开始。在宣布正式开始前，主持人邀请贵宾到主席台上就座。奏国歌前，全体与会者须一致起立。在奏国歌之后，还可奏本单位标志性歌曲。有时，奏国歌、奏本单位标志性歌曲，也可改为唱国歌、唱本单位标志性歌曲。

（2）赞助单位正式实施赞助。赞助单位的代表首先出场，口头上宣布其赞助的具体方式或具体数额。随后，受赞助单位的代表上场。双方热烈握手。接下来由赞助单位的代表正式将标有一定金额的巨型支票或实物清单双手捧交给受赞助单位的代表。

（3）赞助单位代表发言。

（4）受赞助单位代表发言。

（5）来宾代表发言。

小贴士

如何进行赞助活动的评估工作

将实施效果与先期计划相比照。重点研究赞助单位是否真正实现了自己的赞助意图，赞助活动的预定目标是否已经达到。掌握社会各界对赞助活动的认同程度。并通过各类调查，了解各类公众，包括受赞助单位、地方政府、新闻媒介对此次活动的真实评价与看法。及时发现赞助活动的所长与所短。要认真总结赞助活动因何而成功，或者因何而受挫。对于己方与其他各方的问题，都不应当讳疾忌医。并且了解赞助活动在实施过程中所出现的问题。不管这些问题是否已在意料之中，不管原因在于何方，均应认真地总结和正确地看待，并引起重视。

如何举办茶话会

茶话会是社交色彩很浓的一种社交性集会，举办茶话会主要是为了与社会各界沟通信息，创造良好的外部环境，因此，在所有的商务性会议中不可小视。

茶话会准备的礼仪

1.确定茶话会的中心议题

在一般情况下，可以分为以下几类：

（1）专题茶话会。指在某一特定的时刻，或为了某些专门的问题而召开的茶话会。

（2）联谊茶话会。指为了联络主办单位同应邀与会的社会各界人士的友谊而举办的茶话会。

（3）娱乐茶话会。指在茶话会上安排一些文娱节目或文娱活动，增加热烈而喜庆的气氛，调动与会者人人参与的积极性。并且以此作为茶话会的主要内容。

2.确定与会者

茶话会的与会者，除主办单位的会务人员外，均为来宾。邀请哪些方面的人士参加茶话会，往往与其主题存在着直接的因果关系。因此，主办单位在筹办茶话会时，必须围绕其主题，来确定与会人员，尤其是确定好主要的与会者。在一般情况下，茶话会的主要与会者，大体上可分为五种情况：本单位的顾问、本单位代表、合作的伙伴、社会的贤达、各方面人士。

3.确定茶话会的时间

根据国际惯例，举行茶话会的最为合适的时间是下午4点钟左右。有些时候，也可将其安排在上午10点钟左右。对于一次茶话会到底举行多久的问题，可由主持人在会上随机应变，灵活掌握。在一般情况下，一次成功的茶话会，大都讲究适可而止。若是将其限定在一个小时至两个小时之内，效果会更好一些。

4.确定茶话会的地点

按照惯例，适宜举行茶话会的大致场地主要有以下几种：

（1）主办单位的会议厅。

（2）主办单位负责人的私家客厅。

（3）主办单位负责人的私家庭院或露天花园。

（4）宾馆的多功能厅。

（5）高档的营业性茶楼或茶室。

5.茶话会座次的安排

安排茶话会与会者具体的座次，可参照以下方法：

环绕式。就是不设立主席台，把座椅、沙发、茶几摆放在会场的四周，不明确座次的具体尊卑，而听任与会者在入场后自由就座。这一安排座次的方式，与茶话会的主题最相符，也最流行。

散座式。散座式排位，常见于在室外举行的茶话会。它的座椅、沙发、茶几四处自由地组合，甚至可由与会者根据个人要求而随意安置。这样就容易创造出一种宽松、惬意的社交环境。

圆桌式。圆桌式排位，指的是在会场上摆放圆桌，请与会者在周围自由就座。圆桌式排位又分下面两种形式：一是适合人数较少的，仅在会场中央安放一张大型的椭圆形会议桌，而请全体与会者在周围就座。二是在会场上安放数张圆桌，请与会者自由组合。

主席式。在茶话会上，这种排位是指在会场上，主持人、主人和主宾被有意识地安排在一起就座，并且按照常规就座。

另外，茶话会的会场布置要尽量雅致一些，应设颜色淡雅、品质高贵的花，让来宾感到清新、雅致。

6.预备茶点

商务礼仪规定，在茶话会上，不必上主食，不安排品酒，只向与会者提供一些茶点。

茶话会议程的礼仪

在宣布会议正式开始之前，主持人应当提请与会者各就各位，并且保持安静。而在会议正式宣布开始之后，主持人还可对主要的与会者略加介绍。其中，主办单位负责人的讲话是很重要的一个环节。因此主办单位主要负责人的讲话，应以阐明此次茶话会的主题为中心内容。为了确保与会者在发言中直言不讳、畅所欲言，通常，主办单位事先均不对发言者进行指定与排序，也不限制发言的具体时间，而是提倡与会者自由地进行即兴式的发言。在茶话会结束之前，主持人可略作总结。随后，即可宣布茶话会至此结束并散会。

茶话会现场发言的礼仪

茶话会上，主持人应在现场上审时度势，因势利导地引导与会者的发言，并且控制会议的全局。现场发言在茶话会上举足轻重。茶话会假如没有人踊跃发言，或者是与会者的发言严重脱题，都会导致茶话会的最终失败。

当大家争相发言时，主持人决定先后。当没有人发言时，主持人引出新的话题；或者恳请某位人士发言。会场发生争执时，主持人要出面劝阻。在每位与会者发言前，主持人可以对发言者略作介绍。发言的前后，主持人要带头鼓掌致意。

茶话会与会者的发言以及表现必须得体。在要求发言时，可以举手示意，但也要注意谦让，不要争抢。不管自己有什么高见，都不要打断别人的发言。肯定成绩时，要力戒阿谀奉承。提出批评时，不能讽刺挖苦。切忌当场表示不满，甚至私下里进行人身攻击。

◆━━ 小贴士 ━━◆

茶话会上茶点的讲究

对于用以待客的茶叶与茶具，必须要精心进行准备。选择茶叶时，在力所能及的情况下，应尽力挑选上等品，不要以次充好。在选择茶具时，最好选用陶瓷器皿，并且讲究茶杯、茶碗、茶壶成套，千万不要采用塑料杯、不锈钢杯、搪瓷杯、玻璃杯或纸杯，也不要用热水瓶来代替茶壶。值得注意的是，在茶话会上向与会者所供应的点心、水果或地方风味小吃，品种要对路、数量要充足，并且要便于取食。因此，最好同时将擦手巾一并上桌。

‖ 商务谈判

谈判又叫做会谈，指从事商务活动的人，因为工作需要，进行有组织、有准备的协商活动，就某些问题达成一致，实现各自利益。在任何谈判中，

礼仪都是必不可少的，它不仅体现出一个人的素质、涵养，还有利于激发与谈判对手之间的感情。促使谈判迅速、顺利进行。

谈判的准备

1.个人形象的礼仪

参与正式的商务谈判时，与会人员一定要注重外在形象，把整洁、得体、端庄的外表展现在众人面前。男士着装一律以深色西装、白色衬衫、素色或条纹领带、深色袜子、黑色皮鞋为主。女士着装应本着高雅、规范的原则，切勿过于暴露、时尚、摩登。以穿深色套裙、白衬衫、肉色长筒或连裤式丝袜、黑色浅口高跟鞋为主。适当的化些淡妆，披头散发是女性出席谈判场合的大忌，应将头发梳理整齐。

2.言谈举止的礼仪

谈判之初，谈判双方接触的第一印象十分重要，言谈举止要尽可能营造出友好、轻松的良好谈判气氛。做自我介绍时要自然大方，不可露傲慢之意。被介绍到的人应起立并微笑示意。询问对方要客气，如有名片，要双手接递。介绍完毕，可选择双方共同感兴趣的话题进行交谈。稍作寒暄，以沟通感情，创造温和气氛。

谈判之初的姿态动作也对谈判气氛起着重大作用，目光注视对方时，应停留于对方双眼至前额的三角区域正方，切忌双臂在胸前交叉。谈判之初的重要任务是摸清对方的底细，因此要认真听对方谈话，细心观察对方举止表情，并适当给予回应，这样既可了解对方意图，又可表现出尊重与礼貌。

3.谈判地点的选择

按照谈判地点的不同可分为四类：

（1）主体谈判。将谈判地点安排在主体方，可以使东道主拥有较大的主动性。

（2）客体谈判。将谈判地点安排在客体所在单位，这样可以使客体具备了一定的优越性，掌握了谈判的主动权。

（3）地点既不安排在主体方也不设在客体方，这样可以避免了外界因素干扰。

（4）将谈判地点主客互换，这种谈判对双方都比较公正。

4.谈判座次的摆放

（1）双方进行谈判的座位摆放。如果谈判桌的摆放采取横放制，主方人员应面对门而坐，客方应背对门而就座。双方主谈判者可居中就座，其他人员按照职位、级别，以先右后左的顺序分别在各自方就座。双方主谈者的右侧之位，在国内谈判中可坐副手，而在涉外谈判中则可视为译员的专座。如果谈判桌的摆放采取竖放制，具体排位时以进门的方向为准，客体方应在左侧方就座，而主体方选择右侧方就座。双方主谈判和其他人员的具体座次安排与谈判桌横放制相仿。

（2）多方同时进行谈判的座位摆放。多方同时进行谈判时，各方谈判人士可自由就座或设立一个主席台。主席台应设立在面对正门的位置，是专门为各方发言人讲话时准备的。其他人员一律面对主席台就座。各方人士发言后应自动离开主席台。

谈判的原则

商界人士在准备商务谈判时，应当遵守以下原则：

客观原则。指商界人士在准备商务谈判时，要掌握资料和决策态度。

预审原则。指商界人士在准备谈判时，应当将自己的谈判方案预先反复审核，并将自己提出的方案上交有关人员进行审核，使方案更加完善。

自主原则。指商界人士在准备谈判时以及在洽谈进行中，发挥自己的主观能动性，在谈判中为自己争取到有利的位置。

兼顾原则。指商界人士在准备谈判时，在不损害自己根本利益的前提下，主动为对方保留一定的利益。

谈判过程中的礼仪

商务谈判是促进经济发展的一种活动，所以方方面面都受礼仪的束缚，也唯有礼仪能促使企业形象提升。因此，尊重谈判礼仪也是对企业发展负责。

在商务洽谈进程中，应始终如一地与洽谈对手以礼相待，事事表现出真诚的敬意。坚持平等协商，没有高低、贵贱之分，双方应相互尊重。不允许仗势压人、以大欺小。如果在谈判的开始有关各方在地位上便不平等，那么是很难达成让各方心悦诚服的协议的。同时，要求洽谈各方在洽谈中要通过协商，即相互商量，求得谅解，而不是通过强制、欺骗来达成一致。要明确双方之间的关系，要做到人与事分别而论，谈判桌上是对手，谈判桌外是朋友。

在谈判过程中，要将"礼仪"摆在首位。在任何情况下，都应本着心平气和、彬彬有礼、互敬互爱的原则与谈判对手和平相处。即使产生利害冲突，也要时刻保持绅士风度。最好是站在对方立场上考虑问题，这样对出现双赢的局面有很大帮助。

小贴士

生活中的微妙谈判小技巧

有一位教徒问神甫："我可以在祈祷时抽烟吗？"他的请求遭到神甫的严厉斥责。而另一位教徒又去问神甫："我可以吸烟时祈祷吗？"后一个教徒的请求却得到允许，悠闲地抽起了烟。这两个教徒发问的目的和内容完全相同，只是谈判语言表达方式不同，但得到的结果却相反。由此看来，表达技巧高明才能赢得期望的谈判效果。

谈判的语言技巧在营销谈判中运用得好可带来营业额的高增长。某商场休息室里经营咖啡和牛奶，刚开始服务员总是问顾客："先生，喝咖啡吗？"或者是："先生，喝牛奶吗？"其销售额平平。后来，老板要求服务员换一种问法，"先生，喝咖啡还是牛奶？"结果其销售额大增。原因在于，第一种问法，容易得到否定回答，而后一种是选择式，大多数情况下，顾客会选一种。

‖ 商务拜访

在商务交往过程中，相互拜访是经常的事，约好去拜访对方，无论是有求于人还是人求于己，都要从礼节上多多注意，才能不有损自己和单位的形象，从而为拜访增添色彩。

拜访的准备礼仪

1. 预约

最基本的礼仪是在拜访之前提前预约。通常情况下，应提前三天给被访者打电话，简单说明拜访的原因和目的，确定拜访时间，经对方同意以后才能前往。拜访必须明确目的，出发前对此次拜访要解决的问题应做到心中有数。

2. 仪容仪表

拜访者的仪容仪表，对拜访效果有直接影响。一般情况下，登门拜访时，女士应着深色套裙、中跟浅口深色皮鞋配肉色丝袜；男士最好选择深色西装配素雅的领带，外加黑色皮鞋、深色袜子。

3. 准备礼物

礼物可以联络双方感情，缓和紧张气氛。所以在礼物的选择上要慎重。要有针对性地选择礼物，尽量让对方满意。

拜访中的礼仪

1. 守时践约

拜访他人可早到却不能迟到，这是拜访活动中最基本的礼仪之一。值得注意的是，如果因故不能如期赴约，必须提前通知对方，以便被拜访者重新

安排工作。通知时一定要说明失约的原因，态度诚恳地请对方原谅，必要时还需约定好下次拜访的日期、时间。

2. 要进行通报

进行拜访时，倘若抵达约定的地点之后，未与拜访对象直接见面，或是对方没有派员在此迎候，则在进入对方的办公室或私人居所的正门之前，有必要先向对方进行一下通报。

3. 要登门有礼

拜访时，应先轻轻敲门或按门铃，当有人应声允许进入或出来迎接时方可入内。敲门不宜太重或太急，一般轻敲两三下即可。切不可不打招呼擅自闯入，即使门开着，也要敲门或以其他方式告知主人有客来访。

4. 进门后的礼仪

进门后，拜访者随身带来的外套、雨具等物品应搁放到主人指定的地方，不可任意乱放。对室内的人，无论认识与否，都应主动打招呼。如果你带孩子或其他人来，要介绍给主人，并教孩子如何称呼。主人端上茶来，应从座位上欠身，双手捧接，并表示感谢。吸烟者应在主人敬烟或征得主人同意后，方可吸烟。和主人交谈时，应注意掌握时间。有要事必须与主人商量或向对方请教时，应尽快表明来意，不要东拉西扯，浪费时间。见面后，打招呼是必不可少的。如果双方是初次见面，拜访者必须主动向对方致意，简单地做自我介绍，然后热情大方地与被拜访者行握手之礼。如果双方已经不是初次见面了，主动问好致意也是必要的，这样可显示出你的诚意。

5. 拜访时间的控制

在拜访他人时，一定要把握好在对方的办公室或私人居所里进行停留的时间。从总体上讲，应当具有良好的时间观念。不要因为自己停留的时间过长，从而打乱对方的既定的其他日程。在一般情况下，礼节性的拜访，尤其是初次登门拜访，应控制在一刻钟至半小时之内。最长的拜访，通常也不宜超过两个小时。有些重要的拜访，往往需由宾主双方提前议定拜访的时间和长度。在这种情况下，务必要严守约定，绝不单方面延长拜访时间。自己提出告辞

时，虽主人表示挽留，仍须执意离去，但要向对方道谢，并请主人留步，不必
远送。在拜访期间，若遇到其他重要的客人来访，或主人一方表现出厌客之
意，应当机立断，知趣地告退。

小贴士

拜访时敲门、按门铃礼仪

最得体的敲门做法是敲三下，隔一小会儿，再敲几下。敲门的响度要适
中，太轻了别人听不见，太响了别人会反感。敲门时不能用拳捶、用脚踢，
不要乱敲一气。按门铃时也要有礼貌，慢慢地撤一下，隔一会儿再撤一下。否
则，若房间里面是老年人，会惊吓到他们。即使别人家的门虚掩着，也应当先
敲门，得到主人的允许才能进入。进入别人的办公室也应该敲门。

商务接待

中国是礼仪之邦，自古以来都讲求以礼相待，随着经济的快速发展，礼
仪在商务活动中显得尤为重要。而其中的接待礼仪就将成为决定商务活动成
败的因素之一。

商务接待准备的礼仪

要想做好提前准备，方便制订接待方案，就要了解来客人数、工作单
位、级别、性别、姓名、职业、客人来访的目的、要求等。根据客人的基本
情况，决定接待人员的分组，详细地列出陪同人员及迎送人员名单。事先准
备好即将启用的交通工具，预算支出费用，从而方便日后的工作。并制订出

接待过程中的活动方式及日程安排。在接待方案制定好以后，报送企业领导予以审批。

良好的服务是必不可少的，在客人到来之前，按照客人的具体情况安排食宿。要求为客人准备的住宿环境必须整洁、安静。

商务接待人员的礼仪

接待人员在商务接待中起着非常关键的作用，因此，商务接待人员的礼仪非常重要。接待人员要求品貌端正，举止大方，口齿清楚，具有一定的文化素养，受过专门的礼仪、形体、语言、服饰等方面的训练。而且服饰要整洁、端庄、得体、高雅；女性应避免佩戴过于夸张或有碍工作的饰物，化妆应尽量淡雅。

商务接待的礼仪

1. 迎接客人的礼仪

要按照客人身份、职务等级安排不同人士迎接，级别较高、身份较高的客人，企业有关领导应亲自迎接，对于一般客人，可以由部门经理或总经理秘书代为迎接。

2. 招待客人的礼仪

客人抵达后，因旅途劳顿，不宜立即谈公事。最好先将其安顿在待客厅或会议室休息，并端上茶水或饮料等，然后告诉客人就餐地点、时间，并将自己的联系方式留下，以便及时联络。也可以陪客人聊一会儿，介绍一下当地的名胜古迹、人文趣事。但时间不宜过长，稍作介绍后，就应转身离开，给客人留下充足的休息时间。

3. 组织活动的礼仪

客人食宿问题安排好以后，应该按照接待方案组织客人参与一系列活动，如商务洽谈、参观游览等。客人在商务洽谈、游览等活动中所提出的意见必须及时向有关领导反馈，尽可能满足客人需求。活动结束后，安排时间让有关领导和客人见面，以示对客人的尊敬。倘若整个活动过程中，客人都没有见到公司领导，必然会对公司产生看法，影响公司整体形象。如果客人有意要走，则应按照客人要求，为其安排返程时间，尽快为其预订机票、车船票，安排专门人员和车辆为客人送行。

小贴士

接待人员的引导方法和引导姿势

1. 在走廊的引导方法。接待人员在客人两三步之前，配合步调，让客人走在内侧。

2. 在楼梯的引导方法。当引导客人上楼时，应该让客人走在前面，接待人员走在后面，若是下楼时，应该由接待人员走在前面，客人在后面，上下楼梯时，接待人员应该注意客人的安全。

3. 在电梯的引导方法。引导客人乘坐电梯时，接待人员先进入电梯，等客人进入后关闭电梯门，到达时，接待人员按"开"的钮，让客人先走出电梯。

4. 客厅里的引导方法。当客人走入客厅，接待人员用手指示，请客人坐下，看到客人坐下后，才能行点头礼离开。

商务请帖

请柬，也叫请帖，请柬是人们举行吉庆活动或某种聚会时，为表示对客人的尊重，专门向邀请对象发出的邀请文书。它既是我国的传统的礼仪文书，也是国际通用的商务社交文书。

某单位举行庆功联谊会，给一些公司发送了请柬，邀请大家参加，并准备了精美的礼品，用来感谢平时对自己公司的帮助。结果有些公司没有接受

邀请，活动不太成功。公司主要领导很困惑，经和有关人士接触，方知所送请柬有问题。一是落款时间用阿拉伯数字写，中间用顿号来代替年、月、日的汉字，给人以活动不正式、主人本身就不够重视的感觉；二是请柬中的事由没有表达清楚，使人误以为是该公司的内部活动，别人可有可无，当然就不肯应邀前来了。

由此可见，懂得请帖的礼仪是非常重要的，为了方便人们对请帖正确的使用，以下是对请帖的简单介绍，希望能对您有所帮助。

请帖的形式

1. 折叠式

折叠式请柬一般为一方纸的对折，对折后形成四面，封面印一些适当的图案，并印请柬二字，封底连封面印图或素白，内面则写请柬的具体内容。

2. 正反式

正反式是比较简朴的一种请柬，形同一张卡片，正面写"请柬"二字，背面则是请柬的具体内容。这种简朴的请柬现在较少使用。

3. 竖式、横式

从书写或印刷格式看，请柬又可分为竖式和横式。竖式是传统的，与传统的竖行书写方法相应；横式则与横行书写的方式相应。虽然现在横、竖两种形式已经通用，但也要适当做一些选择。从邀请对象考虑，邀请港台朋友，则以竖式为妥，而一般大众化的，尤其是以集体名义发出的，则以横式为佳；传统、民族特色浓的活动可用竖式，现代、西方特色浓的活动可用横式；若是纯外文(除日文等)或中外文并用的，则以横式为宜。

请柬的设计

横式的请柬应把被请人姓名顶格书写，其下正文写邀请内容，第三部分是落款、地址和电话。

竖式请柬一般都用比较文雅的语言。长久以来，我国形成了一整套此类传统用语，比如请人前来叫"敬请光临"，如果是请人为自己办某些事情，则用"指教"、"指导"等；根据请客来的不同目的，也可以有不同的用语，如果是请人来参加因某事而设的宴会，就用"特备薄酒"、"洁樽治酒"、"淡酌"等，如果仅是一般茶点，则可用"粗布茶点"等。

有的请柬除其本身以外，还要有其他的附件。比如，除了写清地址之外，另附一张路线图，这对于难找的地址或方便来客来说，也是必要的。再如请人参加婚庆舞会而附舞会入场券，请人参观画展附参观券等。画展、音乐会、报告会等一类活动的请柬，如能同时附上节目单、报告目录或其他资料，当最为妥帖，因为这样可以给人更明确的信息，以供人选择是来还是不来。

请柬的回执

很多时候，接到请柬的人并不一定都来，活动的组织者对此也要有一定的准备，应多发一些请柬，以邀请到预计的人数。不过，为了更准确地把握来客情况，有的请柬应请被邀请人回复某些情况，即回执。回执的要求是被邀请人明确是否光临，有的则还要求回答其他情况，如是否自带舞伴，外地来的客人要求不要求解决住宿问题等。回执可以是另外印制附于请柬的，也有是请柬自带的。接到带回执的请柬，应将回执填好寄回，或者打电话回复有关情况。

其他应当注意的礼仪

有的请柬只能在对方同意应邀的前提下才能发出。比如，请人做某行业方面的知识、技术讲授，作报告或为自己做其他事情等，请柬要在征得对方同意的前提下发出，否则就是"先斩后奏"、"下命令"，就可能违背别人的意愿，显然，这些都是不礼貌的。同样是这种情况，征得了对方同意，但也应将请柬及时送上，否则也是不礼貌的。

另外，无论是递交还是寄交，都应该把握请柬发出的时间。寄交的则必须估计到足够的邮递时间，否则就可能使被邀人接到请柬时，活动已经开始了，或是根本来不及准备。对于有回执的请柬来说，发出时间更应该提前，给被邀人留出足够的回复时间来。需要对方准备的邀请，也应如此。

值得注意的是，一般的请柬都应该加封，寄出的尤应如此，递交的则可不封口。这方面草率了，就会给人家不那么郑重其事的感觉。

小贴士

请帖的学问

请帖最好亲笔写明请帖内容，这样可以表达自己的最大诚意。在请帖左上角最好再告诉客人，不论能不能来，都请尽快答复，最周到的方式是附上回帖，说明回帖地址、电话号码或联系人的姓名。客人收到请帖之后，应尽快答复，以方便主人进行安排或调整。若以口头方式邀请，主人最好不要在第三者面前邀请客人，这样会伤害他人的自尊心。身为客人，收到请帖之后，不要到处炫耀。

‖ 商务中餐宴会

中餐宴会是指具有中国传统民族风格，遵守中国人的饮食习惯和礼仪规范的宴会。宴会筵席作为礼仪的表现形式之一，历来为人们所重视。在日常社交生活中，为了使自己的举止形象符合个人礼仪，举行宴会时一定要注意各个方面的细节。

宴会的准备

1. 确定人员

宴会之前，应按照宴请所要达到的目的，列出被邀请宾客的名单。确定主宾、副主宾以及陪同客人。宴请时间应以主宾最合适的时间来确定，以多数宾客能来参加宴会为准则。宴会场所的选定，要考虑生活习惯、民族差异及宗教信仰等方面的因素。

2. 座位的安排

排座次是整个中国饮食礼仪中最重要的一部分。通常情况下，家宴首席为辈分最高的长者，末席为辈分最低者。敬酒时自首席按顺时针方向一路敬下，若是圆桌，则正对大门的为首席。如夫人出席，通常把女方安排在一起，即主宾坐男主人右上方，其夫人坐女主人右上方。若为八仙桌，如果有正对大门的座位，则正对大门一侧的右位为主客。如果不正对大门，则面东面一侧右席为首席。如果为大宴，桌与桌间的排列讲究首席居前居中。

主人的礼仪

1. 邀请

宴会的成功是与主人的热情好客、慷慨招待和细致周到的组织安排分不开的。主人的职责就是使每一位来宾都感到自己受欢迎。主人宴请，无论是出于什么原因和目的，都应提前对客人发出口头或书面邀请，并依照客人的习惯、特点安排好请客时间、地点等事宜。若是礼仪性宴请，礼节更讲究。

2. 迎客

在宴会开始前，主人应该站立门前笑迎宾客，晚辈在前，长辈居后。对每一位来宾，要依次招呼，待客人大部分到齐之后，再回到宴会场所中来，分头跟客人招呼、应酬。主人对宾客必须热诚恳切，平等对待，不可只注意应酬一两个而冷落了其他的客人。

3. 地主之谊

入席前主人应尽可能地亲自递烟倒茶。上菜后，主人要先向客人敬酒。此后每一道菜上来，都要先举杯邀饮，然后请客人"起筷"。要照顾到客人的用餐方便，及时调换菜点或转动餐台，遇到有特殊口味的客人更要及时调换。

主人在给客人敬菜时，要注意以下几点：当一道菜端上桌时，主人可简单介绍一下这道菜的色、香、味等特色。如果是家宴，当客人对一道菜表示特别的兴趣时，主人还可简单介绍这道菜的烹饪方法；当餐桌上的客人有主次、长幼之分时，每一道菜上来，主人应先请主客或老者品尝；当客人相互谦让、不肯下筷时，主人可站立起来，用公筷、公匙为客人分菜。在分菜时，一要注意首先分给在座的主客或长者，然后按照就座的秩序依次分下去；有些菜肴可能用筷子分不开，这时也可借助于刀叉，或请在座的客人协助，千万不要用手去撕扯；当客人对某道菜表示婉谢时，应予以谅解，不强人所难。不管客人口味如何，将菜硬堆到人家碗里，是不礼貌的。

4. 送客

席散后，主人要亲自到门口恭送客人离去。对那些在宴请中照顾不周的客人，应说几句抱歉和感谢之类的话。并等客人上车走远以后，方可离去。

做客的礼仪

1. 服饰礼仪

客人赴宴前应根据宴会的目的、规格、对象、风俗习惯或主人的要求考虑自己的着装，着装不得影响宾主的情绪，影响宴会的气氛。

2. 点菜礼仪

如果主人安排好了菜，客人就不要再点菜了。如果你参加一个尚未安排好菜的宴会，就要注意点菜的礼节。点菜时，不要选择太贵的菜，同时也不宜点太便宜的菜，太便宜了，主人反而不高兴，认为你看不起他，如果最便宜的菜恰是你真心喜欢的菜，那就要想点办法，尽量说得委婉一些。

3. 用餐礼仪

主人举杯示意开始，客人才能用餐。面对一桌子美味佳肴，不要急于动筷子，须等主人动筷，说"请"之后才能动筷，进餐时举止要文明礼貌。如果酒量还能够承受，对主人敬的第一杯酒应喝干。同席的客人可以相互劝酒，但不可以任何方式强迫对方喝酒，否则便是失礼。自己不愿或不能喝酒时，可以谢绝。在夹菜时，要使用公筷，不要取得过多，吃不了剩下不好。在自己跟前取菜时，不要伸长胳膊去夹远处的菜。更不能用筷子随意翻动盘中的菜。另外，进食时尽可能不要咳嗽、打喷嚏、打呵欠、擤鼻涕，万一不能抑制，要用手帕、餐巾纸遮挡口鼻，转身，脸侧向一方，低头，尽量压低声音。

4. 敬酒礼仪

宴会上互相敬酒，能表示友好、活跃气氛，但切勿饮酒过量。作为主宾参加宴会，一定要懂得宴会上祝酒的礼节，即了解对方祝酒的习惯，为何人祝酒、何时祝酒等,以便做必要的准备。碰杯时,主人和主宾先碰杯,人多时可举杯示意,不一定碰杯。祝酒时不要交叉碰杯。在主人和主宾祝酒时,应暂停进餐,停止交谈,注意倾听,且不应借此机会抽烟。主人和主宾讲完话与上席人员碰杯后,往往要到其他各桌敬酒,客人应起立举杯,碰杯时,要目视对方致意。

如果你不善于饮酒,当主人或别的客人向你敬酒时,可以婉言谢绝;如主人请你喝一些酒,则不应一味推辞,可选些淡酒或饮料,喝一点作为象征,以免扫兴。宴会饮酒切忌猜拳行令。

5. 中途道别的礼仪

客人在席间或在主人没有表示宴会结束前离席是不礼貌的。如果席间就已经准备中途告别,最好在宴会开始之前就向主人说明理由,并表示歉意,届时向主人打个招呼便可悄悄离去。如临时有事需要提早告别,同样应向主人说明理由,并表示歉意。但值得注意的是,中途道别应选好时机,不要选择在席间有人讲话时或刚讲完话之后。这容易让人误以为告辞者对讲话者不耐烦。最好的告别时机是在宴会告一段落时,如宾主之间相互敬了一轮酒或客人均已用完饭后。

───── 小贴士 ─────

中餐宴会中使用筷子的礼仪

筷子虽然用起来简单、方便,但也有很多规矩。比如:不能举着筷子和别人说话,说话时要把筷子放到筷架上,或将筷子并齐放在饭碗旁边。不能用筷子去推饭碗、菜碟,不要用舌头去舔筷子上的附着物,也不要举着筷子却不知道夹什么,更不能用筷子拨盘子里的菜。在用餐时如需临时离开,应把筷子轻轻放在桌子上碗的旁边,切不可插在饭碗里。现在很多宴席实行公筷公匙,则不能用个人独用的筷子、汤匙给别人夹菜、舀汤。

‖ 商务西餐宴会

随着经济全球一体化的不断发展、对外交流的日益增加，参加西餐宴会必不可少。吃西餐时，座位的排列、餐具的使用和用餐方法必须符合西餐礼仪。

安排座位的礼仪

西餐座位比较讲究礼仪。非正式宴会座位中排遵守女士优先的原则，男士要主动为女士移动椅子让女士先坐，坐右座、靠墙靠里坐。不管正式宴会还是非正式宴会，入座或离座均应从座椅的左侧走为宜。正式宴会以国际惯例为依据，桌次的高低依距离主桌位置的远近而定，右高左低，桌次较多时一般摆放桌次牌。吃西餐均使用长桌，同一桌上座位的高低以距主人座位的远近而定。西方习俗是男女交叉安排，以女主人的座位为准，主宾坐在女主人的右上方，主宾夫人坐在男主人的右上方。

用餐的礼仪

1. 餐具礼仪

西餐宴席上使用的餐具主要是刀、叉、匙、盘、碟、杯等。餐具一般在就餐前都已摆好。放在每人面前的是食盘或汤盘。盘居中，左边放叉、右边放刀。刀叉的数目与菜的道数相当。一般是左手拿叉，右手拿刀。拿叉的姿势是用左手拇指、食指、中指拿住叉。拿刀的姿势是用右手食指压在刀背上，其余手指拿住刀把。使用刀叉的顺序是按上菜的顺序，由外至里排列。吃鱼、肉、菜的刀叉都有区别，盘子上方放匙，小匙吃冷饮，大匙喝汤用。再上方为酒杯，从左到右排成一排，顺序由小到大，分别用于饮各类酒。面包碟放在匙的左方，匙的右方是黄油碟，碟内有专用小刀。如果你暂时不会用西式餐具没关系，跟着主人或他人学就行了。叉子若不与刀并用，可用右手持叉取食。右手持刀时，则用左手持叉。进餐期间，刀叉尽量不要发出声音。如临时离座，刀叉在盘内摆成"八"形，表示尚未用完。用毕，并排横斜放盘内，柄朝右。

2. 用餐时的行为举止

参加正式西式宴会一定要注意仪容仪表和行为举止，符合礼仪要求。最得体的入座方式是从左侧入座。当椅子被拉开后，身体在几乎要碰到桌子的距离站直，领位者会把椅子推进来，腿弯碰到后面的椅子时，就可以坐下来。用餐时的姿势要优雅大方，坐姿端庄稳重，腰背挺直，上臂和背部要靠到椅背，腹部和桌子保持约一个拳头的距离，不要跷起小腿，手要放在膝盖上，不要把胳膊支在桌子上。取食时不要站立起来，坐着拿不到的食物应请别人传递。用餐时打嗝是最大的禁忌，万一发生此种情况，应立即向周围的人道歉。另外，在进餐过程中，不要解开纽扣或当众脱衣。如主人请客人宽衣，男客人可将外衣脱下搭在椅背上，不要将外衣或随身携带的物品放在餐台上。在餐桌边化妆，或用餐巾擦鼻涕，都是不礼貌的行为。

3. 就餐时的礼仪

就餐时，每次送入口中的食物不宜过多，在咀嚼时不宜说话，更不可主动与人谈话。对自己不愿吃的食物也应要一点放在盘中，以示礼貌。有时主人劝客人添菜，如有胃口，添菜不算失礼，相反主人也许会引以为荣。饮酒干杯时，即使不喝，也应该将杯口在唇上碰一碰，以示敬意。当别人为你斟酒时，如不要，应以手稍盖酒杯，表示谢绝。在用餐过程中自己够不着的调味品，可以请别人帮忙递过来，我们也可应别人的要求传递给他们，传递要用右手。吃鱼、肉等带刺或骨的菜肴时，不要直接外吐，可用餐巾捂嘴轻轻吐在餐巾上，再放入盘内。如盘内剩余少量菜肴时，不要用叉子刮盘底，更不要用手指相助食用，应以小块面包或叉子相助食用。吃面条时要用叉子先将面条卷起，然后送入口中。进食时，骨头、肉屑、果皮等应放在食盘的右角。果核则吐在餐巾纸里，不可随便抛在桌上或地上。

4. 洗手碟的使用

189

吃西餐应特别注意洗手碟的使用。凡是上一道用手取食的食品，如鸡、龙虾、水果等，通常会同时送上一个洗手碟，水里放置玫瑰花瓣或柠檬片，但它不是饮料，而是西餐讲究的洗指碗，置于左上方，把手指浸入水中，轻轻洗一下，然后用餐巾擦干净。

5. 喝咖啡的礼仪

端拿咖啡杯时，不要用手指穿过杯耳，也不要双手握杯，而是用拇指和食指捏住杯把儿。喝咖啡时不要大口吞咽，更不能发出响声。添加咖啡时，不要把咖啡杯从咖啡碟中拿起来。给咖啡加糖时，要用匙舀取砂糖，直接加入杯内。如果加入方糖，应先用糖夹子夹至咖啡碟的近身一侧，再用咖啡匙把方糖放入杯内。饮用咖啡时，咖啡匙应放在杯盘上，而不能留在杯内，也不能用咖啡匙舀着咖啡一匙一匙地慢慢喝。若咖啡太烫，应等其自然冷却后再饮用，千万不要用嘴去把咖啡吹凉。

小贴士

葡萄酒的餐桌礼仪

葡萄酒是西方人常用的佐餐饮料，所以一般都是先点菜，再根据菜的需要点酒。按照通常的惯例，在开瓶前，应先让客人阅读酒标，确认该酒在种类、年份等方面与所点的是否一致，再看瓶盖封口处有无漏酒痕迹，酒标是否干净，然后开瓶。开瓶取出软木塞，让客人看看软木塞是否潮湿，若潮湿则证明该瓶酒采用了较为合理的保存方式，否则，很可能会因保存不当而变质。客人还可以闻闻软木塞有无异味，或进行试喝，以进一步确认酒的品质。在确定无误后，才可以正式倒酒。请人斟酒时，客人将酒杯置于桌面即可，如果不想再续酒，只需用手轻摇杯沿或掩杯即可。需要注意的是，喝酒前应用餐巾抹去嘴角上油渍，否则不仅会影响对酒香味的感觉，还会有碍观瞻。

商务馈赠

人们相互馈赠礼物，是人类社会生活中不可缺少的交往内容。中国人一向崇尚礼尚往来。馈赠是商界人士交往的重要手段之一，因此在选择作为馈赠的礼品时，每个人都要十分仔细、认真。

馈赠的目的

一般来说送礼品应该有明确的目的性，大多根据不同的馈赠目的选择礼品。送礼的目的多种多样，如以交际为目的，以酬谢为目的，以公关为目的，以沟通感情、巩固和维系人际关系为目的等等。馈赠的目的不同，送礼的方式、选择的礼品、遵循的礼节都有所不同。公务性送礼的目的多以交际和公关为主。这种性质的送礼，针对交往中的关键人物和部门赠送礼品，达到为组织带来经济效益或发展机会的目的。有些企业利用送礼的机会达到轰动性的广告宣传效应。个人间送礼，则是以建立友谊，沟通感情，巩固和维系人际关系为目的。这种性质的送礼，一般讲究"礼尚往来"。所送礼品，不一定价格昂贵，重在送礼的方式。一般节日送礼，要及时回赠，但婚丧嫁娶、生日礼品则不要马上回赠，待到对方有类似情况时再回赠比较合适。

馈赠的时机

1. 传统的节日

春节、中秋节、圣诞节等，都可以成为馈赠礼品的黄金时间。

2. 喜庆之日

晋升、获奖、厂庆等日子，应考虑备送礼品以示庆贺。

3. 企业开业庆典

在参加某一企业开业庆典活动时，要赠送花篮、牌匾或室内装饰品以示祝贺。

4.酬谢他人

当自己接受了别人的帮助，事后可送些礼品表示谢意。

礼品的选择

送礼也应创意出新，要能在把握对方心理需求的基础上尽量送一些受礼者意想不到的礼物，体现出礼品的个性色彩和文化品位。礼品应有前瞻性和艺术性。送礼宜顺时尚潮流而动，切忌送一些过时的礼品，那样还不如不送。现代的社会潮流趋势，越来越讲究礼品的外在包装。包装精美的礼品，其本身的属性也决定了人们对包装的追求。因此，包装与礼品价值应大体相称。有些礼品如小家电、工艺钟表等，与普通商品一样有售后服务等问题。商界人士在选购礼品时应主动索取票据、说明书等一并放在礼品中，以免除受礼者的后顾之忧，从而让对方感到你的一份细心和周到。

礼品的种类

1.鲜花

鲜花是一种高雅的礼品，它是商界人士以花为礼、联系情感、增进友谊的有效途径。按照我国民间流传的心态，凡花色为红、橙、黄、紫的暖色花和花名中含有喜庆吉祥意义的花，可用于喜庆事宜；而白、黑、蓝等寒色偏冷气氛的花，大多用于伤感事宜。因此在通常情况下，喜庆节日送花要注意选择艳丽多彩、热情奔放的；致哀悼念时应选淡雅肃穆的花；探视病人要注意挑选悦目恬静的花。

2.食品

（1）健康类。健康保健类食品，如虫草、花旗参、燕窝等这些滋补品往往是商界人士送礼的选择之一。

（2）洋酒类。洋酒的外包装通常都很漂亮，里面的小赠品也非常精致，瓶子还可以摆在室内做装饰品，所以，如今送礼品，洋酒备受青睐。

（3）茶叶类。送茶伴随着高雅这一含义，很容易受人青睐，不落俗套。

因此，商界人士常常以茶作为馈赠的礼品，同时还显现着个人的文化修养。

（4）其他食品类。另外，其他类的食品如糖果、巧克力、蛋糕、面包、甜饼、外来的咖啡、新鲜的水果、冷冻食物、坚果、果酱和果冻等也是送礼选择的对象。

3. 实用品

实用品的选择可以以体现对方的爱好和兴趣为准则，选择适合私人使用的礼品，也可以以有益于对方职业的实用品为选择准则。办公用的礼品也可以作为实用品来馈赠，如袖珍日历、相框、套笔、名片盒、办公文具盒、开信的工具、商业杂志或商务书籍等。

赠礼礼仪

（1）注意礼品的包装。精美的包装不仅使礼品的外观更具艺术性和高雅的情调，并显现出赠礼人的文化和艺术品位，既有利于交往，又能引起受礼人的兴趣、探究心理及好奇心理，从而令双方愉快。

（2）注意赠礼的具体时间。一般说来，应在相见或道别时赠礼。

（3）注意赠礼时的细节。只有那种平和友善的态度、落落大方的动作并伴有礼节性的语言表达，才是令赠受礼双方所能共同接受的。

（4）注意赠礼的场合。赠礼场合的选择，是十分重要的。尤其那些出于酬谢、应酬或有特殊目的的馈赠，更应注意赠礼场合的选择。通常情况下，当众只给一群人中的某一个人赠礼是不合适的。因为那会使受礼人有受贿和受愚弄之感，而且会使没有受礼的人有受冷落和受轻视之感。给关系密切的人送礼也不宜在公开场合进行。既然关系密切，送礼的场合就应避开公众而在私下进行，以免给公众留下你们关系密切完全是靠物质的东西支撑的感觉。只有那些能表达特殊情感的特殊礼品，方能在公众面前赠予。因为这时公众已变成你们真挚友情的见证人。

━━◆ 小贴士 ◆━━

不宜赠送的礼品

1. 涉及国家和商业秘密，涉黄、涉毒一类的物品，不能赠送于人。

2. 假烟、烈酒以及低级庸俗的书刊等有害物品，对人们的学习、生活、工作和身体健康有害无益，不能赠送于人。

3. 被视为垃圾的废弃物品，不能做礼物送人。

4. 带有广告标志或广告语的物品，不可送人。

业务员的个人礼仪

讲究礼仪是业务员的行为准则，为了在竞争中立足，在礼仪上下工夫是最好的选择。虽然，礼仪不一定能促成一桩买卖，但可以肯定地说，不注重礼仪规范，生意一定会失败。

服装服饰

衣着在当今人们的日常生活中占有很重要的部分了，但我们并不是要求业务人员在衣着上怎样华丽耀眼，但最起码一点要穿着得体、大方、干净、整洁，显得有内涵，这样才能开始你从事行业的第一步。在现实生活中，有许多业务员自认为水平高超，就忽略了服装服饰问题，殊不知，这是导致失败的直接因素。客户第一眼看不出你的水平，他看见的首先是你的衣服和鞋子。一系列的交往过后，才能领教你的业务水平。所以，业务员一定要注重自己的仪表。

言谈举止

言谈举止是衡量一个业务员综合素质的标准，也是塑造个人形象的重要因素。所以，讲话时一定要有分寸，时刻注意语言，尤其是开场前一分钟里讲的话，是决定成败的重要依据。一个合格业务员必须随时留心对方的话，从中提取有用的信息，分析对方想要得到的信息，不失时机地输送过去。如果客户有不清楚的地方，还应热情、大方、有礼地为其讲解。

气质修养

气质不是与生俱来的，受外界环境影响颇深。作为一名业务员，要注重培养自身气质，结合自己的心理、性格特征，塑造理想的气质形象。将干练、富有亲和力的一面展现在客户面前，让人心甘情愿与你合作。

自信的心态

自信是一切行动的原动力，没有了自信就没有行动。我们要对自己服务的企业充满自信，对我们的产品充满自信，对自己的能力充满自信，对同事充满自信，对未来充满自信。我们将优良的产品推荐给我们的消费者，去满足他们的需求，我们的一切活动都是有价值的。很多销售人员自己都不相信自己的产品，又怎么样去说服别人相信自己的产品呢？很多销售人员不相信自己的能力，不相信自己的产品，所以在客户的门外犹豫了很久都不敢敲开客户的门。

相应的礼仪

尊重他人不仅表现在表面上的礼貌，而且要知道客户需要什么，并及时奉上才是对别人最大的尊敬。认识到这一点，并采取相应的行动，就能在合作中占优势地位。值得注意的是见客户之前要准备好材料，不要等客户要的时候才去找，这样自然显出你的失礼。合作就是为了实现某种利益，任何人都明白这一点，因此在与客户洽谈过程中，没有必要掩饰这一点，否则会给人以虚伪、做作的感觉。

贵在坚持

业务工作之所以不容易做，是因为许多客户不太明白，做成业务双方都可以受益，是一举两得的事情。因此，在洽谈的时候客户对业务员百般刁难，如果业务员承受不住这样的考验，结果只有失败。所以，当你遇到这样的客户时，不妨委婉地提示一下对方，让他意识到业务谈成后，对他也有好处。这并不是失礼的行为，而是一种策略。做成业务本是两个公司合作的结果，也是你与对方谈判代表之间的个人合作。商务活动中，许多合作都不可能仅仅一次就能达到目的，双方应本着长期合作的原则，与对方结成合作伙伴。

建立友谊

为了能长期合作，应该与对方谈判代表建立起私人关系，力求成为好朋友。这样对双方结成长期的合作伙伴是有帮助的。

公私分明

在合作过程中，业务员与客户之间的关系很微妙，即使双方已经成了好朋友，但其中还涉及各自的利益问题，要知道，你与客户之间是通过生意才成为朋友的，彼此间的友情并不是单纯的、没有任何利益关系的。所以，在与客户交往时，不要拿对待朋友的礼节来对待客户。除非彼此间的友情已经升华到金钱之上了。否则，会有冒犯或者怠慢之嫌，破坏双方感情，影响业务往来。

小贴士

业务员打电话的礼仪

打电话目标是获得一个约会。你不可能在电话上销售一种复杂的产品或服务，而且你当然也不希望在电话中讨价还价。电话销售应该持续大约三分钟，而且应该专注于介绍你自己、你的产品，大概了解一下对方的需求，以便你给出一个很好的理由让对方愿意花费宝贵的时间和你交谈。最重要的别忘了约定与对方见面。

第七章

服务讲礼仪，企业增效益
——服务行业中的礼仪

在社会生活中，讲究礼仪已经成为反映一个国家或民族文明程度的重要标志，也是衡量人们的道德水准和有无教养的尺度。作为服务行业的广大人员来说，有必要学习礼仪知识，提高自身修养，以便在服务工作实践中满足宾客的要求。这对于提高企业的经济效益，乃至树立整个国家和民族的形象是至关重要的。

▌宾馆服务礼仪

宾馆在现代商务交往中，扮演着十分重要的角色，它们不仅设备完善、环境幽雅、服务周到，而且在许多方面还直接介入了商务活动。服务与效益二者相应相生，服务质量的好与坏直接决定着经济效益的高与低，因此宾馆要想提高服务质量，获得更高的经济效益，就要首先规范服务人员的礼仪。

门前服务礼仪

门前服务人员的服装应当干净、整洁、挺括。可以化淡妆，但不宜佩戴首饰。穿旗袍时，切勿开衩过高，从而影响来宾对其所代表的宾馆的评价。在工作岗位上，门前服务人员均应肃立、直视、面含微笑，绝不允许抱肩、叉腰、弯腿或倚物。与异性、熟人、出租司机聊天、逗乐，更应被禁止。如客人乘车抵达宾馆门口，服务人员还应替客人打开车门。一般情况下左手拉车门与门轴成70度角，右手挡在车门上沿，以防客人不小心碰头，客人下车时，应提醒客人"小心"。有重要客人或团队客人光临时，礼仪小姐应在宾馆负责人的带领下，列队迎候。倘若适逢下雨，应主动为客人撑伞，碰上小孩、行动不便的老人或残疾人，还应主动上前搀扶。

行李服务人员礼仪

行李服务人员要主动、热情地向客人问好。然后帮客人将行李从车上取下，查看车内有无遗留物品，然后与客人一起核查行李件数，检查行李是否完好无损。继而将客人引至总服务台办理入住手续。搬运行李务必小心，力求轻拿轻放，以免损坏行李。引领过程中，服务人员应走在客人左前方，与客人保持一定的距离，并配上专业化的手势为客人引路。

为客人办理入住登记手续时，行李服务人员应站在距前台约四米以外的地方，等待为客人服务。手续办妥后，应主动帮客人拎行李，拿钥匙，为客人引路。如需乘电梯，必须请客人先进入电梯后，自己再进入。走出电梯时，则应当后出。行李员陪同客人抵达既定的楼层后，可先与客房服务员取得联系。

打开房门后，应先打开房间内的总开关，然后站到房门一侧，请客人先进。对于行李的摆放，可听从客人的安排，然后简明扼要地为客人介绍房内设施及使用方法。最后向客人询问是否还有其他要求，如没有即可告别。然后轻轻关上房门，转身离开。

总台接待员的礼仪

（1）总台接待员在上岗时，务必要按规定着装，并且在各个细节上都要热情服务。总台接待员的标志牌，应一律端端正正佩戴于左胸。总台接待员在工作中，要积极主动，对前来的客人要主动打招呼，并提供必要的服务。在一般情况下，总台接待员在为客人服务时，应当站立。站立时姿势要文明、优美，不要弯腰驼背、或倚或趴、双脚交叉。两手可在下腹交叉或扶在柜台边缘上。

（2）在工作中，总台接待员应精通业务、讲求效率、节省客人的时间。为客人服务时，应面带笑容地目视客人，态度和蔼，表情亲切。在讲话的时候，应做到口齿清晰、语言文雅、语气轻柔。当客人前来投宿时，应目视对方鼻眼之间的三角区域，上身略为前倾，首先问候对方。倘若不能满足客人的要求，应向其做出合理的解释，并主动向其介绍其他可以满足其要求的地方。必要之时，还可主动地替对方代为联系。

（3）如果同时接待较多的客人，应按照先来后到的顺序，依次为之服务。需要查验客人的证件时，先要说明理由，然后尽快归还，在递交客人客房钥匙或现金时，应双手捧交。遇到住店客人打来的求助电话，应给予必要的帮助。暂时不能解决的，应做好笔录，在交接班时，还应做出必要的交代。对待即将离店的客人，在为其结账时，要迅速、准确。在结账单上，

要写得一清二楚。对于客人有关账单的疑问，要耐心解释，直到对方满意为止。

电梯员的礼仪

按规定在电梯门外恭候客人的电梯员见到客人走向电梯时，应当首先进入电梯，在电梯间内欢迎客人。并面向门口，侧身而立，一手按住门，一手向客人示意"请进"。与此同时，他还应主动对客人问好。在关闭电梯门前，应目视一下反光镜，以免妨碍其他人进入。一定要注意电梯的安全操作，不要在开关门时夹伤乘客。在开、关门前，最好举手示意各位乘客留神。倘若电梯里乘客业已满员，则应对还想挤进来的客人道歉，切勿让电梯超载。按照常规，应当客人到，电梯开。不要为图省事，而让先到者在电梯内久等。到达客人预先告知的某层楼之前，应大声将层数报出来，以便对方有所准备。在客人步出电梯间时，应主动向其告别。

客房服务人员的礼仪

客房服务员在得到客人将要到达的通知后，应立即做好准备工作。在客人到达时，应当面带微笑，并主动问好。并在前引路，将客人带入客房。在打开房门之后，应先请客人入内。进入客房后，应对房内的设备和宾馆内的设施稍作介绍，当问明客人再无疑问之后，应立即退出，以免妨碍客人休息。

宾馆各部门从业人员对客人的照顾，应当出自公心，不容私情。跟客人过从甚密的事，是绝对不可以做的。不允许跟客人打打闹闹、乱开玩笑。有事需要进入客房，须先按门铃通报，得到允许后，方能入内。进入客房内之后，不允许锁闭房门，而应将其半掩半开。即使客人再三让座，也应当婉言谢绝。未经有关部门允许，不允许陪同客人在宾馆内部用餐、购物或娱乐。

餐饮服务人员的礼仪要求

客人就餐时服务人员应以最快的速度到吧台为客人领取所点酒水，及时为其奉上。上菜时要从客人右侧的空隙送上，力求做到轻拿轻放。摆放菜肴时，应以整齐、美观为原则。每上一道菜都要为客人报上菜名，如有佐料的要同时送上。客人所点的菜全部上齐后，要告诉客人一声，并询问是否还需要其他帮助。客人就餐过程中，服务人员应常常巡视客人的就餐情况，如发现餐桌上盛杂物的盘子已满应及时予以替换。

当客人所点菜肴与酒水上齐后，服务人员应及时告知，当客人提出结账时，负责收银的工作人员，应及时报出应付金额。并将每道菜的价钱向客人再次说明，以方便客人核对钱数。客人交款时，不要直接用手拿钱，可请客人将钱放在托盘中，如需找钱的，应及时找零，核对清楚后交给客人。

送客礼仪

当接到客人离店的通知时，应向前台询问离店客人的房间号，然后主动为客人提供服务。注意，进入客人房间时要先按门铃再敲门，经允许后再进入。当客人离开房间时，客房服务人员应将其送至电梯间门口，并热情地与之告别。客人行李如果较多，通常其行李应由行李员协助送至大厅或房间之内。

客人离店前服务人员要确认客人是否结账，如尚未结账，应礼貌地提醒客人到收银处将费用结清，到前台交还房间钥匙。客人即将离开时，服务人员要主动、谦虚地向客人征求意见，看其是否满意该宾馆的饭菜质量、环境卫生以及服务态度等，对客人所提要求和意见，服务人员应虚心听取。

客人离店时，门前服务人员要协助行李员为客人装好行李，然后请客人当面清点数目。面带微笑地对客人告别。如客人乘坐小汽车离开，还应帮客人将行李拿到车上，然后轻轻关上车门，后退一步，向客人挥手道别。当客人离店、需要行李员帮助时，行李员应按约定时间到达客房。在核对完客人行李的件数及具体要求后，应小心而负责地把行李运到客人预约的轿车上，并将其放入行李箱内。当客人到达后，应就此向客人进行详细的交代，免得对方有所遗忘。

⬥ 小贴士 ⬥

客人入住酒店的注意事项

要注意保持清洁卫生，把废弃物扔到垃圾筐里。在使用洗手间时，不要把水弄得到处都是。如果你要连续住上几天，你可以留一张纸条给客房服务员，告诉他们，床单和牙刷不必每天都换，这样的客人一定会受到饭店的尊重和欢迎。在房间用餐完毕，要用餐巾纸将碗、碟擦干净，放在客房外的过道上，方便服务人员收拾。除了有偿使用的物品外，洗发膏、牙刷、肥皂、信封、信纸之类的小用品可以带走。在酒店的客房与朋友相聚时注意有节制，会客时间太长是不适宜的，一般不要超过23点。

‖ 中餐服务礼仪

服务人员相当于维系主客关系的桥梁，服务到位宾客尽欢，服务不周有可能出现不愉快的场面，因此服务人员必须意识到自身工作的重要性，在为宾客服务的过程中，应遵守一些礼仪规范，更好地为客人服务。

服务员仪表仪容要求

头发干净、整齐。男士头发后不盖领、侧不盖耳；女士头发后不过肩、前不盖眼，长发盘起。面容洁净。男士不留胡须，女士淡妆。手指甲要剪短，不涂指甲油，不戴戒指、耳环及夸张性手表与饰物。应着本岗位工作服，戴饭店的工作牌。服装干净，熨烫挺括，纽扣齐全，无破损，无污迹。一律着黑颜色鞋。男士穿深色的袜子，女士穿肉色丝袜，干净、无破绽。

招待宾客的服务礼仪

客人到达时，负责迎接的服务人员，要面带微笑、彬彬有礼地迎接每位客人，并热情大方地使用服务敬语，把客人引领到休息室就座。接过客人脱下的外衣，应为其挂在较明显的位置，需要提醒注意的是，千万不能倒提客人的衣服，以防衣袋里的物品掉出。应热情主动地招呼客人入座，然后根据客人的不同需要为其提供相关服务。客人坐定后，撤下台上与就餐无关的物品，如花瓶、座位号等。

斟酒礼仪

服务员站在客人右侧，左手托盘，右手持瓶，商标朝向宾客，从客人右侧斟酒。餐饮服务应坚持托盘不离手。斟酒从主宾开始，依顺时针方向进行。斟酒前，先向客人示意，若客人不喜欢饮此酒，按客人要求调换酒水。一般斟酒顺序为：先斟葡萄酒、再斟白酒、后斟饮料。斟酒以八分满为宜。斟时瓶口不要碰酒杯，斟完后酒瓶抬高两厘米，旋转瓶口后抽走，并用酒布擦干瓶口。在主人或客人相互祝酒时，服务员停止走动；主人或客人下桌敬酒时，服务员用托盘盛放两种酒，随客人身后视机斟酒。

上菜礼仪

上菜前移动台上物品，留出放盘空位。有酒水和冷菜时，应先上酒水后上菜，上菜时按先冷后热、先菜后汤或先冷后汤、先菜后饭顺序上菜。端盘时拇指紧贴盘边，其余四指扣住盘子下面，拇指不得接触菜盘边沿及浸入菜品内。每上一道菜，旋转到主宾面前，报菜名，上菜时注意菜盘清洁和菜点质量，不合格的菜点不上桌。上虾、蟹等手剥食品前，先上洗手盅。上整鱼时，头部朝左，以主人为准，腹部朝向主人。有拼摆图案的冷菜将正面朝向主宾。上菜、撤盘均从副主人座位的右侧进行。为客人服务坚持右上右撤，即侧身站在客人右侧，右手撤盘，右手上菜。服务人员应常常观察客人的就餐情况，及时为客人提供服务，就餐过程中如果客人需要撤换餐具，服务人员应及时满足客人的要求。

送客礼仪

客人用餐完毕起身离座时，应提醒其拿好自己的物品，并根据衣牌号码为客人提取衣帽，礼貌地将衣帽递给宾客，并热情地欢迎客人再次光临。

———※ 小贴士 ※———

中餐座位的次序如何排列

从古到今，因为桌具的演进，所以座位的排法也相应变化。总的来讲，座次是"尚左尊东"、"面朝大门为尊"。家宴首席为辈分最高的长者，末席为最低者。

巡酒时自首席按顺序一路敬下。若是圆桌，则正对大门的为主客，左手边依次为2、4、6……右手边依次为3、5、7……直至汇合。

若为八仙桌，如果有正对大门的座位，则正对大门一侧的右位为主客。如果不正对大门，则面东的一侧右席为首席。然后首席的左手边坐开去为2、4、6、8，右手边为3、5、7。

如果为大宴，桌与桌之间的排列讲究首席居前居中，左边依次2、4、6席，右边为3、5、7席，根据主客身份、地位、亲疏分坐。

‖ 西餐服务礼仪

随着经济的不断发展，人们生活水平的不断提高，吃西餐已经成为很多人的饮食习惯。面对着越来越庞大的消费人群，若想获得更多的经济效益，就得从服务抓起。因此，作为西餐厅的服务人员懂得西餐服务的礼仪是十分必要的。

服务人员的仪容仪表

服务人员要着装整齐，工作装要干净，纽扣要齐全，扣好，不可敞胸露怀，工号牌佩戴在左胸前。指甲要经常修剪，保持清洁，不留长指甲，不涂有色指甲油。头发要勤梳洗，保持整洁，不留怪异发型，男服务员的头发前不遮眉，后不过领，鬓角不过耳，不留胡须。女服务员头发不过眼，留长发在工作时，将长发盘起，用规定的发套，淡妆上岗，严禁浓妆艳抹。所有员工上班时严禁佩戴除手表外的饰物。

接待礼仪

餐厅经理或主管每天要为服务人员召开餐前短会，检查员工仪容仪表，介绍当日特色菜肴及服务项目，分析当日客情，强调接待重要客人时的注意事项。开餐前，服务人员应准备好各种刀、叉、勺、餐盘、咖啡杯、酒杯以及酒篮、冰桶等就餐用具，并将其按餐厅规定摆放整齐。

客人进入餐厅时，服务人员应热情、主动、面带微笑地将客人引入餐厅，并为其安排座位，如果客人事先预订了位子，可将客人带入指定房间或座位。然后按女士优先的原则给客人拉椅让座。吃西餐时，当客人落座以后，服务人员应及时为客人介绍本餐厅的酒水，认真记下客人所点的酒水种类，并重复一遍，防止记错或写错，为未点餐前酒的客人倒上冰水。如果客人点的是红葡萄酒，要问清是何时饮用。如果配主菜饮用，还要问明现在是否开瓶。上酒时，应撤除桌上与就餐无关的物品。

点菜时，应按先女后男、先宾后主的顺序为每位客人递上一份干净的菜单，同时向客人介绍餐厅当天的特色菜肴。对待客人的疑问，服务人员要耐心地予以解答。客人点菜时，服务人员一般站在客人右边，从主人的右手边开始逆时针依次点菜。客人点完菜时，可根据菜单，为客人介绍与其相匹配的酒水，并耐心等待客人选择。

就餐服务礼仪

上菜时，服务人员应用右手端菜从客人右边送上，摆在装饰盘内。撤头菜时，服务人员同样用右手端盘从宾客右边撤下。汤类服务比较简单，可将汤直接放入装饰盘内，端到客人面前，客人用完后，连同装饰盘一起撤下。上主菜时要从客人右侧端上，并将菜名告知客人。撤盘时要将刀叉与主菜盘一同撤下，并将桌上的杂物清理干净。向客人展示各种奶酪及甜点。

服务员若由于操作不慎而将酒杯碰翻时，应向宾客表示歉意，立即将酒杯扶起，检查有无破损。如有破损要立即另换新杯；如无破损，要迅速用一块干净餐巾铺在酒迹之上，然后将酒杯放还原处，重新斟酒；如是宾客不慎将酒杯碰破、碰倒，服务员也要这样做；如果因服务员的过错而弄脏了宾客的衣服，应用干净毛巾将客人的衣服擦干净，如污迹擦不干净，征得客人同意后，免费为客人洗涤。

送客礼仪

客人用餐结束后，服务人员不得逼迫客人结账，只有客人有此需求时，才能去收银台通知相关人员汇总账单。服务人员应仔细核查账单，确定无误后，交给客人，此时不必说出总金额。服务人员应当着客人的面，结清账目，如需找零还应认真对待。客人起身离开时，应提醒客人带好自身物品，并热情、礼貌地向客人告别。

—— 小贴士 ——

涉外敬酒礼仪

在涉外宴会上，要谨慎对待饮酒和劝酒。中国人饮酒待客有一饮而尽的礼节，并要求客人也喝干，而且在宴会上举杯频繁，多多干杯，认为这样才是尽兴和好客。而在西方，人们也举杯祝酒，但喝多喝少全由客人自己掌握。因此与外国客人一起饮酒，恰当的做法是主随客便，可以敬酒，但不宜劝酒，尤其不能劝女宾干杯。另外涉外场合过度饮酒导致醉酒是违反外事礼规的行为，会损害个人或国家的形象。因此，在涉外宴会上，对内要节制饮酒，对外不要劝酒。

‖ 营业员的礼仪

营业员不仅代表着个人，更代表了公司的整体形象。因此，营业员无论是仪容仪表、言谈举止还是文化素养都必须遵守礼仪规范。在工作中，时刻严格要求自己，不断改善服务态度，提高服务质量，将良好的品德修养展现在顾客面前。

仪容仪表的礼仪

营业员化妆，是一种礼貌行为，是健康向上、积极进取的表现，但化妆时要根据环境特点等掌握好分寸，不要浓妆艳抹，粉底最好选用与肤色同一色系的。要做到勤理发、勤洗手、勤剪指甲、不涂搽指甲油。上班前不喝酒、不吸烟、不吃带强烈刺激气味的食物。发型以短、散、松、柔为宜，显示出自然、端庄之美。如果留披肩长发，工作时要用深色的丝带把头发扎起来。

营业员的着装应该美观大方、协调雅致。为了能使格调统一，通常情况下所有营业员上班时都应穿统一的工作服。有些商店的工作服只有一件，或者是上衣或者是裤子、裙子，如果是这种情况，营业员应选择合适的衣服与其相配。有些商店的工作服是成套的，在这种情况下，营业员必须上下身配套穿，不能只穿一件。不管是穿便装还是工作服，都应做到服装干净整洁、得体大方。所着衣服、鞋子要协调统一，不可佩戴首饰、不戴耳饰、胸针、戒指、领花等装饰物，也不要敞胸露怀、挽袖子、卷裤腿，更不要光着脚穿鞋，戴墨镜、围巾上班，这些对营业员来说，都是不得体的打扮。

营业员的言谈举止

营业员站立时，双脚自然分开，上身挺直，双手自然合拢放在小腹处。神态要端庄、精神、热情、自然。不要给人以懒散、怠慢、沉闷的感觉，以

免影响顾客的购买心情。招待顾客时，双手可以轻放在柜台上，千万不要趴在柜台上或背靠柜台、货架。站立时也不可抱臂膀、蹬柜台或把手插进衣兜里，工作时间不能同别的营业员聊天。

营业员与顾客交谈时，尽量使用通俗易懂的语言表情达意清楚、明确、完整。接待顾客时，态度要谦逊、真诚，维护顾客的自尊心，语气委婉富有感情。说话的语气语调要高低适中，语言柔和。介绍商品时，应注意语言的运用。

迎接顾客的礼仪

面带微笑，使进来的客人感觉亲切且受到欢迎。当客人进来时，营业员要立刻迎接，表示尊重，并亲切的向顾客问候。作为引导人员应走在顾客的左或右前方以为指引，因为有些顾客尚不熟悉商业环境，切不可在顾客后方以声音指示方向及路线，走路速度也不要太慢，让顾客无所适从，必须配合客人的脚步。

接待顾客的礼仪

（1）顾客到店内参观时，应亲切地接待顾客，并让他随意自由地选择，最好不要随便给顾客发表自己的意见，在一旁唠叨不停。如有必要应主动对顾客提供帮助，若顾客带着很多的东西时，可告诉他寄物处或可以暂时放置的地方，下雨天可帮助客人收伞并代为保管。营业员对先来的顾客应先给予服务，对晚到的顾客不能置之不理，应亲切有礼地请他稍候片刻，不能先招呼后来的客人，而怠慢先来的人。如果顾客非常多，人手又不够，招待不过来的情况下，记住当接待等候多时的顾客时，应先向对方道歉，表示接待不周恳请谅解，不能毫无礼貌地敷衍了事。

（2）顾客有疑问时，应以愉悦的态度为客人解答。不宜有不耐烦的表情或者一问三不知。细心的营业员可适时观察出顾客的心态及需要，提供好意见，并且对商品作简短而清楚的介绍，以有效率的方式说明商品特征、内容、成分及用途，以帮助顾客选择。与顾客交谈的用语宜用询问、商量的口吻，不应用强迫或威胁的口气要顾客非买不可，那会让人感觉不悦。值得注意的是，不要忽略陪在顾客身旁的人，应给予同样的热情招待，在这样热情的服务下，或许也能引起他们的购买欲望。

（3）有时一些顾客可能由于不如意而发怒，这时营业员要立即向顾客解释并道歉，并将注意力集中在顾客身上。最好的方法是要克制自己的情绪，不要让顾客的逆耳言论影响你的态度和判断。要擅长主动倾听意见，虚心地听取抱怨，知道顾客真正需要什么，不打断顾客的发言，这样顾客被抑制的感情也就缓解了。当顾客提出意见时要用他们自己的语言再重复一遍你听到的要求，这再一次让顾客觉得他的问题已被注意，而且使他感到你会帮助他解决困境。

（4）当顾客试用或试穿完后，宜先询问客人满意的程度，而非只一味称赞商品的优越性。营业员在商品成交后也应注意服务品质，要将商品包装好，双手捧给顾客，并且欢迎下次再度光临。即使客人不买任何东西，也要保持一贯亲切、热诚的态度。

✱小贴士✱

营业员商业礼仪规范

1. 在工作场合中根据地点、身份的需要说话要适当，举止要得体。

2. 在接待顾客时要懂得欣赏、赞美顾客的优点。在谈话中懂得察言观色，说话抓住重点，行动快而敏捷。

3. 设身处地地为顾客着想，顾客愈挑剔，越要加倍付出耐心，一项项为之解答，并设法改正自己的缺点。

▎投诉接待礼仪

当顾客对服务或是商品表示不满时，若要想迅速地解决投诉问题，使得

双方都满意，就要懂得接待投诉的礼仪。

处理投诉的有效方法

（1）把投诉视为一次建立更好的业务关系的机会。

（2）把投诉列在你的日程表的首位，在24小时之内对书面投诉做出答复。

（3）当你接到对方投诉时，认真倾听。

（4）在接待投诉时要尽量提出开放性的问题以获得更多信息，提出封闭性的问题以达到一致。

（5）在面对面交流时保持眼神交流。

（6）确保投诉人对解决结果满意。

接待投诉的方式

1. 接待电话投诉的礼仪

接待电话投诉时要从头到尾听取投诉，不要试图讲得太多或打断正在投诉的人。适当地做一些礼貌的提问，这样可以确认你对投诉的理解。不要让人觉得似乎他们不该投诉。重要的是要确保打电话的人知道他们的投诉得到了严肃的处理，并让他们知道你会在某一时间内作出建设性的弥补。如果你个人不能处理该投诉，向对方全面扼要地说明谁会负责同他联系，让他们知道事情的发展和你把该投诉交给何人处理。要尽自己最大的努力确保投诉者对结果满意，使他转怒为喜。

2. 处理信件投诉的礼仪

认真阅读投诉信件，突出要点。如果你对自己回复的能力产生疑问，就对你的上司说明。思考一卜该怎样处埋投诉，然后向你的上司征询处理的建议，但是不要预备把整个问题交给他们处理。并在24小时之内做出事实性、专业性的答复，清楚地说明你们打算如何处理投诉。别忘了把全名和电话号码留给对方，使之可同你联系。一定要确保你所说的都被付诸行动，这样才能体现出你的信誉。一旦投诉得到解决，要立刻打电话通知对方。

3. 面对面接待顾客投诉的礼仪

（1）当面对面接待顾客投诉时，要同他保持眼神交流，并做记录。

（2）认真倾听对方的话，你会得到足够的信息来提出有意义的问题。

（3）保持令人愉快的表情，注意不要摆出屈尊俯就的态度或让人觉得你的笑容虚假。

（4）向对方保证他的投诉会得到认真对待，并且说明你准备做的事和解决问题的截止时间。

小贴士

有效投诉守则

当你对一项无法接受的服务或一种商品不满意时，想顺利有效地投诉，就应当把重点放在欠缺的有关服务或不合格商品的事实上。在说明情况时，要保持冷静，言语清楚而礼貌，并表明你对该服务或商品表示失望。千万不要攻击倾听你投诉的人，或是使用带有挑衅或威胁性的语言。尽量以最有效的方法，达到你的投诉目的。

美容师的礼仪

随着市场竞争的日趋激烈，美容院的服务人员在满足顾客对美的需求和向往时，也要注重相应的礼仪，营造一个个性突出、感染力浓厚的环境。在提高技术水平的同时，努力学习美容院的服务礼仪，将二者结合起来，才能成为一名合格的美容服务人员。

美容师的仪表礼仪

1.服装

美容院的服装应当与整个环境相一致，色调、款式都要体现出美观、大方的特点，最重要的一点是干净、整齐。工作期间，美容师不得佩戴首饰及各种饰物。如果是配裤子则可将上装做得稍微长一些，穿西裙时不宜穿花袜子，袜口不要露在裤子或裙子之外。

2. 装饰

美容师的化妆应做到既不浓艳，又不平淡。要求粉底不能打得太厚，且要保持均匀，与其皮肤底色协调；对于脸上的瑕疵应尽量给予遮掩。眼影以不易被明显察觉为宜，眼线不要勾画太重，眼眉要描得自然，原则上以弥补眉形中的轻描为主，不许纹眉或因勾描重而产生纹眉效果。涂胭脂以较淡和弥补脸型不足为基本标准，并能使人体现出精神饱满和具有青春朝气，体现出专业水准。美容师不得留指甲，不得涂色油在指甲上，忌用过多香水或使用刺激性气味强的香水。上班前要把头发梳理整齐，可加少量头油，保证无头屑。

3. 个人卫生

美容师的头发要保持清洁，经常洗发，发型要适合脸型特点，留长发者，工作时要夹发。美容师的面部皮肤状况是最有说服力的广告，应加强日常的面部皮肤护理，工作时要化淡妆，最忌脱妆或浓妆艳妆。保持口腔清洁，每天都要刷牙漱口，并提倡饭后漱口。由于美容师与顾客接触时，距离很近，因此，上班前不得吃有异味的食物。不吸烟、不喝酒，工作中不嚼口香糖。提倡每天洗澡，勤换内衣，以免身体上发出汗味或其他异味。

美容师举止行为的礼仪

美容师在一天的工作和生活中，会遇到许多麻烦、困难或不愉快的事情，这就要求美容师要有稳定的情绪，在遇到困难时能保持冷静的态度，工作中容易与人相处，随时让人觉得愉快、喜悦，这都需要对生活具有健康、积极的态度。

美容师站立时要表情自然、双目平视、颈部挺直、微收下颌、挺胸、直腰、收腹、臀部骨肉上提、两臂自然下垂、双肩放松稍向后，双腿并拢、双脚成丁字型站立。因为美容师需要长时间站立工作，所以应避免脊骨的长时间弯曲。两脚不要离得太远，尽量以脚掌承受体重而不要以脚跟承受体重。

但如果以两脚并拢的姿势长时间站立，身体不易平衡，也很容易造成疲劳。因此，在工作中只有保持正确的站立姿势，才能获得良好的平衡性、肌肉的适当控制以及手脚的协调等，从而减少或避免疲劳。

美容师工作时的坐姿要符合礼仪的标准，坐的时候，下半背部要贴住椅背，椅面与膝部基本平行，能使双脚顺着膝盖自然平放于地板上，并使大腿部与小腿部形成90度的直角，以脚支撑大腿部的重量。当客人来访时，应该放下手中事情，站起来相迎，当客人就座后自己方可坐下。替顾客服务时身体上部可稍向前倾，如果坐的是没有椅背的凳子，则应坐满凳子，保持上身挺直的姿势，使身体的重量完全由大腿承受。听客人讲话时，上身微微前倾或轻轻将上身转向讲话者，用柔和的目光注视对方，根据谈话的内容确定注视时间长短和眼部神情。不可东张西望或心不在焉。

美容师的接待礼仪

1. 迎客的礼仪

美容院营业期间，美容师应当站在各自的岗位上，准备为顾客提供服务。当顾客进店时，美容师要主动上前欢迎，并亲切地问候。对老、弱、残顾客，要主动上前搀扶，并为其安排座位。倘若是老顾客，可以更亲近一些，但不能有不合礼仪的举动或言谈。在为客户服务时，要友好、热情、精神饱满和风度优雅。

顾客就座后，美容师应主动介绍服务项目，当顾客对所选项目举棋不定时，美容师可根据相关图册为顾客提供某些建议。这就要求美容师不断学习掌握美容知识，只有这样才能给顾客提出更好的建议。对美容知识比较欠缺的顾客，美容师不能心浮气躁，要耐心地、较全面地为其讲解，根据顾客的职业、身份、年龄、性格、情趣、自身条件策划美容项目。倾听顾客意见时，要认真、仔细，对于不清楚的地方，应请顾客讲解明白，双方意见统一后再进行操作，以免出现不愉快的场面。

2. 服务时的礼仪

作为美容院的美容师，应经常揣摩、研究顾客的心理，有针对性地为其提供服务。在为顾客服务过程中，要及时询问顾客的感受。如果需要顾客配合时，应温和、礼貌地对顾客说。在为顾客服务过程中应学会同顾客交流，调节沉闷、压抑的气氛。

当顾客对某项服务感到不满意时，美容师应根据情况予以处理。如果过错是自己造成的，应诚恳地向顾客道歉，并设法给予补救；倘若是顾客无理取闹，故意找麻烦，美容师也不能与顾客发生口角，而应心平气和、礼貌、耐心地跟对方讲道理。如果顾客是那种比较不讲道理的人，可请经理出面解决，实在解决不了，可建议顾客向有关部门投诉，请求他们帮忙解决。

服务结束后的礼仪

服务结束后美容师应征询顾客的意见，看对方是否满意，有无需要完善的地方。如有意见，服务人员应认真听取顾客意见，及时修正直到顾客满意为止。如果顾客没有任何意见，而且对此次服务感到非常满意，有意向有关人员道谢时，服务人员要礼貌地回应。

结账时，应认真、仔细，当着顾客的面核查账目，如需找零钱，应快速、准确地办理。顾客离店时，应提醒顾客带好自己的物品。如果顾客是老人或残疾人，应上前搀扶，将其送出店门。

—— 小贴士 ——

美容师应具备的良好品德

美容师要认真学习法规和美容院的规章制度。对所从事的职业要有信心，并尽最大的努力认真工作。乐于学习，健全心智，提高素养。面对顾客言而有信，尽职尽责。要有一个良好的心态，对他人的帮助要表示谢意；对他人的缺点要容忍，对老、弱、病、残要有同情心。尊重他人的感觉及权利，能良好地配合同事、雇主以及上级领导的工作。对所有的顾客都要友善、礼貌、热情、诚恳、公平，不可厚此薄彼。学习巧妙、高雅的职业谈吐，当他人说话时，要注意倾听。注意仪表，随时保持严格的卫生标准，使顾客产生信心。

‖ 护理病人的礼仪

礼仪已经成为护理服务工作的行为规范，护理工作中的言谈举止、音容笑貌都必须符合护理专业礼仪规范的要求。因此，护理人员不仅要不断地充实自我，掌握过硬的护理技术，还要有良好的礼仪修养，为患者提供全方位的优质服务。

接待患者的礼仪

接待患者时，要尽量解除患者心理恐惧的心理，要保持礼貌周到的工作态度，文明端庄的仪表。工作服必须清洁平整，佩戴的胸牌清晰、端正，给患者以文明、大方的感觉，留下良好的第一印象。见到患者应主动热情地问好，表情和蔼亲切，面带笑容，表达关爱之情。接诊患者时，护士的站姿、坐姿都要端正、规范。在使用文明用语的同时，注意形体语言，面对站立着的患者应起立回答问题，指出方位时要等对方明白了，才返回工作地点，必要时应将患者送达目的地。

护理治疗的礼仪

在为患者进行护理治疗的过程中，除了规范、娴熟的操作外，还应注意工作中的文明礼貌行为。应注意保持举止有度，言谈有礼，即使遇上某些挑剔患者也要保持冷静、耐心的心态，始终以礼相待。在进行治疗前应礼貌地对患者作一些关于治疗措施的科学解释，要充分尊重患者的知情权，让患者了解治疗措施的意义。并且在进行治疗操作时要严格执行操作规程，做到动作轻柔，神情专注，态度和蔼。当患者配合治疗结束后，还应当向患者致谢，并给予适当的安慰。

护送患者进入病房的礼仪

护理人员送患者进入病区时要主动给患者介绍病房情况，耐心细致地解答患者或家属的提问，消除患者的疑虑等等。对能步行的患者可扶助步行，不能行走或病情危重的患者可用轮椅或平车护送，根据病情安置合适的卧位，保证患者安全。护送过程中注意保暖，若有输液或给氧不能中断。整个过程操作动作要轻快敏捷，又要娴熟稳重。送入病区后，护送人员还要礼貌、耐心、仔细地与值班护士就患者的病情、物品进行交接。

病房护理礼仪

1. 迎接礼仪

当新入院患者来到病房，护理人员要起身迎接，微笑相迎，边安排患者坐下，边亲切地予以问候和自我介绍。同时双手接过病历以示尊重。如果同时还有其他护理人员在场，也应抬起头来，面向患者，亲切微笑，点头示意，表示欢迎。

2. 对患者进行讲解的礼仪

护理人员对新入院患者进行入院介绍时，要耐心、细致，首先向患者简单介绍一下自己及医生的情况，然后再介绍病区环境、住院的有关制度等等，注意使患者在愉悦的心境中接受护士的介绍，逐渐适应患者角色。

3. 护理工作中的礼仪

在护理工作中，护理人员的行为举止直接影响着患者的治疗效果，这就要求护理人员在进行护理活动时必须做到亲、轻、稳、准、快。对行动不便的患者要主动搀扶。护理人员亲切的语调、关怀的问候最能使患者感到温暖，是患者摆脱孤独感的最重要因素。查房、治疗时先道一声亲切的问候，一个亲切的称呼，要求患者配合时说声"请"，得到患者配合后说声"谢谢"等，在与患者交谈时不要一边看机器数据，一边与患者说话，应当是面对着患者、看着患者的脸说话，以示尊敬。

对待不同患者的礼仪

1. 护理老年患者的礼仪

护理人员对就诊、住院的老年患者要表现出略高于其他人的尊重。要选择适度的称呼。对尚不明其身份、姓名的老年患者，可试探地询问。多使用敬语谦语，以商量的口吻交谈。对老年人的经历、特长、爱好等要强调出来。贴近老年患者，增加其信任度。充分发挥体态语言的作用。老年人非常在意别人对自己的态度，因其听力逐渐下降，故在交往中体态语言极为重要。以聆听为主，顺势提出自己的建议，辅以适度的表情，如微笑地点头、同情的注视，加上轻柔的动作，协助其顺利完成各项诊疗。

2. 护理孕产妇的礼仪

护理人员要在语言上、举止上表现出对孕产妇的极大关怀。在不同的场合应有不同的语言。在接待孕产妇的过程中，面对任何一位需要帮助的孕产妇，都要积极主动服务。对孕产妇提出的问题要做最详细的解释，不可对未婚妈妈或超生母亲冷嘲热讽，态度生硬、轻视、不屑一顾。更不能给因各种原因未按医院要求而行动的孕产妇及其家属以脸色看，并加以埋怨与责难等。在接生过程中，如果发现一些征兆，不要随口说出，以免引起产妇的疑虑，加重其精神负担。

3. 护理年轻异性患者的礼仪

护理人员多为年轻女性。在对年轻异性患者的护理中掌握分寸，就显得尤为重要，分寸掌握不好会给年轻的男性患者带来错觉，招致意想不到的麻烦。在进行治疗、护理时，应避免过度热情。如果有年轻的男性患者表示亲近，要掌握一个原则，千万不能骂患者，否则，不仅仅是给患者难堪，更为严重的是这些粗暴的行为有可能加重患者的病情。在年轻男性患者面前应避免交谈个人的事情，特别是感情方面的话题。要分清患者与护理人员的界限。

4. 护理儿童的礼仪

护理人员要在患儿前树立良好的自我形象。服饰要得体、清洁、美观，微笑、友好、和蔼可亲，发音清晰，语音柔和，语调婉转，通俗易懂，称呼多用文明用语，少用命令式的语句。尽可能摆放一些儿童喜爱的装饰物、玩具、图片、儿童读物等，以适合儿童的心理特征，增加轻松的气氛，减少其对医院的恐惧感。

护士仪容的礼仪

护士的头发不能外露于护士帽之外。短发长度以前发齐眉，后发不过肩，以齐耳垂下沿为好。在眼部修饰时要注意保洁，及时清除眼睛的分泌物。所戴眼镜要美观、舒适，并经常进行清洁。平时要清洗耳朵，清除耳垢。注意保持鼻腔清洁，不要让异物堵塞鼻孔。若有鼻毛长出鼻孔之外，要及时修剪。保持牙齿清洁，口腔无味。另外，在工作岗位上最好不要发出咳嗽、哈欠、喷嚏、吐痰、打嗝等不雅的声音。

‖ 导游的礼仪

市场竞争实际上是服务质量的竞争。各行各业都要遵守礼仪规范，旅游业也不例外。只有讲究一定的礼仪，导游才能维护好团队秩序，增强团队凝聚力，为游客提供优质的服务，赢得游客的信赖。

导游仪容仪表的礼仪

导游员的容貌应保持整洁端庄。头发经常梳洗，不要有头皮屑。男性导游员不留长发、大鬓角；女性导游最好选择容易梳洗又不易被风吹乱的发型，注意手部清洁，不留长指甲，不涂有色指甲油，可施淡妆，切忌浓妆艳抹，不在他人面前对镜化妆和当众梳头；男性不应蓄须，要经常修脸刮胡。

导游员的着装应与场合、地点、情境和季节相协调，穿着整洁、大方、得体。导游员在工作时应穿制服，或穿比较正式的服装并佩戴导游标志。穿制服和西装时，要将衬衣的下摆塞入裤内，不能卷起。导游员除手表、戒指外，一般不佩戴耳环、手镯、脚链、别针等饰物。在一些特殊场合如运动场或登山时，衣着可以随便一些，但仍需注意整齐。夏季，男士不能穿圆领汗衫、短裤，女士不能袒胸露背、穿超短裙。进入室内，应摘下帽子、手套、墨镜，脱掉大衣。由于经常在室外工作，导游员的衣服要勤换洗，特别应注意衣服领口和袖口的干净。

导游言行举止的礼仪

在旅游接待过程中，导游要运用礼仪知识自我约束，自我检讨，以规范的礼貌语言、行动接待每一位游客。需要注意的是，接待外国游客时还须尊重其宗教信仰与民族风俗。为游客服务时，要一视同仁，以礼相待，真诚、热情地为游客提供服务。在旅游团队中，由于游客个人素质不同，可能会出现一些违反规定的举动，甚至可以被视为失礼或无理的行为。遇到这种情况，导游不要用尖酸刻薄的语言斥责游客，更不能用鄙视的态度对待他们。作为旅游从业人员应站在对方的立场、观点上看待这一问题，用宽大的胸怀包容、体谅对方，必要时做冷静、耐心的解释。

带队礼仪

出发前，导游应向游客做自我介绍，并详细地了解游客的身体情况，出发前应该再重申一遍出发时间、所乘车次、集合地点，提醒游客贵重物品要随身携带。出发乘车时，为了能照顾游客上下车，导游应站在车门口，当游客全部就座后要清点人数，确定无误后示意司机开车。行驶过程中，导游还应将当天的天气和所到景点向游客介绍清楚，并再次强调一下当天的活动安排和游览中应注意的问题。途中，导游可以为游客简单地介绍一些有关景点的情况，认真回答游客提出的问题。如果路途较远，导游还可以带领游客做些小游戏，以驱散旅途中的疲劳。

游览过程中，除了为游客介绍每个景点的情况外，还要照顾好老、幼、病、残、孕游客，确保他们的安全。在游览过程中，如果遇到强买强卖的小

商贩，导游要提醒游客不要乱摸乱碰，以免招惹麻烦。进入大的购物商场时，导游应提醒游客小心上当受骗。导游不得私自向游客出售商品，更不能强迫游客购买。这些都是十分失礼的行为，也是违反旅游职业首先的做法。导游应根据游客的要求，合理安排购物。游览结束后，导游必须清点游客人数，一旦发现人员走失，必须按照原路返回，寻找走丢的游客。一天游览结束后，在返回酒店的途中，导游要将第二天的安排告诉游客，抵达酒店后，导游应将当天发生的事情主动汇报给领队，并与其共同协商解决问题的方法。

送客礼仪

如果游客离店时间确定在次日早上，导游可提前与酒店人员联系，请其提供相应服务。导游要提醒客人不要把贵重物品等与行李一同托运，提醒游客付清住房、酒水等服务费用。导游还要与领队一起核对行李件数，检查是否符合托运标准，确定以后在行李卡上填好手续。

乘国际航班的旅游团，乘飞机前导游必须认真核查每张机票的起飞时间，领取相关证件；对于乘火车的旅游团，导游需核查火车开车时间、车次、车厢及座位号。准备活动完成以后，导游应把相关证件亲自交到游客手上。

───❖ **小贴士** ❖───

旅游团抵达前的准备

导游应在接站出发前确认旅游团所乘交通工具的准确抵达时间。在旅游团抵达的前半小时到接站地点等候，并再次核实旅游团抵达的准确时间。在旅游团出站前持接站标志，站立在出站口醒目的位置热情迎接旅游者。导游应在旅游团出站前与行李员取得联络，通知行李员行李送往的地点。

第八章

讲究礼仪，莫损国家形象和民族尊严
——国际交往中的礼仪

　　我国是举世闻名的礼仪之邦，讲究礼仪是我们的优良传统。改革开放以来，我国的对外交往和外事活动日益增多，尤其是在公务和商务领域更是如此。在外事活动中，每个人都代表着国家的形象和民族的尊严。所以，在对外交往中对外方人员应以"礼"相待，处处体现"礼仪之邦"的风范和气节。

‖ 涉外工作人员必备的礼仪素养

我国是一个具有悠久历史和文明传统的礼仪之邦，很久以来就十分关注和重视礼仪礼节。随着经济社会的发展和对外交往的增多，礼仪问题越来越受各界人士的重视。因此，作为涉外人员更应该增强礼仪观念、提高礼仪素养。

涉外工作人员的仪容仪表

涉外工作人员要注意个人的形象，给外宾留下良好的印象。涉外工作人员的仪容、服饰要整洁，头发、胡须、指甲、鼻毛等都要加以修整；穿西装应系领带，衬衫应塞在裤腰内，袖口不要卷起，内衣裤、衬衣不要露出来。着装应注意场合，参加正式活动一般应穿深色服装，参加丧葬吊唁活动一般应穿黑色服装。进入室内应脱大衣以及其他相应饰物，并存放于衣帽间。在公开场所不能穿背心、拖鞋。

涉外工作人员的言行举止

涉外工作人员的一言一行都代表了国家的形象，因此，对涉外人员的举止言行的要求十分严格。涉外人员的坐姿要端正，不要跷二郎腿或摇晃双腿，也不要靠在椅背或沙发背上伸直双腿，更不可把脚或腿搭在椅子上，女士坐时不可叉开双腿，站立时不要倚靠墙或柱；在外宾面前，不要修指甲、剔牙齿、掏鼻孔、揩鼻涕、伸懒腰等，打喷嚏、打呵欠就用手巾捂住嘴、鼻，朝向另一侧，避免发出声音；在外宾面前讲话应文雅，不可争吵或争论，不可大声呼喊、喧哗或大笑。

在公共场所应注意保持环境卫生清洁，不随地吐痰、不吸烟、不乱扔杂物。参加活动前，不吃葱、蒜等带刺激味道的食物。不私自收受外宾礼品，更不可向外宾暗示及索要礼品。服务要热情周到。遇到自己解决不了的问题时，应主动、及时向有关部门和领导汇报。谈话要实事求是，不要允诺或答应没有把握的事，但已经答应的事应说到做到。要注意内外有别，严守国家机密。参加外事活动要严守时间，不能迟到早退，有特殊事情应事先请假。

涉外工作人员的工作要求

接待外宾是一项重要的工作，要严格要求自己，严谨对待。在工作中严格遵照上级和政策办事，不掺入个人的兴趣和感情。尽可能避免发表不必要的个人意见。做事要积极主动，谨言慎行，对工作要有计划地进行，对对方可能提出的问题，要事先作必要的请示。要严守国家机密，不在外宾面前谈内部问题。除非因为工作关系，否则文件资料、工作日记本等不得随身携带。未经上级批准，不得自行接受外宾的馈赠，但如果外宾坚持赠送小纪念品时，可先收下，并立即报告上级组织，并把礼品提交组织处理。另外，工作人员要及时、准确地向上级汇报外宾工作情况和生活要求以及对每种活动与事件的反映。若对外宾反映搁置不理，隐匿不报，是无组织无纪律的表现。

涉外驾驶人员的礼仪

驾驶人员在每次参加涉外活动前，都要对车辆进行检修，以确保车辆的行驶安全，并事先弄清行驶路线，必要时可事先熟悉路线，仔细观察路上情况，有所准备，以免误时误事。招待外宾时，驾驶人员应热情、主动，以优质的服务礼貌待客。外宾准备乘车时，驾驶员应将车门打开，并用手示意，防止客人头部碰撞车门上端的车篷。待外宾坐好后再关车门，注意防止夹客人的手足；如果接待外国代表团，在主宾车上的人员上齐后，前卫车即可开始缓行，以免主宾车等候过久，防止后面的车辆掉队。车辆之间要保持一定的距离。驾驶人员在未结束当天活动前，不得离车，以确保安全。

━━◆◆ 小贴士 ◆◆━━

如何安排礼宾的次序

1. 按身份与职位的高低排列。由于各国的国家体制不同，部门之间的职位高低不尽一致，所以，首先要熟悉各国的规定，然后按相应的级别和官衔进行安排。

2. 按通知代表团组成的日期先后排列。有时在国家间举行的多边活动中，采用通知代表团组成的日期先后排列礼宾次序的方法。

3. 按字母顺序排列。多边活动中的礼宾次序有时按参加国国名字母顺序排列，一般以按英文字母排列居多，少数情况也有按其他语种的字母顺序排列。

‖ 接待外宾的注意事项

涉外礼仪是人们在国际交往中形成的一种行为规范。它在一定意义上反映着一个国家的文明、文化和社会风尚。迎送是最常见的社交礼节，这不仅是整个社交活动的开始和结束，而且是对不同身份的外宾表示相应尊重的重要方式。

迎宾的准备

对外国来访的客人，通常要视其身份、访问的性质和目的、国际惯例以及两国关系等因素，安排相应级别的领导人前往机场、车站、码头迎送。各国对外国国家元首、政府首脑的正式访问，往往都举行隆重的迎送仪式。对军方首脑来访也举行一定的欢迎仪式，如安排检阅三军仪仗队等。对其他人员的来访一般不举行欢迎仪式。但对应邀来访的任何代表团，无论官方的或民间的，在他们抵离时，都要安排有关人员前往机场迎送。

按照国际上通常的做法，国宾来访，自入境之时起，其安全保卫的责任，就落在东道国肩上。保护计划包括警察护送、现场控制、近身保卫、食物品尝、交通安全以及其他一切必要的技术和预防性措施。礼宾部门在考虑日程和活动现场的安排时，也应将安全因素考虑在内。

迎接外宾的礼仪

迎送人员如职位较高时，应在机场安排休息室。如果客人首次来访，双方又不认识，可事先联系好或做一特定标识牌，方便对方辨认。行李票的交接、行李的运输要有专人负责。团长和重要外宾的行李要先取，及时派人专送，方便客人更衣。

迎宾时，客人初次到访，一般较为拘谨，主人应主动与客人寒暄。所以，当客人下机后，迎接人员要主动迎上前去表示欢迎，由礼宾官或迎接人员首先将中方前来欢迎的主要领导介绍给来宾，其他领导可简明扼要地介绍。主要翻译必须时刻紧随中方主要领导和主宾。礼宾官或迎接人员在介绍其他中方领导时要始终照顾好主宾，不要因忙于介绍别人而冷落了主宾。如遇外宾主动与我方人员拥抱时，可做相应表示，不要退却或勉强拥抱。主要领导人与客人握手之后可以献花。

在乘车时，应先请客人从右侧上车，陪同主人再从左侧上车。待外宾与陪同人员全部上车后，再驱车去宾馆。在途中，陪同人员应择机将沿途所见的欢迎标语、人文景观等对外宣传的事物向外宾介绍。重要外宾和大型团体来访，应安排专人、专车提取行李并及时送到客人房间。外宾抵达住处后，不宜马上安排活动，应稍事休息，给对方留下更衣时间。

接待外宾的礼仪

在外宾抵达以前，就应做好充分的准备工作。弄清楚来访外宾或代表团的总人数，是否包括主宾和其他人员的配偶，来访人员的职务、性别、礼宾次序等情况，这些都可请对方事先提供。重要国宾来访，其随访人员中，有正式随行人员和工作人员之分，而正式随行人员中有的还是政府的高级官员。此外，有的国家领导人来访，随行的还有企业家、记者以及专机的机组人员等。这些都应在事先了解清楚，以便由有关单位做好相应的接待准备。

外宾来访期间的住房、坐车、生活起居，要尽量使其舒适、方便、安全，饮食应当可口。住地应当选择在环境优美安静的地段，以便使来宾在繁忙紧张的活动之后得到适当的歇息。国事访问一般以住国宾馆、高级饭店为多，这些地方设备好，服务周到有经验。也有的国家为了讲究礼仪规格而安排来宾住在王宫、别墅等地方。元首住地应升来访国的国旗或元首旗。秘书、译员、近身警卫和服务人员等应住在靠近主宾的房间。对代表团中的高级官员亦应妥善安排。除非不得已的情况，单身者亦应安排单独房间，而不要安排单身者两人合住。住房可由东道主安排分配后，再征求客人意见；也可将房间位置图提前交给对方，请对方自行安排。

━━━━━◆◆◆ 小贴士 ◆◆◆━━━━━

乘车安排和注意事项

介绍结束后，速引导客人上车。如安排主人陪车，则请客人从车的右侧门上车，中方主人从车的左侧门上车。有时客人上车后先坐到了当地主人的座位上，一般不必请客人挪动座位。国宾车队和大型代表团的车队要事先编号；国宾车队的主车要挂两国国旗。多国使节代表团同团时，可以轮流乘坐一号车，轮流当团长。

‖ 国际交往中的各种仪式

在涉外交往中，有关国家的政府、组织或企业单位之间的重要内容就是中外双方举行的各种仪式。因此，掌握仪式中的礼仪是十分必要的。

涉外开幕仪式

1. 确定人员

开幕式通常由主办单位的负责人主持。隆重的涉外开幕式除双方有关人员参加外，还可邀请各国驻当地的使节、外国记者出席。如果是高规格的开幕式，东道国的国家领导人往往出席。出席仪式者对题词应事先有准备。

2. 场地及布置

开幕式一般选在宽敞的场地举行，室内室外均可。会场正面要悬挂开幕式的横幅，隆重的开幕式需悬挂有关各方的国旗。会场周围可插上彩旗。常常要准备好三个话筒，供主持人、致辞人和翻译使用。准备好剪彩用的彩带。有些开幕式现场还应备有签名簿，请领导人和来宾题词或签名留念。

3. 宣布开始及开始后的相应礼仪

双方出席开幕式的人员入场后，宾主面向外分左右两边排开。主持人宣布大会开始，首先请开幕式主办单位的主要负责人或代表团团长致辞。若是双方合作，一般请一方负责人致开幕词，请另一方致贺词。致辞后即开始由代表团中身份最高的官员剪彩。若是双方合作，则可各推举一位负责人同时剪彩。剪彩结束后，主人可陪同宾客参观。有时还举行执行会。

涉外签字仪式

1. 确定人员

签字人由缔约各方根据文件的性质和重要性协商确定，各方签字人的身份应该大致相当。按惯例，参加签字仪式的，应是双方参加会谈的全体人员；如一方要求让某些未参加会谈的人员出席，另一方应予以同意，但双方人数最好大体相等。

2. 仪式准备

举行签字仪式之前，要准备好文本。文本的定稿、翻译、印刷、校对、装订、盖印等，均要确保无误。同时还要准备好签字时用的国旗、文具。确定助签人员，事先与对方就有关细节问题洽谈。

3. 现场的布置

签字的现场布置各国不尽相同。有的国家在签字厅内设置两张方桌为签字桌，双方签字人各坐一桌，双方的小国旗分别悬挂在各自的签字桌上，参加仪式的人员坐在签字桌的对面；也有的安排一张长方桌为签字桌，签字人分坐左右，国旗分别悬挂在签字人身后，参加签字仪式的人员分坐签字桌前方两旁。

我国的做法是在签字厅内设一长桌，桌面覆以深绿色的台呢为签字桌。桌后放两把椅子，为双方签字人座位，主左客右。座前摆放本国保存的文本，文本前面放有签字文具。桌子中间摆一旗架，悬挂双方国旗。双方参加仪式的其他人员，按身份顺序排列于各自签字人员的座位之后，双方助签人员分别站在各自签字人员的外侧。

4. 仪式开始后的礼仪

签字仪式开始，双方人员进入签字厅。签字人员首先入座，其他人员按宾主身份顺序就位。助签人员分别站立在各自签字人的外侧，协助翻译文本，指明签字处。签字人在本国保存的文本上签字后，由助签人员传递文本，再在对方保存的文本上签字。签毕，双方签字人交换文本，并互相握手。此时，可上香槟酒，宾主双方共同举杯庆贺。多边签字仪式与双边签字仪式大体相似。若只有三四个国家，一般只相应地多配备签字人员座位、签字文具、国旗等物。如果签字国家众多，通常只设一个座位，由文本保存国代表先签字，然后由各国代表按礼宾次序轮流在文本上签字。

涉外谒墓仪式

在涉外丧葬礼仪中，谒墓、献花圈是对被访国人民友好亲善的表示，也是对已故领导人或先烈的敬意。因此，一般地说，只要被访国安排，都要前往。在决定谒墓之前，应先了解该国的政治历史背景。

谒墓的整个过程充满庄严肃穆的气氛，现场安排有仪仗队和军乐队，并派高级官员陪同。参加仪式的人员应穿着深色或素色服装，有的要求着礼服，谒墓时应脱帽。军人若不脱帽应行举手礼。仪式开始时，乐队奏乐，东道国礼兵或谒拜者随行人员，抬着花圈走在前面。谒墓(碑)人由陪同人员陪同，随行于后。卫士分列两旁，持枪致敬。当礼兵将花圈放于碑前时，谒墓人往往要上前扶一扶，整理一下花圈上的飘带。而后稍退几步，肃立默哀。默哀毕，绕陵墓（纪念碑）一周。

小贴士

三种常见的外交用语

国事访问：国家元首或政府首脑应他国元首或政府首脑的邀请对他国所进行的访问。

仪仗队：执行礼节性任务的武装部队。用来迎送外国元首、政府首脑和高级将领等。由海、陆、空三军人员组成或由陆军人员单独组成。

鸣礼炮：是一种向对方致敬的表示。鸣放炮数的多少，代表友好诚意和对对方的尊敬程度。礼炮响数的多少依据受礼人的身份高低而定。

国际交往中应注意的禁忌

礼仪不仅表现为一种精神文明，而且是我们扩大交流、增进友谊、促成合作的重要手段。因此，我们在涉外交往中不仅要求以礼待人，还要求人们对世界各国的传统文化、风土人情、民俗禁忌有广泛的了解，以通晓异国的礼仪来增进友谊，促进经济的合作。

颜色的忌讳

棕黄色：巴西人认为棕黄色意味着凶丧，因此非常忌讳。

绿色：日本人大都忌用绿色，认为绿色是不吉利的象征。

黑色：欧美许多国家以黑色为丧礼的颜色，表示对死者的悼念和尊敬。

淡黄色：埃塞俄比亚人、叙利亚人以穿淡黄色的服装表示对死者的深切哀悼，因此视为死亡之色。在巴基斯坦黄色是僧侣的专用服色，所以普通的民众基本上都不穿黄色的衣服。而委内瑞拉却用黄色作医务标志。

蓝色：比利时人最忌蓝色，如遇有不吉利的事，都穿蓝色衣服。埃及人也同样忌讳蓝色，因为蓝色在埃及人眼里是恶魔的象征。

另外，印度人喜爱红色、蓝色和黄色等鲜艳色彩，不欢迎黑色和白色。伊拉克人视绿色代表伊斯兰教，黑色用于丧事，客运行业用红色，警车用灰色，丧服用黑色。尼日利亚人视红色、黑色为不吉祥色。马达加斯加视黑色为消极色，喜好鲜明色彩。

数字的忌讳

"13"：西方人认为13是不吉利的，应当尽量避开，甚至每个月的13日，有些人也会感到忐忑不安。

"5"：西方人也避谈星期五，如果星期五出了事，就归罪于这是个黑色星期五。尤其是逢到13日又是星期五时，最好不举办任何活动。有些人就会因此而闭门不出，唯恐发生不吉利的事情。

"4"："4"在中文和日文中的发音与"死"相近似，所以在日本与朝鲜等东方国家将它视为不吉利的数字。

"9"：在日语中"9"发音与"苦"相近似，属忌讳之列。

花卉的忌讳

荷花：对于中国、泰国、印度等国家来说，对其评价极高，而对于日本，荷花却被认为是不祥之物。

菊花：在法国，当你应邀到朋友家中共进晚餐，切忌带菊花，菊花代表哀悼，因为只有在葬礼上才会用到；意大利人和西班牙人同样不喜欢菊花，认为它是不祥之花，但德国人和荷兰人对菊花却十分偏爱。

郁金香：德国人认为它是没有感情的花，所以德国人大都不喜欢送郁金香。

另外，巴西人忌讳黄色和紫色的花，认为紫色是妨碍的色调，视黄色为凶丧的色。

─══ 小贴士 ══─

赞比亚的忌讳

赞比亚人忌讳别人从自己背后穿过，认为这样是不礼貌的，从面前穿过才是合乎礼仪的举止。他们忌讳"13"，认为"13"是预兆厄运的数字，会给人们带来灾祸。他们忌讳他人用手指着自己说三道四，认为这是让人不能容忍的举动，是对人的一种蔑视和侮辱。他们忌讳有人以右手握拳挥动着手臂对待他们，这种动作在赞比亚是表达对人的"诅咒与谩骂"。

‖ 港、澳、台的礼仪习俗

团结、友爱、和平、亲近是大陆与港、澳、台同胞相处的重要原则，大家同处中华人民共和国这个大家庭里，要相互了解，相互交流，为了达到这一目的，还需了解港、澳、台同胞的一些生活礼仪。

香港

香港人在社交场合与客人相见时，一般是以握手为礼。亲朋好友相见时，也有用拥抱礼和贴面颊式的亲吻礼的。他们向客人表达谢意时，往往用叩指礼。香港人在接受别人斟酒或倒茶时，总喜欢用几个指头在桌上轻叩。香港人十分注重礼节，与人见面前先电话预约，去人家家里做客可以准备一些水果饼食作为礼物，千万不要空手去。对一般的男士称"先生"，女士称"小姐"，如果是对年纪大的男子可称"阿叔"或"阿伯"，年长的女子称"阿婶"；对男侍应生和售货员可称"伙计"，对女侍者仍称"小姐"。

香港人忌讳别人打听自己的家庭地址。因为他们不欢迎别人去他家里做客，一般都乐于到茶楼或公共场所。他们忌讳询问个人的工资收入、年龄状况等情况，认为个人的私事不需要他人过问。他们对"节日快乐"之语很不愿意接受。因为"快乐"与"快落"谐音，是很不吉利的。他们忌讳"4"字。因为"4"与"死"谐音，故一般不说不吉利的"4"。送礼等也避开"4"这个数，非说不可的情况下，常用"两双"或"两个二"来代替。在香港，酒家的伙计最忌讳首名顾客用餐选"炒饭"，因为"炒"在香港话中是"解雇"的意思。开炉闻"炒"声，被认为不吉利。

澳门

澳门邻近广东，居澳的广东人占绝大多数。因此，广东人的生活习惯和风土习俗在澳门的影响最为深远。

澳门没有实施外汇管制，资金可以自由进出。澳门元由于与港元实行联系汇率，而港元与美元也实行联系汇率机制，因而澳门元间接成为硬货币。同时，由于澳门与香港交往密切，港元在商业交往中广泛使用。澳门是自由港，除毒品等违法物品外，其他物品均可自由出入，因此出入澳门除例行检查外，一般无需填写海关申报单。澳门的经济结构主要由出口制造业、旅游博彩业、金融业和地产建筑业等构成。此外，旅游业也是澳门赚取外汇的主要行业之一。

台湾

台湾人在社交场合与客人见面时，一般都以握手为礼。在亲朋好友相见时，也惯以拥抱为礼，或吻面颊的亲吻礼。台湾的高山族雅美人在迎客时，一般惯施吻鼻礼，以示最崇高的敬意。台湾信奉佛教的人的社交礼节为双手合十礼。与熟人或亲密朋友见面时，习惯上握一下手。初次见面时只需点头打招呼。微微弯腰鞠躬是表示敬意。

·小贴士·

台湾送礼禁忌

按台湾民俗，丧事办完，送手帕给吊唁者留念，意为让吊唁者与死者断绝来往，所以台湾俗语有"送巾断根"或"送巾离根"之说。刀剪是伤人的利器，含有"一刀两断"之意。以刀剪赠人，会让受赠者觉得有威胁之感。因此，台湾人基本上不会用剪刀送人。另外，他们一般不会用甜果送人，因为民间逢年过节，常以甜果为祭祖神之物，如果以甜果赠人，会使对方有不祥之感。镜子也是不能当礼物送的，因为镜子容易打破，破镜难圆，还好像有嫌人丑陋，让你照镜子看看自己的意思。相互间送礼，也不能送钟，因为送钟会引起"送终"的意思。

‖ 部分亚洲国家的社交礼仪

新加坡的社交礼仪

新加坡的全称是新加坡共和国，在世界上有"花园之国"的美称。新加坡的主要宗教为伊斯兰教。除此之外，信徒较多的宗教还有佛教、印度教和基督教。在新加坡，马来语被定为国语，马来语、英语、华语和泰米尔语四种语言同为官方语言，英语则为行政用语。

在社交场合，新加坡人所行的见面礼节多为握手礼。在商务活动时一般穿白衬衫，着长裤，打领带即可。访问政府办公厅仍应着西装、穿外套。新加坡人非常讨厌男子留长发，对蓄胡子者也不喜欢。在一些公共场所，常常竖有一个标语牌："长发男子不受欢迎"。由于新加坡居民中华侨多，人们对色彩想象力很强，一般红、绿、蓝色很受欢迎，视紫色、黑色为不吉利，黑、白、黄为禁忌色。在商业上反对使用如来佛的形态和侧面像。在标志上，禁止使用宗教词句和象征性标志。喜欢红双喜、大象、蝙蝠图案。数字禁忌4、7、8、13、37和69。

朝鲜的社交礼仪

朝鲜的全称是朝鲜民主主义人民共和国。朝鲜国的民族是单一的朝鲜族，朝鲜的国语是朝鲜语，它是朝鲜人民的单一民族语言。

朝鲜人在公共场合非常注重礼仪。按照民族传统，朝鲜人与外人相见时所行的见面礼节是鞠躬礼。在行鞠躬礼时，同时问候对方。在行礼时，通常不准戴帽子。在一般情况下，主人要先向客人施礼，晚辈、下属要先向长辈、上级施礼。对方也必须鞠躬还礼。

目前朝鲜人在社交场合大多以鞠躬礼、握手礼并用。在行礼时，他们一般是先鞠躬，后握手。在握手时，可用双手，也可以单用右手。在一般情况下，朝鲜妇女不与男子握手，而是以鞠躬为礼。朝鲜男子与外国妇女握手，则是许可的。在日常交往中，称呼朝鲜人时最好采用尊称或其职务、职称，尽量不要直呼其名。

日本的社交礼仪

日本，正式名称为日本国。日本人见面多以鞠躬为礼。鞠躬弯腰的深浅不同，表示的含义也不同，弯腰最低是最有礼貌的鞠躬。男性鞠躬时，两手自然下垂放在衣裤两侧，若对对方表示恭敬时，多以左手搭在右手上，放在身前行鞠躬礼，特别是女性。在国际交往中，日本人也习惯握手礼。在日本，名片的使用相当广泛，名片交换是以地位低或者年轻的一方先给对方。递交名片时，要将名片正对着对方。在与日本人交谈时，不要边说边指手画脚，别人讲话时切忌插话打断。三人以上交谈时，注意不要冷落大部分人。在交谈中，不要打听日本人的年龄、婚姻状况、工资收入等私事。对年事高的男子和妇女不要用"年迈"、"老人"等字眼。除非事先约好，否则不要贸然到家里拜访日本人。在日本饮酒是重要的礼仪，客人在主人为其斟酒后，要马上接过酒瓶给主人斟酒，表示出主客之间的平等与友谊。

韩国的社交礼仪

韩国的全称是大韩民国。韩国的官方语言是韩语。韩国素有"礼仪之国"的称号，韩国人十分重视礼仪道德的培养，尊敬长者是韩国民族恪守的传统礼仪。

韩国人见面时的传统礼节是鞠躬，晚辈、下级走路时遇到长辈或上级，应鞠躬、问候，站在一旁，让其先行，以示敬意。男人之间见面打招呼互相鞠躬并握手，握手时或用双手，或用左手，并只限于点一次头。鞠躬礼节一般在生意人中不使用。和韩国官员打交道一般可以握手或是轻轻点一下头。女人一般不与人握手。在社会集体和宴会中，男女分开进行社交活动，甚至在家里或在餐馆里都是如此。

在韩国，如有人邀请你到家吃饭或赴宴，你应带小礼品，最好挑选包装好的食品。席间敬酒时，要用右手拿酒瓶，左手托瓶底，然后鞠躬致祝辞，最后再倒酒，且要一连三杯。敬酒人应把自己的酒杯举得低一些，用自己杯子的杯沿去碰对方的杯身。敬完酒后再鞠个躬才能离开。做客时，主人不会让你参观房子的全貌，不要自己到处看。你要离去时，主人送你到门口，甚至送到门外，然后说再见。同他人相见或告别时，若对方是有地位、身份的人，韩国人往往要多次行礼。行礼三五次，也不算其多。在一般情况下，韩国人在称呼他人时爱用尊称和敬语，但很少会直接叫出对方的名字。

马来西亚的社交礼仪

马来西亚是一个以伊斯兰教为国教的国家，全国总人口的一半以上都信奉伊斯兰教。马来西亚的官方语言是马来语，通用英语，华语使用较广泛。

在马来西亚，人们见面的时候采用的礼节因民族不同而不同。马来人传统的见面礼节是所谓"摸手礼"。它的具体做法为：与他人相见时，一方将双手首先伸向对方，另一方则伸出自己的双手，轻轻摸一下对方伸过来的双手，随后将自己的双手收回胸前，稍举一下，同时身体前弯呈鞠躬状。与此同时，他们往往还会郑重其事地祝愿对方。马来西亚的华人与印度人，则大多以握手作为见面礼节。现在，马来西亚人的常规做法是向对方轻轻点头，以示尊重，除男人之间的交往以外，马来人很少相互握手，男女之间尤其不会这么做。

小贴士

个别亚洲国家习俗禁忌

朝鲜：在朝鲜，递东西以用双手接为佳。在他人面前不得吐痰、擤鼻涕、掏耳朵。

韩国：与韩国人交谈时，发音与"死"相似的"私"、"师"、"事"等几个词，最好不要使用。

新加坡：新加坡人对"恭喜发财"极其反感。认为这句话有教唆别人去发不义之财的意思。

马来西亚：马来西亚人不喜欢别人在他们面前跷腿、露出脚底，或用脚去移动物品，他们认为在人体上，脚的地位最地下。

‖ 部分欧美国家的社交礼仪

美国的社交礼仪

美国的全称是美利坚合众国。地处北美洲中部，东临大西洋，北靠加拿大，南接墨西哥及墨西哥湾。所属阿拉斯加州位于北美洲西北部。美国的主要宗教是基督教和天主教。美国的官方语言是英语。

美国人的见面礼节，一般情况下，以点头、微笑为礼。不是特别正式的场合，美国人甚至连国际上最为通行的握手礼也略去不用了。若非亲朋好友，美国人一般不会主动与对方亲吻、拥抱。在商务往来中，他们尤其不会这么做。

美国人在穿着上大都喜深色西装配着黑色皮鞋，深色袜子，切忌白袜黑鞋。正式场合或上班时，女性以裙装为宜，男性应打领带，穿深色西服。着晚礼服裙摆应长及脚踝，并着高跟鞋。行路一般以右为尊，女士同行，男士应走左边，出入应为女士推门。搭车时，车主驾车，前座为尊，反之则以后座右侧为尊。自己开车时须先为客人开车门，等坐定后始上车启动。在美国社会中，人们的一切行为都以个人为中心，个人利益是神圣不可侵犯的。这种准则渗透在社会生活的各方面。人们日常交谈，不喜欢涉及个人私事。有些问题甚至是他们所忌谈的，如询问年龄、婚姻状况、收入多少、宗教信仰、竞选中投谁的票等等都是非常冒昧和失礼的。

加拿大的社交礼仪

加拿大国民的主体是英法两国移民的后裔所构成的。加拿大的基本国情是地广人稀。特殊的环境对加拿大人的待人接物有一定影响。加拿大的主要宗教是天主教和基督教。加拿大官方语言是英语和法语并用，实行的是"双语制"。

在加拿大，人们相遇时，都会主动向对方打招呼、问好。即便彼此双方不相识，通常也往往会这么做。要是见过一次面的人再度相逢时，则双方通常都会显示出更大的热情。他们除了要互致问候之外，彼此一定还要热烈地握手。加拿大人跟外人打交道时，只有在非常正式的情况之下，才会对对方连姓带名一同加以称呼，并冠以尊称。在一般场合里，加拿大人在称呼别人时，往往喜欢直呼其名，而略去其姓。

德国的社交礼仪

德国的全称是德意志联邦共和国。德国的主体民族是德意志人。此外，在德国还生活着少量的丹麦人、吉普赛人、索布人等。德国的主要宗教是基督教和天主教。德国的官方语言是德语。

德国人在人际交往中对礼节非常重视。在社交场合，德国人通常都采用握手作为见面礼节。与德国人握手时，要注意务必坦然地注视对方，并且握手的时间宜稍长一些，晃动的次数宜稍多一些，握手时所用的力量宜稍大一些。对于初次见面的成年人以及老年人，务必要称之为"您"。对于熟人、朋友、同龄者，方可以"你"相称。在德国，称"您"表示尊重，称"你"则表示地位平等、关系密切。

德国人极度厌恶"13"与"星期五"。他们对于四个人交叉握手，或在交际场合进行交叉谈话，也比较反感。因为这两种做法，都被他们看做是不礼貌的。德国人认定，在路上碰到了烟囱清扫工，便预示着一天要交好运。在德国，星期天商店一律停业休息。在这一天逛街，自然难有收获。向德国人赠送礼品时，不宜选择刀、剑、剪、餐刀和餐叉。以褐色、白色、黑色的包装纸和彩带包装、捆扎礼品，也是不允许的。与德国人交谈时，不宜涉及纳粹、宗教与党派之争。在公共场合窃窃私语，德国人认为是十分无礼的。

意大利的社交礼仪

意大利的全称是意大利共和国。意大利的主要宗教是天主教。根据1929年意大利政府与罗马教廷签订的《拉特兰条约》的规定，天主教为意大利的国教。官方语言是意大利语。在个别边境地区，也有一些人讲法语和德语。

意大利人的时间观念极为奇特。在外人眼里，他们似乎来去匆匆，却又不很守时，至少在社交活动中是这样的。一般来说，与别人进行约会时，许多意大利人都会晚到几分钟。据说，意大利人认为，这既是一种礼节，也是一种风度。意大利人在正式社交场合一般是着西式服装，尤其是参加一些重大的活动十分注意着装整齐，喜欢穿三件式西装。意大利人说话时喜欢靠得近些，有时几乎靠在一起。他们不喜欢在交谈时别人盯视他们，认为这种目光是不礼貌的。他们喜欢用手势来表达个人的意愿。意大利人在社交场合与宾客见面时常施握手礼，亲朋好友久后重逢会热情拥抱，平时熟人在路上遇见，则招手致意。意大利人请客吃饭，通常是到饭馆里去，有时也会在家中宴请亲朋好友。他们请客时往往茶少酒多，在正式宴会上，每上一道菜便有一种不同的酒。

英国的社交礼仪

英国是近代工业革命的发源地，全称"大不列颠及北爱尔兰联合王国"。英国居民大多数信基督教。一些英国人还信奉罗马天主教、伊斯兰教、佛教、印度教、锡克教、犹太教等。

英国人不善于夸夸其谈，感情不大外露，也不喜欢在公共场合引人注目。在交际应酬中，他们轻易不会与别人一见如故，更不会立即称兄道弟，推心置腹。与外人进行交往时，英国人一般都非常善解人意，懂得体谅人、关心人、尊重人。在一般情况下，他们都不爱跟别人进行毫无意义的争论，而且极少当着外人的面使性子、发脾气。

英国人待人十分客气。"请"、"谢谢"、"对不起"、"你好"、"再见"一类的礼貌用语，他们是天天不离口的。在进行交谈时，英国人，特别是那些上年纪的英国人，喜欢别人称呼其世袭爵位或荣誉的头衔。至少，也要郑重其事地称之为"阁下"或是"先生"、"小姐"、"夫人"。在交际活动中，握手礼是英国人使用最多的见面礼节。在一般情况下，与他人见面时，英国人既不会像美国人那样随随便便地"嗨"上一声作罢，也不会像法国人那样非要跟对方热烈地拥抱、亲吻不可。英国人认为，那些做法，都有失风度。

中世纪时期贵族礼仪

中世纪时期贵族礼仪基本是法国人和法国宫廷倡导，并为其他各个宫廷所普遍效仿的。贵族无论是敌是友，在见面时候必须相互致意，男子规定为左手扶右胸，右手脱帽，身体稍微前躬，同时点头。女子规定为双腿略微曲膝同时两手稍提裙摆两侧，点头致意。双方如若在马背上，男子礼节不变，女子只需点头。贵族晋见国王和王后礼仪中才有吻手礼。贵族单膝跪下，低头吻国王、王后的手表示崇敬。国王和一般贵族见到负责本国教务的红衣主教时也吻手，他们躬身吻主教左手中指佩带的表示主教身份的大宝石戒指。在吃饭时候必须主人先入座，客人才能入座，主人有义务提议喝第一杯酒，第一杯酒之后，主客就可以相互敬酒了。客人和主人都不允许身穿全套铠甲入席，铁手套、上臂甲、前臂甲和前后胸甲以及头盔都不可以穿着进入饭厅，因为这样的穿戴明显表示自己在防备周围有暗杀，是一种对他人名誉的公然冒犯。

其他国家的礼仪

埃及的社交礼仪

埃及的全称是阿拉伯埃及共和国。埃及由阿拉伯人、科普特人、贝都因人、努比亚人等多个民族所构成。埃及的主要宗教是伊斯兰教。官方语言是阿拉伯语。

在人际交往中，埃及人所采用的见面礼节，主要是握手礼。与其他伊斯兰国家的人士打交道时的禁忌相同，同埃及人握手时，最重要的是忌用左手。在社交活动中，跟交往对象行过见面礼后，双方往往要互致问候。为了表示亲密，埃及人只要当时有时间，问候起交往对象来，往往会不厌其烦。除了个人隐私问题之外，当时所能想到的人与事，他们几乎都会问候一遍。他们的这种客套，有时会长达几分钟，甚至十几分钟。跟埃及人打交道时，除了可以采用国际上通行的称呼，倘若能够酌情使用一些阿拉伯语的尊称，通常会令埃及人更加开心。

澳大利亚的社交礼仪

澳大利亚的全称是澳大利亚联邦。人口主要是外国移民的后裔。在外国移民后裔里，欧洲各国的移民后裔，尤其是英国移民的后裔，又占绝大多数。澳大利亚的主要宗教是基督教。官方语言是英语。

澳大利亚人在第一次见面或谈话时，通常互相要称呼为先生、夫人或小姐，熟悉之后就直呼其名。人们相见时喜欢热情握手，并喜欢和陌生人交谈。澳大利亚人言谈话语极为重视礼貌，文明用语不绝于耳。他们很注重礼貌修养，谈话总习惯轻声细语，很少大声喧哗。在他们的眼里，高声喊叫是一种不文明的粗野行为。在澳大利亚，要注意使自己的穿着打扮得体。在一般场合，不必西装革履或浓妆艳抹，只要穿一些便服即可。但在诸如典礼、仪式、宴会、婚礼、剧院等正式场合，却非着西装不可。初次见面不要直接询问个人问题，如年龄、婚姻、收入等。特别不要问原国籍的问题。澳大利亚人还有个特殊的礼貌习俗，他们乘出租车时，总习惯与司机并排而坐，即使他们是夫妇同时乘车，通常也要由丈夫在前面，妻子独自居后排。他们认为这样才是对司机的尊重，否则会被认为失礼。他们时间观念非常强，对约会是非常讲究信义的，有准时赴约的良好习惯。

南非的社交礼仪

南非的全称是南非共和国。南非的主要宗教是基督教。官方语言为英语和南非荷兰语。

南非曾一度为英属殖民地，当地种族观念根深蒂固，礼仪也因此而不同。白种人的社交礼仪基本是英国社交礼仪的延承，见面握手，尊称"先生"、"夫人"、"小姐"，这些已被世人所熟知。而在一些黑人的部族中，则保留着当地特殊的礼仪，比如以鸵鸟毛或孔雀毛赠与贵宾，贵宾要立即把这些珍贵的羽毛插入头发或帽子，以示回礼。官方或商务交往时，需着样式保守、颜色偏深的套装或正装，以表尊重。做客于南非人家，当地人会盛情地拿出家中自制的啤酒招待客人，客人需多喝，最好能一饮而尽，以表谢意。

新西兰的社交礼仪

新西兰的畜牧业极度发达，国民经济以其为主，因此，又有"畜牧之国"、"牧羊之国"之称。新西兰由欧洲移民后裔、毛利人、华人等民族构成。新西兰的主要宗教是基督教和天主教。新西兰的通用语为英语，但毛利人依然习惯于讲本民族的语言毛利语。

在新西兰社会中，欧洲移民的后裔，其中特别是英国移民的后裔，不仅占了人口的绝大多数，而且其待人接物的具体做法也居于主导地位。握手礼是新西兰人所用最多的见面礼节。不过与新西兰妇女握手时，必须由其首先伸出手来。新西兰人在向尊长行礼时，有时会采用鞠躬礼。他们行鞠躬礼的做法与中国人鞠躬时低头弯腰有所不同的是，新西兰人鞠躬时是抬着头，挺着胸的。新西兰人路遇他人，包括不相识者时，往往会向对方行注目礼，即面含微笑目视对方，同时问候对方。在普通的交际场合，新西兰人非常反对讲身份、摆架子。在新西兰，各行各业的人都会对自己的职业引以为荣，并且在彼此之间绝对不分三六九等。称呼新西兰人时，直呼其名常受欢迎，称呼头衔却往往令人侧目。

❧❧ 小贴士 ❧❧

向外国人送花的禁忌

在国外，给中年人送花不要送小朵，意味着他们不成熟。 不要给年轻人送大朵大朵的鲜花。

在印度和欧洲国家，玫瑰和白色百合花，是送死者的虔诚悼念品。

日本人讨厌莲花，认为莲花是人死后的那个世界用的花。送菊花给日本人的话，只能送品种只有15片花瓣的。

在拉丁美洲，千万不能送菊花，人们将菊花看做一种"妖花"，只有人死了才会送一束菊花。

在巴西，绛紫的花主要是用于葬礼，看望病人时，不要送那些有浓烈香气的花。

墨西哥人和法国人忌讳黄色的花。在法国，黄色的花是不忠诚的表示。

与德国、瑞士人交往，送朋友妻子或普通异性朋友，不要送红玫瑰给他们，因为红玫瑰代表爱情，会使他们误会。

德国人视郁金香为"无情之花"，送此花给他们代表绝交。

意大利、西班牙、德国、法国、比利时等国，菊花象征着悲哀和痛苦，绝不能作为礼物相送。

在俄罗斯、南斯拉夫等国家若送鲜花的话，记住一定人要送单数，因双数被视为不吉祥。

罗马尼亚人什么颜色的花都喜欢，但一般送花时，送单不送双，过生日时则例外，如果您参加亲朋的生日酒会，将两枝鲜花放在餐桌上，那是最受欢迎的。

百合花在英国人和加拿大人眼中代表着死亡，绝不能送。

第九章

小中见大，生活礼仪影响个人形象

——生活细节中的礼仪

礼仪是交往的规矩，是用来维护自我形象，对他人表示尊重友好的形式。因此，在日常生活中，对于一些细小的行为，不能过分的粗枝大叶，遵守一些生活礼仪还是必要的，莫因为不注重礼仪因小失大。

▍探望病人的礼仪

探病礼仪是指到医院等特定场所探望病患者时所应遵循的礼仪行为规范。人吃五谷杂粮，难免会生病，人在生病时，最需要的就是朋友的安慰与照顾，当得知朋友或亲友生病后，应及时去医院或家中探望、慰问，帮助分担痛苦，同时通过探病可以加深了解，增进友谊，培养感情。去探望病人，无论是言谈举止、衣着、神情还是携带的物品都有讲究。

探病前的准备

在探病前应当先了解一些具体的情况。打听清楚病人在什么病区以及病床号，以免到时到处打听，扰乱医院的宁静。要清楚病人近段时间是否因病情或治疗的特殊要求不宜接待探望者，以免空跑，并了解病人的心理状态和情绪状况。这样才能在与病人谈话时注意谈话内容，做到有的放矢，同时也可以使自己所购买的礼物满足病人的需要。

探视时间

探病的最佳时间是上午10：00~11：00，下午2：00~4：00，最好不要选择清晨、中午、傍晚、深夜或饭前和饭后，因为这些时间是病人休息的最佳时间，如果你冒昧前去，很可能影响病人休息，虽然你是一片好心，却收不到好的效果。无论病人是在家休养还是住院治疗，探望者都应注意探病时间的选择。

探望病人时，逗留时间不宜过长，一般把握在20分钟内。若病人已在康复中，并有较强兴致希望与人交谈，那么探望者可与之多谈一会儿。如果病人的病情还处在静养阶段，探望者问候几句后便可离开。

探病时的装扮

探望病人时，还要注重着装，只要庄重、素雅就好。颜色鲜艳、时尚的衣服尽量不要穿。女性探病时，还要注意不能浓妆艳抹，因为病人在生病期间往往有某种心理倾向，可能影响病人的情绪，这对康复没有任何好处。

探病时的言谈举止

到医院探望病人时，应遵守医院的规章制度，并在规定时间内探望。在病房不要吸烟、随地吐痰，乱丢果皮、纸屑等。

进入病房要先敲门，让病人觉得自己仍然受人尊重。进入病房时，要尽快找位子坐下，因为有人站在床前容易让病人产生紧张感。进入病房以后，如果看到病床周围有瓶子、管子和固定架等医疗用品和器具，切莫大惊小怪；看到痰盂、便桶、血迹脓水类，不要躲躲闪闪，面露厌恶状；看到病人消瘦憔悴、水肿黄疸之类的病态，也不要愁眉苦脸。要像平时见面一样与病人行握手之礼，这样做既可以告诉病人他的病已经好多了，可以和正常人一样与人行握手之礼了，又可以向病人传达真诚的问候，但是并不是每位病人都可以行握手之礼，这要依病情而定。不管病人的病情有多么严重，也不能在他面前流露哀伤的神情，更不能对着病人流泪。与病人说话时，要看着对方的眼睛说话，这样病人会认为你是真心诚意地关心他。病人在生病期间，最希望得到他人的鼓励，适当地说些鼓励的话，会增强病人抵抗病魔的信心。在谈话过程中，不能讲伤害病人自尊心、信心的话，因为，这对病人起不到任何积极作用。

安慰病人家属，帮助做力所能及的事。对于困难比较大的可以组织同事朋友轮流看护。对于需要长期治疗休养的病人，应经常去安慰、探望，或写信，介绍外面的信息，让他们感受到别人的关心和问候，增加病人和家属战胜疾病的信心。

礼物的选择和准备

一般探望病人时都要带点物品，以表心意。可请教医生或通过其他途径弄清病人病中忌讳什么，然后根据你对病人的了解，选择合适的礼品。在探病时所带的礼物以满足病人的需要、使病人尽快康复为前提和原则，最好让病人能感受到你送的礼物是经过精心准备的，病人确实需要的。鲜花水果、高品质的保健营养品、内容轻松的书籍杂志，都是比较好的探病礼物。送鲜花时，应注意"花语"；送水果或食品时，要考虑哪些是病人能吃又想吃的东西，病人忌讳或不能吃的东西不能送，并且要注意产品的有效期；送书籍根据病人的情况，更要慎重。

小贴士

带什么礼品探望病人最合适

1. 探望糖尿病人、水肿病人，不宜送苹果、香蕉等含糖量较高的食品。可以送含糖较低的食物或水果，如无糖奶粉、肉松、鸡蛋、猕猴桃等。

2. 探望高血压、高烧病人时，不宜送比较荤腻的食品。可送含有维生素的清淡食品，如新鲜水果、水果罐头和果汁等。

3. 探望气管炎、肺水肿、肺结核等咳嗽、咯血的病人，可送利于清肺、润肺的食品，如核桃、蜂蜜、银耳和梨等。

4. 探望动过手术的病人，可送营养丰富、易消化、含钙质较多的食品。

5. 探望贫血、孕妇、产妇等病人，可送有营养、补血的食品。

‖ 婚礼的礼仪

随着时代的发展，结婚庆典的形式发生了许多变化，这对结婚礼仪也有了进一步的要求，为了给婚礼增添喜庆色彩，每位出席婚礼者都应掌握一些礼仪。

婚礼程序

婚礼上，新郎、新娘一般要在入口处迎接来宾。应邀者进入婚礼现场后，应听从接待者的安排，在指定的座位前就座。如果是自助式的婚礼宴会，则可以随便些。宣布婚礼开始后，可以演奏或播放歌曲，条件允许还可以鸣放鞭炮。与此同时，在来宾的掌声和欢呼声中，新郎、新娘步入现场。在司仪的主持下，新人首先向双方的父母或其他尊长鞠躬，其次向全体来宾鞠躬，最后双方相互鞠躬。随后，要请证婚人讲话，介绍新人双方恋爱的经过，并预祝新人婚后幸福。也可宣读结婚证书，宣布新婚夫妇婚姻合法。证婚人讲话后，可请新人双方的父母或其他尊长的代表即席讲话，向新郎、新娘表示祝贺。之后，应当请新郎、新娘依次讲话，向全体来宾致以感谢。也可由新婚夫妇一同表演文娱节目。礼毕，婚宴开始时，新郎、新娘应从主桌开始，逐桌逐席地向来宾敬酒。

婚宴的席位礼仪

参加婚礼仪式的人员应该有一张他们专用的新人桌。即使在不是十分正式的婚宴上，他们也应该有座位卡，标示出他们专属的座位。至于其他的宾客，婚宴会场内应该摆有几张比较小的桌子，好让他们在交谈和跳舞之余有地方可以坐下来。在任何盛大的婚宴上，通常都可以看到一张父母专用桌。在父母桌上，新娘母亲的右边坐着新郎的父亲；新郎则坐在另一边，与新娘正好面对面，他的右边则坐着新郎的母亲。可以请为婚礼主持仪式的人员坐在新娘母亲的左边；新郎母亲的另一边则可以请新郎的祖父坐下。依此模式，让家人以及重要的宾客或挚友，交替着坐满这张餐桌。

婚宴的敬酒礼仪

在婚宴上，敬酒是极为重要且不可或缺的一环。当敬酒开始时，主婚人率先举杯向新娘敬酒后，参加婚礼仪式的人员如有任何人表示要向新人敬酒，主婚人就会逐一示意他们上前敬酒。敬酒时，有若干礼节必须加以遵循。接受敬酒的人不必喝酒，只需坐在座位上，微笑面对敬酒者。要敬酒时，如果席间有10位宾客甚或更多，务必站起身来。如果是在人数较少，彼

此都熟识的场合上，则可以坐着敬酒。为了引起他人的注意，也可以先说句开场白。婚宴上每一次敬酒时间不宜超过三分钟，应当长话短说。

参加婚礼的礼仪

1. 送礼金的礼仪

赠送礼金要选择时机，一般在出席婚礼前送上，假如选错时机很可能让他人觉得你不懂礼节。送礼金时要根据自身经济实力、双方关系的密切程度确定礼金数量，只要不是太少就行，但也要根据自己的实际情况量力而行，同时要考虑到对方的感受，给对方留点余地，别让对方太为难。一般情况下红包应该是双数，意思是大吉大利、好事成双。假如你打算带家眷去喝喜酒，还是要多添一点礼金为好，以免给别人留下不好的印象。

2. 参加婚礼的仪表礼仪

应邀者应适当注重自己的仪表。就服装而言，最好着较为正式的礼服，女宾打扮得不要过于妖艳，以免出现喧宾夺主的现象；男宾最好着西装，显得大方得体。值得注意的是：礼服的颜色最好避开黑色，防止让对方联想到丧礼，破坏喜庆的气氛。

3. 婚宴进行时的礼仪

按照主人和服务员指引入座，一般和熟悉的亲友坐在一起。取菜、吃食要有礼貌。新郎、新娘到各席表示感谢宾客光临，大家起立举杯，和新郎、新娘轻轻碰杯，喝一口喜酒，表示祝福。婚宴将结束，新郎、新娘前来献茶，要双手接过，还要在茶托内赠上彩茶费以表示感谢。

参加婚宴，不要过量饮酒，以免醉后狂言失礼。也不要把新郎、新娘灌醉。婚宴尽量轻松愉快些，切莫酗酒，要让新郎、新娘圆满地结束宴会，早入洞房。在婚礼上，当司仪宣读祝词时，在场的人应停止嬉笑、吃东西，应注意倾听，并随时鼓掌，营造婚礼的热烈气氛。在婚礼上，如果你想告辞，不必向新人面辞，除非新人刚好在你周围且闲着无事。与熟人谈笑时，也要注意分寸，言行举止都要符合婚庆礼仪，不能因为气氛热烈而忘形失态，这是十分不礼貌的行为。

━━◆❈◆━━ 小贴士 ━━◆❈◆━━

西方婚礼礼仪

西方婚礼一般在法庭、各种宗教的教堂、小礼拜堂里举行。婚礼上，男女互相交换结婚戒指。也可以在自己的家，朋友的家或户外，像公园这样的地方举行婚礼。婚礼结束后有婚宴和舞会。婚宴后，新娘、新郎坐汽车去机场或车站开始他们的蜜月旅行。亲友欢送新人去度蜜月，场面通常很热闹、滑稽，新郎要想方设法离开，而新郎的好友则想出种种办法企图阻止新郎把汽车开走，新郎、新娘离开后，客人陆续向新娘的父母告别。

丧葬礼仪

亲友过世了，都会用最好的方式，举行最隆重的礼仪，这些哀悼的仪式礼节就是丧葬礼仪。这既是对死者的祭奠，又是对死者家属的安慰，所以知道一些丧葬礼仪很重要。

参加追悼会人员的服饰要求

参加丧礼时，要注意服装礼仪。穿着以素净、庄重为原则。吊慰死者前先将项链、时尚的耳饰取下来，将浓妆改为淡妆。着正规的丧服、深色的套装或连衣裙等。刚丧偶的妇人应该穿着朴素深色的衣服。青少年应该穿上朴素的衣服。年轻男士、接待员以及抬棺人员穿相同的衣着，穿深色西装配上白衬衫、黑领带，脚穿黑色皮鞋。

赠送祭品的礼仪

丧礼祭品的样式要体现出对死者的哀悼，选择时应该慎重，一般情况下采用的是挽幛、挽联、花圈等。有些人为了表达对死者的尊敬，挽幛和挽联的内容大多由自己书写，此时用词必须仔细斟酌，特别是挽联。另外，以金钱为奠仪，已经成为当前最为普遍的一种形式，也是最经济、实惠的祭品。金钱一般为单数，用白纸包好，封面书写送礼者的姓名及单位。如果亲友们的奠仪集合起来，可以解决丧葬费，还能为当事人减轻一部分负担，这样既告慰了死者，又帮助了生者，可谓一举两得。

吊丧的礼仪

接到亲戚、朋友、同事去世的消息，要进行吊唁，又称吊丧。进行吊丧时，应表示沉痛哀悼之情，态度要严肃，感情要真挚，切不可随随便便、拖拖拉拉，给人一种漫不经心、毫不在乎的感觉，这既亵渎死者，又侮辱生者。

当得知亲朋好友去世的消息后，即应赶紧前往吊丧，不应故意拖延。知而不去，是严重的失礼行为。参加追悼会时，一般可单独或几个人合送花圈以寄托哀思，也可以送挽幛。追悼会是有严格礼仪要求的，从衣着打扮到挽联悼词，都有一定的规范。

追悼会一般在遗体所在地召开，也有的在殡仪馆或火葬场召开。会前应做好充分的准备工作，按上文的要求布置好会场。由事先委托的治丧人员在会场门口代表亲属迎候亲友和致哀者，并发放黄花、白花和黑纱，一切就绪后，在约定的时刻，即可正式举行追悼大会。

丧礼举行当天，不能迟到。准时到达以后，在签名簿上写下自己的名字并领取相应的佩戴物品，轻轻地走进丧礼会场，给死者上香，鞠躬。行礼完毕以后，不要立刻转身离开，还应由衷地劝慰死者家属节哀顺变。安慰丧亲者时要注意方式方法，不要急于劝阻对方的痛哭。因为，哭能将内心的痛苦宣泄出来，减轻精神压力，恢复心理平衡。如果多数人一起行礼，此时可推派一个人当主祭者，其他人陪同上香、献花、鞠躬。行礼后，不要忘记安慰家属。行礼全部结束以后，要尽快离开现场，以免给家属带来不必要的麻烦。

失去亲人的人，最需要别人的支持与关爱，不要因为丧礼结束，就认为心意已经达到了，不时的关心、帮助一下失去亲人的人，对他们来说是莫大的帮助，会让他们对你感激不尽的。安慰的最好的方式就是多陪他们聊天，约他们一起外出散心，分散他们的注意力，从而达到缓解沉重心情的作用。

小贴士

民间报丧的方法

1. 口头报丧。亲自前往口头报丧。这时神情要沉痛、举止要庄重。

2. 写报丧信。信中要写明逝者与报丧人的关系、逝世原因、逝世的日期与追悼会的地点、时间。

3. 张贴、刊登讣告。写讣告要注意写清对去世者逝世的一般情况、简单经历、举行追悼仪式的时间地点。讣告的用语要简练、庄重。书写讣告的纸必须用白色或黄色，墨料多用黑色。并在丧事举办之前较早张贴或发出。

生日宴会礼仪

现在人们对生日的重视程度越来越高，无论是刚刚出生的婴儿，还是年过半百的老人，每个人都对这个特别的日子十分关注。为了以防失礼，应邀出席者还须知道一些寿宴礼仪。

诞生礼
一般在婴儿出生三天后举行"洗三"，俗称"三朝"，是父母为婴儿举办的第一个礼仪，充分表达了长者对孩子的美好祝福。当婴儿一个月大时，父母会为婴儿举办"满月"礼，亲朋好友都要前去祝贺。外婆要给小外孙做衣服，请理发师为婴儿"落胎发"，对于婴儿的胎发，父母应妥善处理。作为婴儿的父母出于礼貌还应置办酒席招待亲友。另外，婴儿的周岁礼也很重要，同样应郑重庆贺。这一天，许多家长、亲友会给小孩买一些玩具、童装、幼儿书画，当做贺礼，为孩子庆祝生日。一般情况下，小孩出生后，前三个生日举办的应隆重一些。从四岁开始，就不十分讲究了。

寿辰礼

在日常生活中，中老年人最注重的就是过生日。60岁是花甲寿，做儿女的为表孝心，要为父母举办生日宴会，希望父母长命百岁。寿宴一般由子女或亲戚朋友出面举办。举办前必须应确定邀请对象，印制邀请函，准备寿宴所需要的物品，置办酒席等。被邀请者在参加庆寿活动前也应有所准备，不好空手去庆贺。一般情况下，都要准备一份寿礼，寿礼可以根据与邀请人的关系密切程度而定，礼物要实用，不宜特别贵重，或过于便宜。

寿宴一般在家中举办，在正屋设置一个寿堂，用纸或绸剪一个大红"寿"字贴在寿堂正中，两旁挂上寿联。注意，这些准备工作，在寿宴的前一天就要开始准备，前天晚上先由儿女媳婿设宴庆寿，这叫做"暖寿"，当天，再由亲朋好友为老人庆祝。

───※▶ 小贴士 ◀※───

朝鲜族寿诞礼仪食俗

为老人过花甲举行的仪式，一般要摆上最丰盛的美味佳肴。寿宴多用两张桌子并起来，即摆大桌。菜肴中要摆上一只烧熟的昂首挺胸的整鸡，鸡嘴中也要叼着一个大红辣椒或红枣。此外，菜肴还应有整鱼、牛排、猪蹄、大块瘦肉，也有煮熟或煎的大块猪肝、海味菜肴等。菜肴都要做两套。主食要上寿桃。祝寿开始后，先由长子致祝寿颂词，并从长子开始，按辈分前来敬酒。然后分桌开宴。席上还要留一些食品，给远来的客人带回，让没有来的亲友分享他的福气。

‖ 书信礼仪

书信是社会生活中广泛应用的一种文体，是人与人之间相互联络、交流情况的重要交际工具。虽然现代的通讯工具发展迅速，使用电话、电脑就可以直接与人沟通，但书信这种古老的通讯工具仍然受到大家的重视，为了使书信表情达意准确，流畅、详细，表现形式整洁、大方，就要讲究书信的礼仪。

信笺的选择

现在信笺的样式越来越多，在颜色方面，无论是白色、乳色、蓝色，还是彩色镶边都可以使用。当然这仅限于日常生活中的书信往来，年轻人写信可以选择样式新颖、富有朝气的信笺，但写给长辈信的信笺要简洁、大方，商务活动中的信笺一般不用带有彩色修饰的。

信封的礼仪要求

书写信封时，左上方六个小方格中书写对方的邮编，右下方填写寄信人所在地的邮编。信封上第一条横线上，填写收信人的地址，中间一条横线，书写收信人姓名，一般情况下，姓名后要注上"启"或"亲启"。最后一条横线上写明寄信人的地址。另外，在书写收信人及发信人地址时，要准确完整，不宜采用简称，这样才能确保书信顺利送达。信封封口时一般使用胶水，不宜用胶布、订书钉或其他方式封口。邮票应工整地贴在右上方。

书信的格式要求

称呼要顶格，有的还可以加上一定的限定、修饰词，如"亲爱的"等。问候语可写"你好"、"近来身体是否安康"等。独立成段，不可直

接接下文。正文是信的主体，可以分为若干段来书写。祝颂语以最一般的"此致"、"敬礼"为例。"此致"可以有两种正确的位置来进行书写，一是紧接着主体正文之后，不另起段，不加标点；二是在正文之下另起一行空两格书写。"敬礼"写在"此致"的下一行，顶格书写。后应该加上一个惊叹号，以表示祝颂的诚意和强度。称呼和祝颂语后半部分的顶格，是对收信人的一种尊重。是古代书信"抬头"传统的延续。古人书信为竖写，行文涉及对方收信人姓名或称呼，为了表示尊重，不论书写到何处，都要把对方的姓名或称呼提到下一行的顶头书写。它的基本做法，为现代书信所吸收。写信人的姓名或名字，写在祝颂语下方空一至两行的右侧。最好还要在写信人姓名之前写上与收信人的关系。再下一行写日期。如果忘了写某事，则可以在日期下空一行、再空两格写上"又附"，再另起行书写未尽事宜。

信纸的折叠

折叠信纸也有很多讲究。一般来说，都是沿长边等分三份，然后装进信封。横写格式用两折三分法，即16开信纸均分三段折两折，成一长型，信纸两端比标准的航空信封短，这种折法简洁平整，富有现代感。直写格式用中国传统的斜角折叠法，16开信纸左上角折进来，以信函右上角直写收函者姓名称呼为界，然后以中间线为准，从左往右折成半条，这样整张信函只显露出右上角的收函者姓名，最后再将右上角翻折下来，这样会形成一个对角，整个长度也会相应缩短。比较适合放在老式信封中，这种折法比较斯文，也有一定的保密性，至少，抽出信函第一眼看见的，只是收函者的姓名，至于信函中其他内容，还得继续打开才能看清。这可以看信封的大小，小的折三折，大的折两折就行。

收信礼仪

书信作为一种传统的感情交流方式，无论是信的内容，还是信封都离不开礼仪，大处小处均不能忽视。否则，会给对方留下不好的印象。收到他人来信，最好要以最快的时间回复，这既是尊重对方的重要表现，又是做人应具备的一种美德。撕拆信件时要小心，确保信件完好。

小贴士

书信的由来

书信的由来已久，没有文字时就有"书信"，用的是采取结绳、刻符等方式。据考古发现，西安半坡遗址出土的彩陶器上已有刻画符号。我国的苗人，也用过刻符。到先秦及秦汉，出现了手书、家书、尺牍、手札、信函。但是这种手书、家书一开始多半是用生绢书写，故称为"素书"。今天的信，在古代称为书。魏陈琳《饮马长城窟行》写到了长城卒与家里妻子的通信，其中有"作书与内舍"、"报书往边地"的字句。"作书"，即写信；"报书"，即回信。直到明清时代，"书"才改叫"信"了。

游览观光的礼仪

随着人们生活水平的提高，人们开始追求精神上的满足。因此，旅游观光就成了日常生活中重要的一部分。但为了使旅游更加的愉快，旅客一定要懂得游览观光的礼仪。

在上车时，按照惯例应当请位长者、尊者、小孩首先上车，其余的人给予帮助并最后上车。到了车上，如果没有专门安排座位，那么，长者、尊者、小孩应在前排就座。但如果要求对号入座时，就必须按照事先安排好的座位就座。在车上要讲究公德，不妨碍别人，不吃有刺激性气味的食物，不能高声喧哗，不将胳膊腿伸得太长，诸如此类。下车时长者、尊者、小孩最

后下车，其余的人先下，并在车门外等候或给予帮助。

爱护公共财物是每个人应具备的良好品德。作为一名游览者，面对优美的自然风光、历史文化底蕴深厚的文物古迹、别具一格的人文景观，除了为之自豪、赞叹外，还应履行保护旅游资源的义务。因为爱护公共财物，热爱祖国的大好河山，是游览礼仪最基本的要求。

出游时，大多数游客会随身携带一些食品或旅游用品，在吃、用这些食品物品时，务必要注意环境卫生，不乱扔垃圾，不乱堆放行装等。在旅游景点野餐结束时，一定要将现场打扫干净，将剩下的物品，连同瓜皮果壳一同带走；在旅游点的隐蔽角落大小便，是非常失礼的行为；在安静、祥和的旅游气氛中，不宜大声喧哗，肆意嬉笑打闹；当导游或讲解人员解说旅游景点的来历时，要仔细倾听，不要纠缠追问、恣意刁难。

在公共场合进行拍照时，因抓紧时间尽快结束，一般每人拍摄照片的张数不宜超过三张，让人久等是非常不礼貌的行为。同时更不能浪费别人的时间进行取景或其他和拍摄无关的事情，如果您对拍摄的角度把握不准，应礼让他人，当确定好角度后再进行拍摄。不能随手涂抹，不能信手乱摸，尤其像一些宗教禁忌的地方。另外，在观光时，不要过分强调自己的要求和情趣，以免影响他人；不要过分坚持自己的审美观点而否定他人；不要损害他人的宗教信仰及民族观念；不要不分尊卑，没大没小。在公共场所还要注意尊重知识产权，很多地方都明文规定不能拍照，不能录像，这是绝不可以的。

旅游观光中，游客来往不断，彼此间要相互照顾、互相帮助。当行至曲折幽径处或小桥、山头时，在注意自身安全的同时，还应主动帮助老幼妇孺。不要抢路、拥挤，在他人遇到困难时，应主动向其伸出援助之手。休息时，不能一人独占长椅。拍照留念时，如果别人需要帮忙，应主动、热情地为其提供服务。

游览寺庙时应对寺庙的僧人尊称为"大师"、"法师"，对道士应尊称为"道长"，对住持应尊称为"长老"、"方丈"、"禅师"。对喇嘛庙中的僧人应尊称"喇嘛"，即"上师"之意。与僧人见面的行礼方式为双手合十，微微低头，或单手竖掌于胸前，头略低，忌用握手、拥抱、摸僧人头部等不当方式。与僧人、道人交谈，不应提及杀戮之辞、婚配之事，以及食用腥荤之言，以免引起僧人反感。游览寺庙时不可大声喧哗、指点议论、妄加嘲讽或随便乱走，不可乱动寺庙之物，尤忌乱摸乱刻神像。如遇佛事活动，应静立默视或悄然离开。同时也要照看好自己的孩子，以免因孩子无知而做出失礼的事。

　　旅客在任何宾馆居住都不要在房间里大声喧哗或举行私人的聚会，以免影响其他客人。对服务员要以礼相待，对他们所提供的服务表示感谢。在饭店进餐时，要尊重服务员的劳动，对服务员应谦和有礼，当服务员忙不过来时，应耐心等待，不可敲击桌碗或喊叫。对于服务员工作上的失误，要善意提出，不可冷言冷语，加以讽刺。

❈ 小贴士 ❈

游客在公共洗手间的礼仪

　　在洗手间有人占用的前提下，后来者应该在入口处排队等候，等其中一间空出来时，排在第一位的便拥有优先使用权。在洗手间洗手时，应当尽量小心，如果有污染，应尽可能地加以清洁。用完厕所，要及时放水冲洗，以免给下一位使用者造成不便。浪费卫生纸、随手将女性卫生用品扔进马桶的行为，都是相当欠妥的。另外在公共卫生间给孩子把尿，若弄脏地面，一定要及时清理。在用完洗手间后不应把门关得过紧，让后来者不知道里面是否有人。

║ 购物礼仪

人们在日常生活中离不开购物，这就要求人们在购物时注意一些礼仪规范，做个通情达理的消费者。

在买东西时，千万不要在不清楚自己要买什么物品的情况下麻烦营业员。如果你只想看不想买，那么最好不要劳驾营业员，否则可能发生不愉快的事情。挑选商品时，不要挑三拣四。过分挑剔，时间长了会影响营业员照顾其他顾客。如果挑选后没有满意的商品时，可以客气地告诉营业员。对易污、易损商品要轻拿轻放，万一污损了，就应当买下来或者赔偿。对禁止触摸的商品，不要随便碰触。

虽然顾客被营业员奉为上帝，但顾客在购物时也要讲究礼貌，不要对营业人员大呼小叫、颐指气使。一个有修养的消费者，在购物时会注意相应的礼仪规范，心平气和、面带微笑地与营业员商谈。当营业员正忙于接待其他顾客时，要耐心等待，不要指手画脚或用手敲柜台。购物时，如果遇到态度不好的营业员，千万不要与其发生口角，必要时应当心平气和、耐心、冷静地跟营业员讲道理、说情况，如果该营业员是个蛮不讲理的人，可以向其领导反映，请求帮助解决。千万不可一怒之下，口吐脏字，这是很不礼貌的行为。

如果在购买商品时没有仔细查看，买回家以后才发现商品有破损的地方或营业员拿错了样式，到商店退换时要态度友好，并向营业员详细的说明情况。如果碰到态度恶劣、强硬的服务员，要耐心地和她沟通，不要硬碰硬，闹得不欢而散。如果没有质量问题，可以不换。结账时，如果发现收银员找错了钱，应善意地提醒并说明情况，千万不能面红耳赤地与收银员争论不休。如果解决不了还可找领导帮忙。交过钱以后，不要忘记向为你服务的营业员道谢。

在自选商场或大型超市购物，要遵守购物规定，注意轻拿轻放，不损坏或弄脏物品。如有损坏，要主动赔偿。选取后又决定不要的商品，应及时放回到货架上，尤其是那些冷冻商品。选购水果等食用商品时，不要随手乱翻、乱捏，那样会让水果过早腐烂。交款时，两人以上就应自觉排队，并注意与他人保持一定距离，以免造成他人不便。购物过程中要注意照顾老弱病残者，对外宾要文明礼让。不在商场高声喧哗、追跑打闹。自觉维护环境卫生，不随地吐痰，不乱扔果皮、包装袋等。推购物车时，要小心行走，以免撞到他人。也不要把小孩放在购物车里，以免发生危险。总之，要做一名文明的顾客。

☞✖ 小贴士 ✖☜

购物时乘电梯的礼仪

乘坐电梯须讲文明，进出电梯要礼让，先出后进。遇到老幼病残孕者，应让他们先行。进入电梯后，应给其他的人留有地方，先上的人应站在电梯门的两侧，其他人靠两侧及后壁站。不要一上电梯就挡在门口，或与他人面对而立。如果带小孩乘电梯，要管好孩子，不要让孩子乱按梯键。在电梯里不要高声说笑，出入电梯时，不要争先恐后，更不要为了等人，让电梯长时间停在某一楼层，这样会引起其余乘客的不便。

‖ 图书馆的礼仪

图书馆是公共的学习场所，到图书馆借书或阅读的人，应共同维护公共秩序，为图书馆营造一个良好的学习氛围。

进入图书馆，必须穿戴整齐、干净、大方、得体，不要穿拖鞋、背心、短裤进入。不要带过多的私人物品进入，以防被盗窃。如果需要携带，则应当按规定摆放或寄存。进入图书馆时要维持公共卫生和公共秩序，不要抢路、拥挤，要按次序进入。手机要处于关机或振动状态，不使其发出声响。走路时也要尽量少发出声音。不可在图书馆无事闲逛、追逐打闹、吃东西、嚼口香糖，也不要在任何地方留下垃圾。不吸烟、不随地吐痰。

保持良好的行为举止，不用任何东西占座。也不要在座位上休息或睡觉。就座时，移动椅子不要发出声音。看书以前最好能洗一洗手，以保持书的整洁。不要在桌椅上胡乱涂划雕刻。爱惜图书，图书要轻拿、轻翻、轻放。不在书上乱写乱画或折页，更不能撕页。在书架上找书时，要轻拿轻放。翻书时沾唾沫，这是十分不文明的行为。取看图书时应当小心谨慎，不要将旁边的书籍带落。如果对所取图书并不满意，应当及时放回原处，不要将之遗落在一边。不能因自己需要某种资料而损坏图书，私自剪裁图书。遇到有价值的资料，应与管理人员联系。书架图书应逐册取阅，不要同时占有多份。看完后立即放回原处，以免影响他人阅读。离开图书馆时把自己的位子清理干净。在阅览室最好不与别人交谈。如果需要，当保持低音调，轻声交谈。

借书时应当排队等候，不要插队。不使用别人的借书证借书，也不要将自己的证件借给别人使用。不要在图书馆关门时仍然逗留徘徊。

━━━❖ 小贴士 ❖━━━

图书馆工作人员的礼仪

图书馆的工作人员应衣着整洁，仪容端庄，上班不准穿背心、短裤、拖鞋、奇装异服，不得蓬头垢面。在工作岗位上坐姿要端正，不准将脚放在桌椅或书架上。上班时间不准闲聊闲逛，不要因看书报而影响为读者服务。接待读者要热情诚恳，举止大方。不冷落读者，不对读者指手画脚，评头品足。解答读者咨询要耐心细致，有问必答，不轻慢，不急躁，对解答不了的问题，应提供进一步咨询的部门或途径，不欺蒙读者。在借阅场所，说话要轻声细语，不与读者争吵。对违反馆纪的读者要好言相劝，按规章处理。对个别行为恶劣的读者，也应冷静对待。对读者说话态度要诚恳，用语要文雅。

‖ 乘坐火车的礼仪

火车是我国旅游的主要交通工具。随着火车的普及，人们需要掌握的礼仪规范也越来越多，需要人们认真学习。

乘坐火车时，应事前买票，持票上车。如因情况紧急来不及买票，可购一张站台票上车，需要提醒的是，上了车以后需要尽快找乘务员补票，千万不能逃票，这是十分不道德的行为。在列车上发现丢失车票，要从丢失站起另备前程车票；如果不能判明丢失站，从最近后方营业站起补票；如果不能判明是否丢失车票时，按无票旅客处理，从列车始发站补起。等待检票要排队，等火车停稳后再上。上车过程中，不要相互拥挤，更不可从车窗进入，

而应有序上车，相互礼让。一定要乘坐车票上所指定的车次，在本车次门口进入，不要因上错车次，给乘务员或其他乘客添麻烦。为防止上错车次，在上车前再问一下乘务员。如果没有买着坐票，在中途上车找座时，不要拥挤、抢座，遇到有空位时，应礼貌地向旁边人询问，该座位是否有人，如果没有人则可就座。如果身边有空位时，不要将自己的行李放在上面，如果还有站着的乘客，应主动请其就座。

上车后，应主动与邻座打招呼。可以进行简单的自我介绍。如果对方的态度不是十分热情，礼貌地点一下头即可。与其他乘客交谈时，不要涉及个人隐私，把握好分寸；不要漫无边际地胡吹乱侃；当有人有意与你聊天时，要礼貌应答；与异性交谈时，应保持一定距离，不要过于亲密。乘车时要注意礼貌，应主动给老、幼、病、残、孕者让座。火车同样属于公共场所，因此，要求穿戴整齐。在卧铺车厢内休息时，不要像在家里一样随便，脱衣休息是十分不雅的。坐硬座的乘客，不能脱鞋脱袜，当众脱、换衣服。

乘车期间，不要东倒西歪，不要随意趴在坐席上。不要将头或身体靠在他人身上。在卧铺车上休息时，恋人、配偶最好不要在同一张铺位上休息，也不能做出过于亲昵的举动。带小孩一同乘车的大人，要管好自己的孩子，不要让孩子在车厢内随地大小便、追跑打闹、乱动他人物品或纠缠他人。

在乘火车时，不要浪费水，尤其是对于只在大站停靠的列车，途中没有补足水源的机会，浪费车上的水会让其他乘客面临没有水的困境。另外，不要长时间占用火车的卫生间。火车上每节车厢只有一个卫生间，而一节硬座车厢中会有上百名乘客，资源明显不足，长时间占用卫生间是不道德的行为。车厢内严禁吸烟。很多高速车辆都是封闭型车厢，若是有人在车上吞云吐雾，必定会影响到车厢内的空气质量，使得其他乘客不满。

在列车上用餐时，不要抢占座位，或以就餐为名在餐厅休息、聊天，而应节省时间，用完餐后立刻离开，给其他需要用餐的乘客让位子。在火车上就餐还应注意，不要大吃大喝、划拳、行酒令。在车厢内就餐的乘客，不要吃他人的食物，自己吃剩的东西不要随便乱扔，也不能从车窗向外抛；最好不要吃具有刺激性气味的食物。

旅客应相互帮助。别人的行李掉了，应主动帮其拾起；有人晕车或生病时，应多加体谅；对待别人的帮助，要表示谢意。在到达目的地前，就应做好下车准备，以免到站后手忙脚乱。下车前，应与邻人道别，还应向乘务员道谢。下车时，应自觉遵守下车秩序，不要硬挤。

——❖ 小贴士 ❖——

乘坐火车防盗忠告

在车上，不要佩戴金银首饰，因为很容易成为抢夺的对象。在车上掏钱购物、买饭时，尤其是处在人挤人的情况下，不宜将自己的大把钞票露出来，如果钞票露出来被一些人看见，很容易被抢或被盗。上厕所、就餐、会朋友，或去排队打开水，或是在停车时下车买东西吃时，千万不可产生麻痹大意的思想，要密切防止行李被盗。切不可随便接过他人递过的饮料，尤其是已经打开封口的饮料。

‖ 乘坐汽车的礼仪

随着时代的进步，以步代车的年代已经过去，现代人们的出行离不开车辆。但是无论是乘坐公共汽车还是小轿车，都要遵守文明的乘车规则，讲究礼仪。

乘坐公共汽车的礼仪

公共秩序需要大家共同维持，这需要人人讲文明懂礼仪，将社会公德摆在首位。汽车是人们日常生活中最便捷、最快速的交通工具之一。乘车时要遵守乘车礼仪，做个懂文明、讲礼貌的好乘客。

在车站或候车点候车时，应排好队按顺序上车。车来后，不要争先恐后，乱挤乱撞；上车后，自觉买票和出示月票卡。不要拥堵车门，应该尽量往里走。发现有老弱病残者或女士上车时，要主动让其先上车。进入车厢后，不要争抢座位。对年老体弱的乘客、孕妇或怀抱婴儿的母亲或年龄小的小朋友，都要主动让座。如果别人给自己让座，应说声"谢谢"。遇到不快的事要宽容忍让。车上人多拥挤，互相间难免磕磕碰碰。若不小心踩到或碰到他人时，应及时、诚恳地向对方道歉，如果对方不接受你的道歉，也不要与之发生冲突。被踩、碰的一方，不要得理不饶人，应表现得大度一些，接受他人道歉。

乘车时，千万不要在车上高声说笑，即使你的谈话兴致再高也要等下车后再说，以免影响别人听站名。在车上若想打喷嚏时，应该用手帕捂住口，防止唾沫四溅。乘车时，要保持衣着整齐，尤其是夏季，更要注意衣着问题，不要穿过分随便、太短太露的衣服，更不能赤膊赤足。雨天乘车应处处为他人着想。上车后要脱下雨衣，以免雨水沾湿别人，如果拿了雨伞，要记得把雨伞的尖顶部分朝下，防止戳伤别人。若拿着腥湿的物品，应先把它们装进塑料袋再上车，以免弄脏他人的衣服。行车期间不要与司机交谈，不携带易燃易爆危险品，不在车厢内吸烟，不吃带果皮壳的食物，不随地乱扔废弃物，不要将头、手、身体伸出车外，更不要无故跳车。

乘坐轿车的礼仪

1.上下车的礼仪

（1）主人亲自驾车：主人驾驶轿车时，如有可能，均应后上车，先下车，以便照顾客人上下车。

（2）同坐于后一排：乘坐由专职司机驾驶的轿车，并与其他人同坐于后一排时，应请尊长、女士、来宾从右侧车门先上车，自己再从车后绕到左侧车门后上车。下车时，则应自己先从左侧下车，再从车后绕过来帮助对方。若车停于闹市，左侧车门不宜开启，则于右门上车时，应当里座先上，外座后上。下车时，则应外座先下，里座后下。总之，以方便易行为宜。

（3）分坐于前后排：乘坐由专职司机驾驶的轿车时，坐于前排者，大都应后上车，先下车，以便照顾坐于后排者。

（4）折叠座位的轿车：为了上下车方便，坐在折叠座位上的人，应当最后上车，最先下车。这是广为沿用的做法。

（5）乘坐多排座轿车：通常应以距离车门的远近为序。上车时，距车门最远者先上，其他人随后由远而近依次而上。下车时，距车门最近者先下，其他随后由近而远依次而下。

(6)乘坐三排九座车：一般应是低位者先上车，后下车。高位者后上车，先下车。

2.特殊类型的轿车的坐法

吉普车，简称吉普，它是一种轻型越野轿车，大都是四座车。不管由谁驾驶，吉普车上座次由尊而卑均依次是：副驾驶座，后排右座，后排左座。

多排座轿车，指的是四排以及四排以上座次的大中型轿车。其不论由何人驾驶，均以前排为上，以后排为下；以右为尊，以左为卑；并以距离前门的远近，来排定其具体座次的尊卑。

3.轿车上的安全座次

从客观上讲，在轿车上，后排座比前排座要安全得多。最不安全的座位，当数前排右座。最安全的座位，则当推后排左座（驾驶座之后），或是后排中座。当主人亲自开车时，之所以以副驾驶座为上座，既是为了表示对主人的尊重，也是为了显示与之同舟共济。由专人驾车时，副驾驶座一般也叫随员座，通常坐于此处者多为随员、译员、警卫，等等。一般不应让女士坐于专职司机驾驶的轿车的前排座，孩子与尊长也不宜在此座就座。

4.乘车人的行为举止

上下轿车时，要井然有序，相互礼让。不要拉拉扯扯，尤其是不要争抢座位，更不要为自己的同行之人抢占座位。在轿车上应注意举止，切勿东倒西歪。穿短裙的女士上下车最好采用背入式或正出式，即上车时双腿并拢，背对车门坐下后，再收入双腿；下车时正面面对车门，双脚着地后，再移身车外。不要在车上吸烟，或是连吃带喝，随手乱扔。不要往车外丢东西、吐痰或擤鼻涕。不要在车上脱鞋、脱袜、换衣服，或是用脚蹬踩座位，更不要将手或腿、脚伸出车窗之外。不要与驾车者长谈，以防其走神。不要让驾车者听移动电话或看书刊。协助尊长、女士、来宾上车时，可为之开门、关门、封顶。在开、关车门时，不要弄出声响，夹伤人。在封顶时，应一手拉开车门，一手挡住车门门框上端，以防止其碰人。当自己上下车、开关门时，要先看后行，切勿疏忽大意，出手伤人。

🎀 小贴士 🎀

在特殊场合乘坐轿车的座次礼仪

由主人亲自驾驶轿车时，一般前排座为上，后排座为下；以右为尊，以左为卑。

在双排五人座轿车上，座次由尊而卑应当依次是：副驾驶座，后排右座，后排左座，后排中座。

在双排六人座轿车上，座次由尊而卑应当依次是：前排右座，前排中座，后排右座，后排左座，后排中座。

以三排七人座轿车上，座位由尊而卑应当依次是：副驾驶座，后排右座，后排左座，后排中座，中排右座，中排左座。

在三排九人座轿车上，座位由尊而卑应依次是：前排右座，前排中座，中排右座，中排中座，中排左座，后排右座，后排中座，后排左座。

‖ 乘坐飞机的礼仪

在所有正规的交通工具之中，飞机最为舒适，其档次也最高，已经成为最受欢迎的交通工具之一，但在乘坐飞机时，必须要认真遵守乘机礼仪。

1. 登机的时间

一般情况下，国内航班需提前半个小时到达机场，国际航班则要提前一个小时到达。以便留出时间托运行李、检查机票、身份证和其他旅行证件。因此乘坐飞机时，还需提前到达机场，为登机做好充分的准备。

2. 行李的要求

国际航班对行李的重量有严格的要求，一般控制在32~64公斤内，不同航班有不同要求，乘客在乘飞机时，还应注意行李的重量，如果超出规定范围，则需办理托运手续。托运行李前，应整理好自己的行李，将小袋物品集中到一个大袋中，这样能防止行李丢失，抵达目的地时也方便认领。

3. 安全检查

登机时应当认真配合例行的安全检查。在进行安全检查时，每位乘客都要通过安全门，而其随身携带的行李则需要通过监测器。如有必要，对乘客或行李使用探测仪进行检查，或手工检查。乘客不应当拒绝合作，或无端进行指责。登机时需要持登机卡，有的航班在买机票时就把登机卡与机票一同交给乘客，有的航班在登记行李时，再由工作人员为你选择座位卡，后者比较常用。如果没有提前预订机票，需在大厅的机票柜台买票登记，然后耐心等待其他持票乘客登机结束后，再由工作人员安排座位。登机卡一般在候机室和登机时出示。

4.飞机飞行期间的礼仪

上下飞机时，要注意依次而行。在机上放置自己随身携带的行李时，与其他乘客要互谅互让。飞行时一定要熟知并遵守各项有关安全乘机的规定。当起飞或降落时，一定要自觉地系好自己的安全带，并且收好自己所使用的面前的小桌板，同时将自己的座椅调直。当飞机受到高空气流的影响而发生颠簸、抖动时，也要将安全带系好，而切勿自行站立、走动。在飞行期间，移动电话、手提电脑、激光唱机、微型电视机、调频收音机、电子式玩具、电子游戏机等电子设备均严禁使用。违反者要受到法律制裁。

在自己的座位上就座时，要维护自尊。不要当众脱衣、脱鞋，尤其是不要把腿、脚乱伸放。乘机时需要对安全设备有一定程度的了解。在飞机起飞前，所有的客机均会由客舱乘务员或通过播放电视录像片，向全体乘客介绍氧气面罩、救生衣的位置及正确的使用方法,以及机上紧急出口所在的位置及疏散、撤离飞机的办法。在每位乘客身前的物品袋内，通常还会备有专门有关上述内容的图示。对此一定要洗耳恭听，认真阅读，并且牢记在心。切勿乱摸、乱动机上的安全用品。偷拿安全用品或私开安全门，不仅有可能犯法，而且还有可能危及自己和其他机上乘客的生命安全。在从严要求自己方面，则应当注意处处以礼律己，处处以礼待人。时刻表现得彬彬有礼。

当自己休息时，不要使身体触及他人，或是将座椅调得过低，从而有碍于人。与他人交谈时，说笑声切勿过高。不要在机上吸烟，或者乱吐东西。呕吐时，务必要使用专用的清洁袋。对待客舱服务员和机场工作人员，要表示理解与尊重。不要蓄意滋事，或向其提出过高要求。跟身边的乘客可以打招呼或是稍作交谈，但应不影响到对方的休息。不要盯视、窥视素不相识的乘客，也不要与其谈论令人不安的劫机、撞机、坠机事件。

乘坐飞机时，去卫生间要按次序等候，并保持其清洁。如果有晕机习惯，应提前准备好清洁袋，避免呕吐时吐到机舱地板上，影响周围环境；倘若晕机现象非常严重，可打开头顶上方的呼唤信号，请乘务员帮助解决。

5.下机及出机舱的礼仪

飞机停稳后，带好随身物品，按次序下飞机，不要相互拥挤、推搡、抢先出门，这是不礼貌的行为。一般情况下，机舱门口两边会各站一位空中小姐，为乘客提供服务，当你在空中小姐身边经过时，应礼貌地道谢。国际航班上下飞机后要办理入境手续，通过海关领取托运行李。如一时找不到自己的行李，不必着急，可通过机场行李管理人员按照行李登记卡进行查找，并填写申报单交给航空公司。如发现行李丢失，可凭借行李登记卡，让航空公司给予赔偿。

❧ 小贴士 ❧

乘坐飞机注意事项

1. 有哮喘和肺气肿等呼吸道疾病者，乘坐飞机前应尽量稳定病情。有脑肿瘤破裂等脑内出血、胃以及十二指肠溃疡等出血的患者，必须事先征得医生的许可。

2. 飞行中，飞机中的气压要明显低于地面，乘客容易产生饱腹感，因此临上飞机前不宜吃得过饱，穿着服装应该保持宽松，不要将安全带系得过紧。

3. 当飞机起降时，舱外气压与中耳腔的内压会出现一定的差异，往往引起耳塞感或耳朵疼痛。口含糖果或嚼口香糖，可促进唾液的分泌，具有预防耳塞和耳痛的作用。

4. 飞机内部的湿度很低，处于极度干燥状态，为防止眼睛过于干燥，可使用保湿护肤品和护目眼药水。

▌ 文明乘地铁

地铁是大中型城市居民出行时的交通工具之一，既方便，又快捷。人们乘坐它就不用担心堵车了，地铁为人们的出行提供了便捷的条件。但若想安全地抵达目的地，乘客就要文明乘车，遵守乘车礼仪。

等候地铁的礼仪

进入地铁站时，要正确使用自动扶梯，乘自动扶梯时，应靠右站稳，照顾好老人和小孩，不要在自动扶梯上追跑打闹或多人并排站在同一台阶上。按顺序排队买票，持票上车，不要损坏、丢失车票，这样既麻烦了自己又麻烦了别人。为了保持乘车秩序，同时也是为了节省时间，要排队候车。同时按照地面指示线排队，不要拥堵、挡道，以免影响下车的乘客。不要在站台边缘与安全线之间行走、坐卧、放置物品。如果遇到老、弱、病、残、孕和带小孩的乘客，应礼让他们，让他们排到自己的前面。等车时绝对不可以随意跳下、进入地铁轨道、涵洞。地铁轨道的电压高达800伏，发生意外后果不堪设想。为了保证安全的需要，地铁列车进站时，等车停稳妥后，按照先下后上的顺序，有序上车。上下车时，要注意倾听开、关门时的提示警铃，不要抢上抢下，以免夹伤。

乘坐地铁的礼仪

乘地铁时，应遵守地铁内的规定，不要携带易燃、易爆危险品，以免发生危险。车厢内不要吸烟，不要食用刺激性气味强的食品和带果皮壳的食品，禁止随地吐痰、禁止乱扔废弃物等，以免影响他人。不要携带宠物、家禽以及有可能威胁他人人身安全或影响地铁设施安全的物品。更不要紧靠车门或用手抠门缝，以免发生意外事故。

为了使每位乘客舒适、轻松地出行，在乘坐地铁时，为保证安全，乘客应做到互相礼让，不要拥挤。不要把脚放在座位上妨碍其他乘客就座。乘车时遇到老、幼、病、残、孕乘客应主动搀扶并让座。爱护车厢内的环境卫生和公共设施。不要误用车厢内的紧急停车手柄，不要随意玩、按车厢内的警报器，以免造成混乱。

坐地铁的时候，由于地铁的座位都是相对的，因此如果女性的坐姿稍不注意就很失态。女性不要叉腿坐，男性坐地铁时也要特别注意身体不可叉开两腿后仰，或歪向一侧，也不要把两腿直伸开去反复不断地抖动。这些都是缺乏教养的表现。

下车的礼仪

下车时要提前到车门口等候，尤其是坐在里面的乘客，不要等车停了，再往车门口走，如果是人很多的时候，容易下不来车，给乘车带来不便。如果不小心将物品掉到地铁轨道上，千万不要跳下轨道取物，而应及时通知地铁内的工作人员，请他们帮忙解决。下车后，在地铁内应减少不必要的停留。禁止攀爬、跨越地铁护栏、围栏、栏杆等。爱护地铁车站内的自动售票机、出入口闸机。有秩序地从通道走出。

❈ 小贴士 ❈

乘地铁发生火灾如何应急

如果列车发生火灾，应利用紧急通话按钮，通知列车司机。在保证自身安全情况下，使用列车上的灭火器灭火。乘客要依从列车司机或车站员工的指引，尽快离开车厢。不要围观、逗留或者妨碍工作人员救火。乘客要遵从车站广播和有关指示标志，使用最近的楼梯前往地面。同时，乘客要利用就近的出口立即离开车站。如果遇上特殊情况，需要在隧道内疏散车上乘客时，乘客应保持镇定，留意广播并遵从有关指示，切勿相互拥挤、踩踏。依照列车司机指示，打开列车两端的紧急疏散门。沿下车踏板走到路轨上并在司机的指导下疏散，同时在地铁救援人员的接应下到达车站站台。切勿走到其他路轨上或隧道内。在指定车站沿着站台的梯级走上站台，或者按照逃生指示标志的引导离开车站。大件物品或者行李应该留在车上，以免阻碍疏散。

‖ 乘船的礼仪

乘船与乘坐其他交通工具相比，更舒适、安全，因此一直受到许多人的青睐。轮船上也是公共场所，要求每位乘客学会乘船礼仪，做个文明的乘客，拥有一个愉快旅程。

上船时的礼仪

上船时，要按排队的先后次序进入，尽可能早到一些，留出空余时间。与老、幼、病、残、孕者一同上船时，应礼貌地给其让路，必要时还应上前搀扶。上船过程中，不要相互推挤，以免发生危险。出于安全的考虑，应遵守乘船规定，不得随身携带易燃、易爆危险品。不携带动物。上船前积极配合安全检查人员，不要加以非议或拒绝。一般情况下，乘船时会对行李的重量有所要求，要严格遵守乘船规定，不要使行李超出规定重量，以免发生危险。

乘船时的礼仪

轮船上的舱位一般分为头等舱、一等舱、二等舱、三等舱、四等舱等，出行前大多提前售票，根据舱位的不同，票价也有差异，所以，在上船寻位时应对号入座，一人一座或一人一铺。如果没有买到有座号、铺号的船票，也就是散席船票，上船之后要听从船员的安排，在指定的地方休息，不要抢坐他人座位或铺位，这样做是不礼貌的。

　　船舱是公共场所，维护环境卫生是每一位乘客的责任，在船舱休息时，不要随地吐痰、吸烟、喝酒、乱扔废弃物，不要随便脱鞋、换衣服。第一次乘船的人，可能会发生晕船现象，特别是身体比较虚弱的人，所以，在上船之前应预备一些应急药品，以备急用。一旦感觉恶心、头晕，应立即服药，并卧床休息。如果出现呕吐不止的现象，则应及时请船医进行治疗。其他人晕船时，不要袖手旁观，应给予一定的帮助。如果因晕船而发生呕吐，不要直接吐在地上，可吐在方便袋里或去洗手间处理，一旦不小心吐到地上，应及时打扫干净。

　　如果没有接到其他船舱乘客的邀请，不要随便进入，尤其是在晚上、凌晨、午休时，更不要这么做。否则，会打扰他人休息，甚至会被误认为是小偷。在轮船上进行室外活动时，应特别注意安全，防止发生意外，风大浪大或夜深人静时，最好不要在甲板上独自徘徊，此时落水，很难被其他人发现，造成不可挽回的后果。注意人身安全，不要去轮机舱、救生艇、桅杆以及一些没有扶手的甲板上，以免发生危险。乘船时，千万不能擅自下水游泳，特别是当船行驶到深水区时，即使游泳技术再好，也不能下水。

　　乘船出行途中，如果遇到难以想象的天灾人祸，应做到镇定自如，不要惊慌失措、乱跑乱闯、急不择路，这样对顺利脱险没有任何好处，反而影响逃脱的速度，打乱船内秩序，造成混乱。如果迫不得已离船，应听从船员指挥，按顺序下船并乘坐对方安排的交通工具。此时，应该与他人同心同德、齐心协力，与同船人共进退，共渡难关，一起和灾难作斗争，只有这样才有可能获得平安。

　　下船时的礼仪

　　在即将下船时，应提前做好准备，收拾好行李。并主动、热情地与周围乘客道别，等待下船时，要相互礼让，按照顺序依次而下。与老、幼、病、残、孕者一起下船时，要礼貌让路，必要时可上前搀扶。下船过程中，要礼貌行走，不要你拥我挤、乱蹦乱跳，以免撞倒他人，发生不必要的意外。

从船上落海时该怎么办

从船上落海时，除请大声呼救外，并应尽量保持冷静，让身体漂浮在水面。如穿有救生衣，把双膝屈到胸前成腹中胎儿状可暂保暖，并举起一臂，协助船上的人寻找自己。如没穿救生衣，应脱去鞋或丢弃口袋重物，切勿脱衣，以免冻僵，并尽量少动，慢慢呼吸，保存体力及体温。若船上抛来救生圈，应浮在水面，把救生圈靠自己的一边竖起来伸进头和一只手，再伸进另一手，顶住双臂和胸脯，等待救援。

‖ 餐馆用餐的礼仪

由于工作繁忙，为了方便，许多人喜欢去餐馆用餐。餐馆属于公共场所，要求人们注意自己的公众形象，注意餐馆礼仪。

到餐馆去用餐需要注意自己的形象，穿戴整齐、举止大方，不要袒胸露背的进入餐厅，这样有损自身形象，当然，也不是要求人们在就餐时西装革履。进入餐馆后，如果预先在餐厅订好了位子，到达餐厅时，可向服务人员说明情况，并请他将你引入既定位子。不要在人行道上停留过久，以免影响他人。如果没有预订位置，要请服务人员帮助安排。倘若餐厅的人很多，一时间没有空位置，应耐心等待，确实不能久等的，可以请服务人员帮忙解决，解决不了时，宁愿换一家餐厅也不能和服务人员或就餐人员发生争执。有些人在就餐时喜欢对服务人员颐指气使，认为自己是消费者，服务人员就应该伺候好他。其实，服务人员与消费者在人格上是平等的，只是所处位置不同，作为消费者应尊重服务人员的人格，以平和、客气的态度对待他们，千万不要对其呼来唤去、提出过分要求或说些不堪入耳的话。如果出现问题，应当平心静气地说明情况。实在讲不通时，应请他们的领导来协调解决。

入座时要礼让，不要旁若无人，自己一屁股先坐下，也不要哄抢、多占位置。与异性共同进餐，应请女性先就座。若与年长者共同进餐，请长者先就座。随身携带的物品可放在桌上，如果旁边有空椅子，也可将物品放在椅子上，当有人没有位置时，应主动将物品拿起，给别人让位子。倘若在餐馆中遇到熟人，打招呼是必要的，但不要大呼小叫、拍拍打打。如果想与对方交谈，可走到他的身边，轻声交谈。

就餐过程中，交谈的声音不要过高，不要大声喧哗、嬉笑打闹，这是十分失礼的行为，会影响他人的用餐环境和心情。在公共场合要饮酒适量，不要因为饮酒过度而闹事，这样既会破坏餐馆的就餐气氛，又影响自身形象，给他人落下话柄。在喝饮料时要啜饮，啜饮前应先把口中食物嚼完咽下，并用餐巾擦拭嘴角，以免吸饮时在杯子上留下残渣。进餐时应闭嘴静静咀嚼，勿张大嘴说话，口中不要塞满食物。口内的鱼肉或其他骨刺可以用拇指与食指自合拢的唇间取出，果核则由口内吐出，吐在手掌上，然后放在盘子里。咖啡不要过度搅拌，汤菜及饮品不要溅到四周。喝汤时，先试温度，不可发出"嘶嘶"的声音。

如果有东西掉在食物上时，可用刀叉或筷子将其挑出放在盘边，并尽可能不要让人察觉。尽可能避免在众人面前剔牙，若实在想清理一下牙缝，不妨起身到洗手间漱口。假使你要打喷嚏或擦鼻涕的话，应该立刻用餐巾按住口、鼻，同时面向侧面，免得引起人家注意。

用餐结束后，要及时结账，不要坐在那没完没了地聊天，应赶快离开，不要影响后来的人就餐。离开时不要忘记对为你服务过的人员道谢。在他人旁边经过时，脚步要轻、保持肃静。

◆═══ 小贴士 ═══◆

自助餐厅用餐的礼仪

在享用自助餐时，由于用餐者往往成群结队而来的缘故，所以大家都必须自觉地维护公共秩序，讲究先来后到，排队选用食物。不允许乱挤、乱抢、乱加队。在取菜之前，先要准备好一只食盘。轮到自己取菜时，应以公用的餐具将食物装入自己的食盘之内，然后即应迅速离去。切勿在众多的食物面前犹豫再三。在享用自助餐时，首先一定要了解合理的取菜顺序，然后循序渐进。按照常识，参加一般的自助餐时，取菜时标准的先后顺序，依次应当是：冷菜、汤、热菜、点心、甜品和水果。因此在取菜时，最好先在全场转上一圈，了解一下情况，然后再去取菜。应当注意的是，在根据本人的口味选取食物时，必须要量力而行。切勿为了吃得过瘾，而将食物狂取一通，结果导致食物浪费。

‖ 在公共娱乐场所的礼仪

消遣娱乐的场所已经成为人们生活中的重要组成部分。但若想真正地达到消遣娱乐的目的，就要遵守公共场所的礼仪。

看演出时的礼仪

演出的气氛随着观众情绪的起伏而变化，给人们带来满足和享受，可是，过于激动的情绪容易造成现场混乱，所以，人们在观看演出时，还应控制自身情绪，注重礼仪规范。

看演出前要排队买票，对号入座。在演出时一定不要来回走动。如在观看演出时喉咙发痒，可以含服非咀嚼型润喉糖，避免咳嗽声频繁发出。暂时控制不了咳嗽或喷嚏的观众，可向工作人员要求出场稍歇。看演出时应该摘掉帽子，以避免影响后面观众的视线。

如今的现场演唱会越来越多，歌迷时常会购买一些荧光棒，在现场气氛热烈时挥舞助兴，但也有一些观众会不自觉地把荧光棒丢向前排，这不仅可能砸到前面的观众，也可能会制造不必要的混乱。流行音乐演唱会是可以站起来随着音乐一起舞动的，但是需要注意的是，如果大家都坐着，只有您一个人情绪激动地站起来，那可就会挡住后面观众的视线，影响到其他人的观看了。观众还要注意，在看演出的时候，不要把脚架在前排的座位上，给他人带来不舒适感。

在看演出时，喝倒彩是最为不雅的行为。因为在这样的场合下，发出任何声音干扰其他人欣赏都是不礼貌的，即使是喝彩声也是被禁止的。如果对节目不满意，也不要与同伴相互低语，应在演出结束退场后再进行评价。在观看演唱会时，不要把垃圾留在座位上，应扔到指定的垃圾桶内。也可以随身带上一个小袋子，等到演出结束后把我们的节目单、喝水的纸杯、垫座位的报纸等各种垃圾装进袋子里带出场外，再扔到垃圾箱里。

观看球赛的礼仪

观看球赛虽说是休闲项目，但也应注意礼仪。入场前先排队购票，有序入场。迟到时，应快速到达自己的位子，不要在人行道上停留太久，以免影响其他观众。入座后，要遵守赛场秩序，不抽烟、不吃带皮带核的食物，不乱扔废弃物。

观看球赛时，应控制好自己的情绪。不要因某队的一时胜负而过于激动，从而引发纷争。道德修养较高的人，在激动的时刻，能很好地控制自己。叫好加油时，不要发出刺耳的声音，以免影响他人和运动员的情绪。

在大型国际比赛赛场上，观众的表现不光是个人问题，还影响着国家形象。我们应当表现出自己的风度，在球场上讲究礼仪规范，不给国家、个人丢脸。比赛结束后，无论自己一方是胜是负都应以热烈的掌声向运动员表示感谢。倘若自己一方赢得了比赛，千万不要得意忘形。如果败了，不要谩骂球员、教练、裁判。比赛结束退场时，要遵守秩序，不要争先恐后；在人流拥挤处随着人流缓缓而出。出场后不要围观运动员，运动员在身边经过时，出于礼貌应为其让路，也可以向他们招手致意。

看电影时的礼仪

电影院属于公共场所，出入公共场所需讲究一些礼仪。到影剧院以前，应穿上整洁、庄重的服装，女士可化淡妆，稍微喷一些香水，切忌香水喷得太多，以免影响他人看电影的心情。买票时要排队，不要插队，最好不要请人代买。应提前到场，对号入座，如果进影剧院迟到了，可以请服务员引导入座，行走时应放轻脚步，快速入座，入座时身体要下俯，防止遮挡他人视线。看电影时坐错位子是难免的。如果发生这种情况，要轻声真诚地向他人道歉。他人误认为你坐了他的位子时，应和气地请对方仔细查看座号。遇到熟人，不要大声与其交谈，轻轻点一下头或打一个手势就可以了。

看电影时应遵守电影院的规章制度，不吸烟、不吃带皮带核的东西、不随地吐痰、不乱扔废弃物、不高声说话、身体不左摇右晃、两腿不故意抖动、不随便脱鞋等。对看过的电影，不要指手画脚地为其他人讲解；热恋中的青年，应注意行为举止，不做过分亲昵的动作，以免有碍观瞻。中途离座时，要低头、弯腰、快速退场。演出结束时，要按照顺序退场，以免造成全场混乱。

---- 小贴士 ----

游乐园游玩应注意的礼仪

游乐园作为公共场所，往往是游人扎堆的地方，热门游乐项目往往会排很长的队伍等候进场游玩。此时，应当自觉按照先来后到排队等候，不要插队加塞，以免发生拥挤，造成混乱。游乐园里的设施一般是以动态项目为主，庞大机器在运转过程中，如果游人不遵守秩序抢上抢下，很容易造成身体伤害。因此，游人一定要注意安全，听从游乐园工作人员的指挥和疏导。遇恶劣天气或游艺、游乐设施机械故障时，积极配合游乐园工作人员采取的应急、应变措施。如果游客因为自己对游乐项目的玩法不了解，有不安全的行为，要接受工作人员的提示和纠正。

第十章

家中有"礼"，充满乐趣
——家庭生活中的礼仪

　　家庭是幸福的摇篮。懂得家庭礼仪就可以享受家庭的乐趣，实现健康而有创造性的家庭生活。在讲究礼仪的家庭里，子女能够从中知道真正的温暖及互敬互爱。这样的家庭就会成为播撒幸福和创造幸福的中心。

‖ 百善孝为先

敬重父母

子女对待父母，应当以敬重为先，认真对待自己对父母的一言一行。与父母讲话、办事时，一定要讲礼貌、守规矩，时时刻刻按照礼仪规范行事。对于父母的批评与指教，子女应认真恭听、虚心接受。无论从哪方面讲，父母对子女的苦口婆心，都是爱的表现。明白了这一点，即使言词有些偏差，做子女的也应该理解父母，切不可强词夺理、当场顶撞，或是不屑一听、扬长而去。不要过分夸大与父母的障碍，更不能一味认定父母跟不上时代。

不让父母担心

在家里的时候，如果你有事情要出去，一定要向父母禀告，不管你去得远或者近，也一定要讲明我到哪一个地方，好让父母找你方便。尤其现在的社会环境很复杂，治安也没有以前的好，所以为人子女一出门就一定要向父母禀明到哪里，什么时候回来。绝对不能让父母为我们的行踪担心。

孝顺父母

孝顺长辈，是人类共有的美德，是一个人应尽的义务之一。一个人，不论做什么工作，对父母的养育之恩都要相报。孝敬父母不仅是指物质上、生活上的帮助和照料，还包括精神上的慰藉。父母晚年时可能身体欠佳，倍感孤独，这种情况下更需要老少两代密切相处。代沟，是老少相处的主要问题，并已成为社会广泛关注的问题。双方的相互理解和相互尊重，是解决代沟的前提。

孝顺父母体现在生活中的方方面面。现在父母吃药就方便多了，但是我们也应该注意到要按时让父母服药。这个时间我们要经常注意，不可以服错药。尤其病情危急的时候，更应该守在床边，稍微的闪失，都有可能使父母病情恶化。所以在这个时候为人子女应该要很细心的来服侍。能让父母在晚年的时候，得到好好的照料。

与父母沟通

一定要心平气静地和父母沟通，最好是能把父母看成自己的好友。发生争执时，要先想想自己在这件事情上有没有做得不太好的地方或者是不对的地方，如果是自己的问题，要自己反省改正错误。如果是父母有什么不对的地方，不要与其争吵，要坐下来与父母沟通一下，相信父母也会接受你的看法。而且在解决这个问题时双方都要冷静，因为烦躁是解决不了问题的。只有这样才能更好地与父母沟通，加深彼此的理解。

小贴士

父母对子女的礼仪

父母是孩子的第一任老师，所以既要言传更要身教，要事事成为孩子的榜样，把孩子培养成文明社会的一员。父母对子女既要民主亲切，又要注意身份距离，做到有礼有节，角色分明。多与子女交谈，建立感情。注意发现子女的优点特长。注意传授个人礼仪、家庭礼仪、待客礼仪，并且维护孩子人格自尊，不在客人面前教训孩子，不在孩子面前议论老师、长者。

‖ 同辈之间要互相爱护

　　同辈主要指兄弟姐妹以及表亲、堂亲。尽管同辈之间处于平等的对应关系，但在交往中，也要真心诚意、彼此厚待，掌握彼此之间相处的方式方法。

　　同辈相待不仅要宽厚，而且还要宽容。不要听不得对方的逆耳之言，见不得对方的逆己之事。尤为重要的是，不要听从他人搬弄是非，并且要容忍同辈亲属无意之中对自己的冒犯。即便对方的确做了有负自己的事，也要对其宽大为怀。

　　在与同辈相处时，最难能可贵的美德就是主动谦让。这样做有助于促进自己与同辈亲属之间的团结，协调家庭内部的人际关系。不仅减轻长辈的负担，而且还为晚辈做出了好榜样。

　　爱护是同辈之间最基本的礼仪。并且这种爱护是无条件，不图回报的。这种无私的爱护，既要体现在物质利益的支援方面，又要表现在精神情感的沟通方面。在力所能及的前提下，对于同辈亲属的爱护，尤其是对于其中急需帮助之人的爱护，更应当多多益善。但是值得注意的是，在帮助同辈亲属时，要倾注全力。而在寻求同辈亲属的帮助时，则不宜强求。另外，互助还需建立在合理、合法的基础上。徇私枉法，乃是同辈亲属互助之大忌。

　　同辈之间的互助，不仅体现在日常生活之中，大家要互帮互助，相互提携，共同创造美好幸福的生活；工作上，能者多劳，弱者得助，尽力而为，共同发展；还应在思想上给予帮助。对于同辈在思想、情感方面的问题，要及时加以点拨。反过来，遇到对外人难以诉说的苦恼，不妨跟同辈亲属多聊一聊。

　　对于来自同辈的爱护要领情，不要将对方的爱护，尤其是出于爱护的目的所进行的批评、指责，视为一种负担。另外，还要知恩图报，不要认定对方帮助自己是天经地义的事。

━━━✦ 小贴士 ✦━━━

哥哥姐姐对弟弟妹妹的礼仪

在家里，假如你是哥哥姐姐，那就应该时时刻刻以身作则，努力成为父母的得力助手，多干家务活，遇事要宽宏大量，不与弟弟妹妹斤斤计较，更不要以为他们比自己小就随意指挥他们干活。当弟弟妹妹求教或请求帮忙时，应耐心帮助和解答，不要不耐烦。弟弟妹妹有错时，不要在父母或他人面前斥责他们，以免伤害他们的自尊心。更不能经常在父母面前指责，而引起他们的反感。万一与弟弟妹妹发生争吵，应当着弟弟妹妹的面，在父母面前作自我批评。

夫妻之间也要注意礼仪

1. 平等相待

夫妻平等是我国婚姻法所确认的一项基本原则，也是现代伦理道德的基本要求。感情是夫妻关系的基础，平等是夫妻之间维系感情的前提。因此，夫妻间必须平等相待，绝不可因为社会地位的不同或经济收入的多少等因素而相互歧视。这既是现代社会的人文精神，又是夫妻感情的基础。

2. 感恩的心态

人们都希望别人会发现自己的优点并认同自己。从黄发小儿到垂髫老人，没有谁不希望得到别人的赞美与肯定。适当的赞美与肯定，可以激发一个人的潜能，使他的腰挺得更直，干劲更足。夫妻没有血缘关系，大多是由陌生逐渐磨合，最后达到相濡以沫。感恩是处理好夫妻关系的法宝。从未见过有哪一对夫妻是因为相互之间的真心感恩而吵架的。有人说，他（她）没有优点怎么办？我们承认人无完人，但是说一个人没有优点是不可能的。所有的事物都有两个方面，只是我们在日常生活中习惯了看别人的缺点罢了。

3. 糊涂的心态

夫妻之间的相处要有糊涂的心态，要睁一只眼闭一只眼。婚前要张大两眼，婚后要睁一眼闭一眼。睁开的一眼是要欣赏对方的长处，闭上的一眼是要不见对方的短处。不但欣赏对方的长处，欣赏的能力还不能比别人低。但要注意的是这种欣赏要真诚，无论私底下或在别人面前还要多多地夸赞对方。并且你应让你的妻子或丈夫感觉到，你的确很欣赏她(他)。这是保持家庭生活幸福，增进双方感情的有效办法。

4. 遇事多商量，生活细节要讲究

夫妻之间应相互信任。不论是有关家庭的决策，还是一方个人工作上的困惑或计划，都不应一个人说了算。很多人在婚后，就特别不在意自己的外在形象，显得很邋遢，以为"打扮给谁看呀"。其实，一如既往地注意自己的仪表，既是对对方的爱，也使自己在各种场合中更加自信、更加赢得别人的尊重。

5. 相互赞赏

在夫妻关系中，经常地赞美对方，特别是当对方取得了一定的成绩以后，适时地加以由衷的赞美，会令夫妻感情更深一步。另外，现代社会里人际交往日益频繁，在人际交往的过程中，恰当地将自己的配偶的特长、优点介绍给他人，会使自己的配偶产生一种荣誉感和自信心。有人说，聪明的人总是在公开场合赞美配偶的优点，尽管在枕边也严厉地指出配偶的小毛病；愚蠢的人总是在公开场合揭配偶的短处，尽管在枕边对自己的配偶也很满意。

6.夫妻应当处在和谐的生活环境中

许多夫妻不能像知己一般相处。他们总是用辱骂、奚落和批评来改善对方。当然，用批评和谩骂来攻击对方是愚蠢的行为，你最好是说"我真高兴你能用心听我说话"，而不是，"你从来就不听我说"。婚姻专家建议，要留心那些关键的品质，如仁慈和责任心，而不要总是去挑剔对方的缺点。要分清什么是可以忍耐的小缺点，什么是对婚姻至关重要的大问题。很多婚前浪漫的梦想破灭了！百分之五十以上的婚姻不幸福，原因之一就是那些毫无用处，却令人伤心的批评。

7.共同承担家务劳动

丈夫不应该把家务都推给妻子，而作为妻子也不应该娇气，把自己能做的事都推给丈夫。对家务事可以做出不同的分工，这样做起来有条有理，忙而不乱。即使丈夫再忙，在适当的时候，帮妻子做一些小的家务活，也说明了你对她的关心、对家庭的责任心，无疑会使感情更加默契。

8.互相关心

夫妻间的相互关心不仅体现在关心对方的事业、前途等大的问题上，更主要的是体现在日常生活中的细微之处。夫妻间朝夕相处，共同生活，细微之处的关心体贴，往往是保持和增进夫妻感情的重要因素。日常生活中的许多看似鸡毛蒜皮的小事，都能表达和体现出对对方的关心：如外出前说声"路上慢走"，"早点回家"；下班或出差归来，说一声"累不累"，"休息一下，喝点水"等都是必要的。

9.讲究语言的艺术

夫妻之间的相处要讲究语言的艺术。在夫妻语言沟通的过程中，委婉是一种颇有奇效的黏合剂。委婉是一种以坦诚开放的沟通来对待对方的方式，同时，也尊重他人的感受，不作无谓的伤害。委婉意味着依赖他人，尊重他人的感受。当然，委婉并不意味着永远顺应对方的一切意思，特别是当对方的作为令人不能接受时。否则，就会导致不满和愤怒情绪的累积，那样，总有一天会爆发而严重挫伤双方的感情。

━━◆◆◆◆ 小贴士 ◆◆◆◆━━

夫妻之间的礼仪细节

夫妻之间要注意相处的细节，即使不喜欢他的朋友，偶尔也可主动提议找他们来聚聚；吵架之后，不要在气头上分析争吵焦点，而应平静一下，出去轻松一会儿再说；买两件花色相同的运动衫，或者一对咖啡杯，或者相同的太阳眼镜，体验一种新鲜感；当对方在工作中或其他方面遇到不顺利的事时，想出一个特别的主意，帮助他散散心；把电话切断，享受一个没有外人打扰的夜晚；尽管你并不很满意对方送你的衣服，有时不妨也拿出来穿穿；早上让他多睡十分钟，等他醒后就有现成的早点吃，他会感谢你的。

‖ 真诚宽容地处理婆媳关系

家庭关系是影响和谐家庭最为主要的因素。家庭生活中最复杂的一门学问，就是家庭关系的处理上。幸福的家庭都是相似的，不幸的家庭却各有各的不幸。随着社会、经济的发展，婚姻家庭中的个人，其伦理道德、生活方式以及思想观念都发生了不少变化。而这些变化便不可避免地影响到家庭关系，再加上代沟的存在，婆媳之间、上下辈之间，如果没有一种关系上的协调，则很容易引发战争。这势必影响这个家庭的和谐。可以说，家庭关系的好坏是影响和谐家庭的主要原因。婚姻中的女性，如何处理好婆媳关系成为把握一生幸福的关键。

婆媳关系是家庭中最难处理的关系，婆媳矛盾则是一个令清官也为之发愁的难题。在婆媳矛盾的背后，隐伏着母子之爱和夫妻之爱的竞争，这种竞争往往是无意识的竞争，事实上却是婆媳矛盾激化的一个很重要的因素。

婆媳相处，彼此间都应持一种宽松的心态，不要有见外心理。如果婆婆认为媳妇是外人，难以与之真心实意地相处；媳妇认为自己与丈夫过日子，婆婆是另外一层，这样处处设防，就会埋下矛盾冲突的导火线。由于种种原因，婆媳间总会存有一定的差异。婆媳双方都要对自己有所约束。婆婆不能要求媳妇完全按自己的一套行事，媳妇也不能奢望婆婆完全认同自己的意愿，互相不要强求。这样做可以避免不少矛盾和冲突。

婆媳间遇事要多考虑对方的情况，不要责怪。如婆婆要媳妇去做的事，媳妇一时未能做到，婆婆就应该想到媳妇的难处，家务多，工作忙，一时办不过来，可以再等一段。媳妇上班，婆婆照看孩子，如果孩子碰伤了，生病了，媳妇应体谅婆婆年事已高，精力有限，难免在带孩子时出现差错，不要为此埋怨婆婆。婆媳双方都能为对方考虑，许多矛盾就不会发生了。婆媳都要管住自己的嘴，不要背后议论对方。婆媳间难免发生一些不快之事，在这种情况下，双方都要克制。既要防止因一时之愤而当面争吵，又要避免背后说三道四，与街坊邻居议论婆婆长媳妇短，引发矛盾冲突。婆媳之间最好不要争吵，因为一旦见面如仇人，互不搭腔，甚至指桑骂槐，这样关系就不大好处了。

婆婆年纪大，经历多，深知生活艰辛，往往对年轻媳妇大手大脚花钱、美容化妆、进出舞厅看不惯。媳妇则认为婆婆观念陈旧，思想保守，不懂得年轻人的生活情趣，不体谅现代人追求时尚的心情，对婆婆爱答不理。以宽松的心态相处，婆媳不必过多干涉对方的生活爱好，求同存异，多交流，取长补短，就能进一步融洽关系。

婆媳相处，双方都要有互助的意识，媳妇敬重婆婆，婆婆爱护媳妇，以心换心，婆媳才会相处得和睦融洽。作为小辈，媳妇要注意礼貌和分寸，跟婆婆说话要心平气和，态度诚恳，不可口是心非，出言不逊。遇事多与婆婆商量，在婆婆比较关注的事情上，尽可能与婆婆保持一致。媳妇上班前，要跟婆婆道别。有的人只顾和自己的丈夫、孩子打招呼，忽视了这个问题，婆婆也不会说什么，但会觉得你心里没有她。下班后，先向婆婆问候，诸如"这一天您辛苦了"等等，婆婆听了这样的话，心里会很舒服。当媳妇的朋友来了，首先要把婆婆介绍给客人，使婆婆感到媳妇对她很尊重。媳妇对婆婆的称呼要亲切自然，不要以称"您"代替喊"妈"。媳妇的一声"妈"，可暖遍婆婆的全身，赢得婆婆的欢心。

逢年过节，莫忘给公婆做些可口饭菜。冬去春来，关心公婆的衣着穿戴；婆婆生日，送上一些心爱之物。当媳妇主管家务、掌握开支时，还应让公婆了解经济收入及开支情况，经济公开，减少误会。婆婆上年纪了，干活吃力，媳妇下班回家后，尽量多承担些家务劳动，以减轻婆婆的劳累。如果与婆婆不住一起，也要抽空去帮婆婆干些家务。孩子是紧绷在婆媳头上的一根很敏感的弦。媳妇在婆婆面前少打骂孩子，更不要借打骂孩子发泄对婆婆的不满。

自古以来婆媳相处一直就是家庭中的一大敏感问题，相处得来一切都顺利，要是相处得不好，婆媳过招的戏就会常在家中上演。不过，尽管婆媳矛盾是一个古今中外令许多家庭头痛的难题，但只要当事者本着互相信任、互相尊重、互相爱护、互相关心、互相宽容忍让的态度，加上家庭其他成员齐心协力促使其向良性的方面转化，婆婆与媳妇之间一定会产生出真诚的爱，一定能够和睦相处。

处理好家庭人际关系，用心去爱，担起责任，在共同的生活空间中，用爱和尊重，用关心和信任，用谅解和宽容，用支持和帮助去化解彼此间的隔阂，那么每个家庭都会幸福，都将和谐。

━━━✦ 小贴士 ✦━━━

老年人如何处理好家庭关系

如何在家庭生活中和睦地相处是一种学问，而长辈与晚辈之间的相处也是家庭生活中的重中之重。长辈若与晚辈相处时懂得睁一只眼，闭一只眼，家中自会少生许多矛盾，当长辈的也就减少许多烦恼。家庭之间的关系是一个很难把握的问题。老年人如何处理好家庭关系,具体说处理好与后辈的关系,当是一个重要而敏感的问题。它不仅关系到家庭和睦,晚辈彼此之间的关系,而且影响到老人身心健康。当然,儿女应当孝顺、孝敬,尽量让老人满意。不过,作为老年人一方,自己应有一个正确的认识和态度,讲究点相处的方法,这也是十分重要的。

‖ 女婿与岳父母之间的礼仪

在家庭关系处理上,若想协调好家庭之间的关系,除了注重媳妇与公婆之间的礼仪外,还要注重女婿与岳父母之间的礼仪。

民间有句话叫女婿如半子。女婿应对岳父母如同自己的父母一样尊敬、孝顺。在各种场合都视岳父母为爸爸、妈妈,而且要自然、亲切。这样做不仅可以亲近两位老人,还能起到沟通感情,溶化心理隔阂的作用。长辈人经验多,应该允许岳父母过问小家庭的生活,允许他们提出意见,欢迎他们批评指教。

赡养父母,是法律赋予子女的义务。女儿有义务赡养公婆,女婿同样有义务赡养岳父母。平日里多到岳父母家看看老人,和老人聊聊天,干一些家务活,遇到节日、生日买些礼品去祝贺,让老人精神愉快。还可以把岳父母请到自己家中住几天,和自己的女儿多亲近几天,减轻他们的思女之苦,调剂他们晚年的生活。

女婿要懂得在岳父母面前经常夸奖妻子,这不仅是与岳父母和睦相处的需要,也是融洽夫妻关系的需要。女婿夸奖妻子,说明小两口十分恩爱,相处和睦,岳父母对女儿的未来就能放心、满意。在他们看来,女儿是自己一手抚养大的,女儿身上的优点都是自己培养教育的结果。女婿夸妻子就是在夸奖岳父母。女婿夸奖妻子，妻子高兴，岳父母更高兴。这种赞誉可以形成一种良好的家庭心理气氛，会引起家庭各个方面良好的连锁反应，增进家庭的和睦。

———— 小贴士 ————

与岳父母交谈的注意事项

　　要恭敬，但不是像唯恐礼貌不周的"谦谦君子"；你只要表示你的理解力很强，但不必卖弄你的聪明，记住你的本分是"多听少说"，在一个长辈面前大放厥词，并不令人喜欢。他们找寻国际时事或其他问题来试探你的意见时，千万不要上当。因为上了年纪的人对一切早有成见，假使你的意见与他刚好吻合，那算你运气好，否则极可能不欢而散。最好的方法还是反过来试验他的意见，再让他说出自己的看法。年纪大的人一般有向别人发表高见的习惯。让他说话，他就会认为你对他很尊敬，"孺子可教也"。

　　对于其他的问题也是一样。许多情况下，没有一个上了年纪的人愿意长时间、有耐性地听一个年轻人的"演说"。因此，你在与他谈话时，除了同意对方的观点之外，千万不可轻易地去反驳。当你在叙述自己事情的时候，不可有半点虚假。你要记住：不谈自己聪明才是真正聪明，不谈自己的美德并不会认为你缺少美德。

‖ 妯娌间相处的学问

妯娌是家庭中比较难处的一组关系。一个家庭常常因妯娌之间的矛盾，闹得全家不得安宁，弄得兄弟之间伤感情。因此妯娌间相处注重礼仪是十分必要的。

1. 不传话

妯娌是家庭的新成员，总愿意得到些关照，自己做事也想受到家里人赞扬，说自己是个能干的好媳妇，谁也不愿听别人说自己的坏话。因此，妯娌之间应多讲对方的长处和优点。你敬我一尺我敬你一丈，有什么不愉快的事也容易化解，千万不能背地里说三道四，否则会将矛盾激化，产生家庭纠纷。

2. 与她交朋友

妯娌们有空多在一起聊聊，谈谈自己的家庭，自己的生活经历等。谁也不要以为自己比别人高，特别是在那些当领导干部的和一般工人、农民的妯娌之间更是如此。通过相互交流思想，可以加深了解，增进感情，减少误会。

3. 不互相攀比

妯娌间要防止攀比竞争，以免造成对立情绪。比如嫂子娘家条件好，资助多，小家庭很红火，不必以此傲视弟媳；弟媳有文凭，工作条件好，人又漂亮，也不必因此看不起嫂子。

4. 不占便宜

妯娌之间要互相谦让，凡事不要总想着自己，多为对方着想，这样有利于妯娌间的团结。你敬我一尺，我敬你一丈的原则人人都懂，只有双方互相感化，彼此互谦互让，才能化解妯娌间的矛盾。

5. 宽以待人

宽以待人是妯娌间相处的重要法则。妯娌之间虽然有自己的空间，但难免不了磕磕碰碰。如果一方得理不让人，矛盾自然会越来越大。但若双方能用宽容的心对待矛盾，妯娌之间的问题也就不会那么激化了。

小贴士

姑嫂相处的学问

小姑子和嫂子的关系是家庭矛盾的"热点"，许多矛盾都由此产生。姑嫂之间若想融洽相处，就要相互尊重，善心善意帮助对方克服困难。要充分理解小姑子的个性特点是自己未到这个家之前形成的，不能在一日间改变，因而对其任性、偏执的行为和言语要谅解，千万不可针锋相对，非争个高下不可。对小姑子个人的隐私，注意保密，不能随便宣扬，以免引起小姑子的反感。当丈夫与婆婆、小姑子发生纠纷时，应严责丈夫，宽待婆婆、小姑，平息矛盾。小姑子应在父母及哥哥面前多说嫂子好话，而不要搬弄是非；当母亲与嫂子发生矛盾时，要多劝母亲，而不要火上浇油；当哥哥与嫂子发生矛盾时，要从中调解，切勿挑拨离间。

‖ 远亲不如近邻

中国有句老话：一回生，二回熟，三回交朋友。正所谓"远亲不如近邻"，家庭间的各种交往中，交往最频繁的就是邻里了。亲戚、朋友和同事间的交往是建立在血缘、婚姻和感情或工作关系上的，而邻里关系较多的是建立在家庭生活领域中的，并且涉及日常生活的各个领域。因此，邻里关系具有多方面性和琐碎性的特点，这种特点形成了邻里交际关系的密切性。因此我们在与邻居交往时，一定要注意与邻里之间的礼仪，建立一种好的邻里关系，这样会使我们的生活更顺畅美满。

与邻里交往的原则

1. 互相帮助

俗话说"远亲不如近邻"，在处理邻里关系中互相帮助，邻居有了困难要主动去帮助，被帮助者定会感激不尽。日后，一旦当你有了困难，邻居也会鼎力相助。

2. 善于沟通

邻居之间多数是因为曾经闹过矛盾，从此井水不犯河水，或是因为工作忙、性格内向、家务事多，而导致邻里之间交往沟通很少。因此，若想避免许多误会，就要保持邻里之间的关系，加强邻里之间的交往，了解对方。值得注意的是所谓善于交往并不是说串门越多越好。人们的生活节奏正在加快，邻居可能很忙。在交往中，注意不要打扰对方正常的生活秩序。

3. 遇事协商

协商，也是邻里间交往的基本方式之一，既表示尊重邻居，又能避免发生矛盾。如果家里有些事情可能影响到邻居，那么在做之前就应该主动找邻居商量一下，看邻居有什么意见，或有什么更好的办法。

到邻居家做客的礼仪

如果应邀去串门，那么可要选择好适当的时间。如果约好具体时间，那当然好。如果没说具体时间的话，就要避开人家的吃饭时间和休息时间。如果是周六、周日的话，上午10点之前是不宜打扰的。进门前有门铃的要按门铃，没门铃的要轻轻叩门，即使门已经为你开了。这样做的目的是告诉对方，你来了，以让对方有个心理准备，而不要冒冒失失闯进去，让人家吓一跳。

如果是带小孩做客，一定要教育好小孩不要在别人家里调皮、乱动别人东西。如果对方是长辈或是第一次进人家做客的话，主人没坐你就不能先坐。如果家里有长辈，要主动和长辈打招呼。主人端茶、拿糖果招待的时候，一定要表示感谢。如果有长辈在说话，不但要用心听，还不可以插话。如果主人有看表、打呵欠等谢客表示，或者快到了吃饭时间，作为客人就要起身告辞了。如果是请人吃饭的话，那就要提前准备，而不要到了吃饭时间才匆匆忙忙去做准备，使人家觉得是打扰。

与邻居相处的礼仪

友好地对待住在附近、比自己年龄小的孩子。在街上遇见住在附近的叔叔或阿姨时，用他们的姓加上恰当的称呼来同他们打招呼。当邻居外出旅行时，帮他们看管报纸和信件。当邻居不在时，帮他们照看家养宠物。在晚上进行户外活动时要控制音量，如果邻居上了年纪就更应该如此。

养宠物的时候一定要注意，一些宠物时常随地大小便，影响公共卫生，因此主人应带上塑料袋或者旧报纸等，将宠物的排泄物包好扔到垃圾箱，保持公共场所的卫生和美观。出门遛狗，要给狗拴上绳索，不要任它狂吠乱叫，追逐扑咬。遇到老人和小孩，要特别小心，别让他们受到惊吓。如果宠物跑进邻居家闯祸，应该向邻居道歉。

另外，值得注意的是，在你到新迁来的邻居家里送糕点，或者当你给患病的邻居送食物时，别忘了带上你的孩子。你应该以身作则，教他如何做一个好邻居。

与邻居交往的禁忌

引起邻里之间大矛盾的往往是一些小事。当事双方毫不相让，针锋相对时，矛盾就会升级。在邻里的交际中，要宽以待人，同时，应严于律己，不要做损害他人利益的事。邻里之间常常见面，来友送客，吵架，欢笑，邻居都会有耳闻。有些人爱看热闹，谁家有了什么事，他们就添油加醋地传播。邻里交际往往是广泛的交往，有些邻居会把别人家的事情传来传去。这样一来，就会闹得邻里之间矛盾重重。要避免这种现象，就要不给搬弄是非者机会，自己也不去打听邻居家的私事。如有恶意中伤、毁人名誉的言行，应严肃制止，批评教育，严重的可诉诸法律。

小贴士

不在公共空间堆杂物

一些楼房的走廊属于公共部位，在自家门口堆放杂物，不但会影响走廊的视觉效果，还会妨碍居民通行。如果物件的体积过大，或者物件易燃、易碎、易腐蚀，甚至发出难闻的气味，那就更不好了。邻里相处的基本礼仪，就是不占用公共空间。如果有特殊原因要在公共空间放些物品，一般当天存放，当天拿走。若要占用一段时间，就要事先和邻居做好沟通，以得到邻居的体谅。

亲切友好的家庭宴请

家宴是由主人以某种名义，在自己的私人居所内举行的招待自己的亲朋好友的一种宴会。家宴最重要的是要制造亲切、友好的气氛，讲究待客的礼仪。

迎客的礼仪

如果你事先知道有客人来访，要提前打扫门庭，以迎嘉宾，并备好茶具、烟具、饮料等，也可根据自己的家庭条件，准备好水果、糖、咖啡等等。客人在约定时间到来，应提前出门迎接。客人来到家中，要热情接待。如在家中穿内衣、内裤，应换便衣，即使是十分熟悉的客人，也应换上便衣。客人进屋后，首先请客人落座，然后敬茶、递烟、端出糖果。端茶送糖

果盘时要用双手，并代为客人剥糖纸，削果皮，点香烟。

值得注意的是，现在很多家庭喜欢用一次性的纸杯招待客人，以示干净。其实这种做法是错误的。对于客人的拜访，主人应用最好的东西招待客人，如用一次性纸杯显得没把客人的来访看得郑重，这是对客人不礼貌的。如果您和客人都觉得用一次性的纸杯放心，那么最好准备几只漂亮的杯座垫，这样正式一些，以显示出对客人的尊重。

用餐时的礼仪

在用餐之时，无论主客都要注重吃相，这是用餐礼仪的一大重点，倘若不重吃相，不但姿态欠雅，而且还会影响他人的食欲。在用餐时，主人可以劝客人多用些或是品尝一下某道菜肴，但切勿擅自做主，主动为他人夹菜。这样做不仅不卫生，而且还会让人勉为其难。客人在夹菜时，不要左顾右盼，翻来覆去；夹起菜来不合意，再次放回去，则更是失礼之举。在用餐时，千万不要当众清嗓子、揩鼻涕、吐痰等等，这不但有碍观瞻，而且倒人胃口。在用餐之时，尽量不要进行修饰。例如，不要梳理头发、化妆补妆、宽衣解带、脱袜脱鞋等等。

牙签主要用来剔牙之用，用餐时，尽量不要当众剔牙，非剔不可时，应以另一只手掩住口部。剔牙之后，不要长时间叼着牙签，取食物时不要用牙签乱扎取。

在主人亲自斟酒时，客人必须端起酒杯致谢，必要时还须起身站立，或欠身点头为礼。有时，亦可向其回敬"叩指礼"。即以右手拇指、食指、中指捏在一起，指尖向下轻叩几下桌面。主人为来宾所斟的酒，应是最好的酒，并应当场启封。斟酒时注意要面面俱到，一视同仁，不要有挑有拣。可以依顺时针方向，从自己所坐处开始斟酒。

在宴会上，由男主人向来宾提议，为了某种事情而饮酒。在敬酒时，通常要讲一些祝福的话。因此，敬酒往往是酒宴上必不可少的一道程序。敬酒，可以随时在饮酒的过程中进行。频频举杯祝酒，会使现场氛围热烈而欢快。不过，要是致正式的祝酒词的话，则应在特定的时间进行。通常，致祝酒词最合适的时间是在宾主入席后、用餐前开始。不管是致正式的祝酒词，还是在普通情况下祝酒，均应内容愈短愈好。在他人敬酒或致词时，其他人应停止用餐或饮酒，坐在座位上，面向对方认真恭听。

送客的礼仪

客人告辞，一般应婉言相留。客人要走，应等客人起身后，再起身相送，不可客人一说要走，主人就站起来。送客一般应送到大门。有些客人常常会带礼物来，对此，我们送客时应有所反应，如表示谢意，或请求客人以后来访再不要携带礼品了，或相应地回谢一些礼物，决不能受之无愧似的若无其事，毫无表示。

❖❖ 小贴士 ❖❖

来客敬茶的礼仪

中国人习惯以茶待客，并形成了相应的饮茶礼仪。按照我国传统文化的习俗，无论在任何场合，敬茶与饮茶的礼仪都是不可忽视的一环。主客坐定以后，主人取出茶叶，主动介绍该茶的品种特点，并将开水冲入空壶，使壶体温热。然后将水倒入各种茶盘中。用茶匙向空壶内装入茶叶，通常按照茶叶的品种决定投放量。切忌用手抓茶叶，以免手气或杂味混淆影响茶叶的品质。敬茶茶杯应放在客人右手的前方。请客人喝茶，要将茶杯放在托盘上端出，并用双手奉上。当宾主边谈边饮时，要及时添加热水，体现对宾客的敬重。